サイコセラピストの
芸術的手腕
——科学を超えるセラピーの芸——

著
ジェームズ・F・T・ブーゲンタール
訳
武藤清栄

星和書店

Seiwa Shoten Publishers

2-5 Kamitakaido 1-Chome
Suginamiku Tokyo 168-0074, Japan

The Art of the Psychotherapist

How to develop the skills that take psychotherapy beyond science

by

James F.T. Bugental

translated from English

by

Seiei Muto

はじめに

アートとサイエンスは、主観性と客観性と同様、まるっきり正反対のものであり、あらゆる人間の仕事に浸透しているものである。主観的な視点を生活に取り入れることは、客観的側面に目を向けることと相反することであると同時に、客観的視点を補うことである。両者は常に共存し、いかなる場合でも一つのダイナミズムを作り出す。心理療法には様々な形でこの二面性があり、熟練したセラピストの手腕が主観性と客観性、アートとサイエンスを選択して融合させる能力として現れる。

クライエントの主観性は、人生変容の（life-changing）心理療法にとって最も重要であり、最も負担が大きいものであり、最も恐怖心を煽るものである。この領域に集中して働きかけることによって、セラピストはより深くクライエントとかかわっていくことになる。それは最も困難なことであり、個人的な問題に立ち入るようなものである。この領域の多くははっきりとしたものではなく、なんとなくわかるといった程度のものである。また、この領域において私たちは自分たちの主観にかなり頼っているため、セラピストはクライエントの主観に深くかかわろうとする前に、ほんの少し訓練する必要がある。

他の療法の目標（例：適応、症状緩和）は客観的な言葉で設定されるが、人生変容の心理療法では主観的なものを重視する必要がある。それは、セラピストが彼らのアートの客観的側面を無視してもいいという意味ではない。むしろ、クライエントに質問するよう促し、クライエントの主観性を立てなおす上で、フルにアートを活用する必要があるということである。本書は、サイコセラピストがさらに広い視点をもてるよう支援するものである。本書の利点はいくぶん客観的であるという点であり、クライエントの主観的側面を明らかにしようとしている点である。したがって本書は、主観と客観という二つの領域の橋渡しをするものとなる。

主観性の出現

昔の海図には〝Terra Incognita〟（未知の大陸）と称する空欄の領域があった。既知の大陸と未知の大陸の間には、軽率な船乗りを飲み込んでしまう海の怪物が潜んでいると考えられていた。今日の地理学では、未知の領域はほとんどなく、海の怪物はユニコーンやミノタウロスと同じような経過をたどった［訳注：ミノタウロスはパシパエと牡牛との間にできた、体は人間、頭は牛の怪物。妻パシパエの背徳行為によって生まれたミノタウロスを、夫ミノスは迷宮に閉じ込め、毎年七人の少年少女を食べさせていたが、テセウスによって滅ぼされた］。しかし、主観性とは心理学での〝未知の大陸〟であり、そこではこの領域を冒険する者をおびえさせる病理と不安という怪物が行く手を塞いでいるのである。

西洋文化では、真の主観性については少なくとも三世紀にわたって手をつけられることはなかった。東洋のスピリチュアルな学問分野では多くの研究が行われたが、それは私たちの偏狭な時代においては迷信的なナンセンスや愚かさの象徴として、つい最近まで捨て去られていたのである。「つい最近まで」というのは、この狂信的愛国主義の偏見が学問的実証主義、政治的保守主義、宗教的根本主義などへと後退したことを認識してのことである。三つの主義は、奇妙なことだが独断的な確信という点と関係することが多い。

深層心理学によって、フロイトが初期に心理学に対して描いていた夢は、十九世紀の自然科学として多くの部分が破棄された。その代わり私たちの多くは、絶対的決定論、連続的推論、そしてそのような科学的外見に特徴的な明確な公式化に依存することが、人間の主観性の現実、すなわち私たちが努力すべき究極の領域とは調和しないことを認識した。

人生変容の心理療法には主観性、まずクライエントの主観性を最優先し、セラピストの主観性も同じくらい重要とするセラピストとクライエントが必要である。そのことを明らかに本書は伝えるものである。

心理療法と主観性

サイコセラピストは、ほかの専門分野と広く対比させてみると、彼らが駆使しているアート（技術）と同様、千差万別である。それにもかかわらず、〝集中的な〟あるいは〝徹底的な〟セラピーを長年行っている者は、セラピーの方法という点で（セラピーに対する理論という点ではなく）、学閥名や学問的経歴を共有している者よりもお互いに似てくるようになる。本書は、そのようなセラピーにより早く進みたい人の一助となるよう、この共通性についていくつかまとめようと思う。

私の目的は、新たな心理療法のシステムや方法を創造することではない。むしろ私は、人生を変容させるような、徹底したセラピーを行おうとしている様々な領域のセラピストが、自分の視点やスタイルを拡大したり、向上させることができるようお手伝いをしたいと思っている。本書が、セラピストの手腕や能力に役立つことを願っている。

セラピストの成長過程として、次の三つの段階が挙げられる。

①治療的面談を行う基礎を身につける。
②クライエントが日常的な会話から、十分考えた上での主観的な経験の開示へと移行する手助けができるような、感受性とスキルを向上させる。
③人格や病理、セラピーの系統的な視点の基礎となる生活上の経験を正しく評価できるようになる。

本書は第二段階について述べる。第一および第三段階についての文献や、互いに関連することについての文献にはよいものがたくさんある。

第二段階での力量を上げたい人にとって、本書は様々な点を経験する機会の一つとなる。また、本書のなかでセラピストは、独特の感受性やスキルを発揮できるところ、ほかのものを適用できるところ、相容れずに捨てられるところなどについても見出すことができるだろう。このようなやり方でしか、絶えず高度な個人のアートとなるものを確実に共有することはできないのである。

したがって、どの書籍も、どの視点も、どの教師も、セラピストの多様性やクライエントの多様性を十分示すことはできない。きっと、ここで取り上げる内容だけでも不十分であろう。そのような多様性は、集中的な個人的心理療法の領域から成長してきた。つまりそれらは、相当多様に掘り下げられたセラピーにおいて、幅広い背景をもつクライエントとかかわることによって開拓されてきた。主な専門領域のサイコセラピストや、主要な（および二次的な）理論的主張が相反するサイコセラピストとのかかわりあいによってさらに発展してきたのである。

読者対象について

本書の執筆にあたって，私はセラピストである読者を三つのグループに分けて考えた。

- 第一に，自分の感受性とスキルを広げたり，深めたりする方法を求めている経験豊かなセラピスト。このアートのまったくの初心者は，不可解なことや耐えられないことを求められているように感じる傾向が強い。サイコセラピストであるという最初の自覚が，やっていけないほどではないにしても，薄れてしまい，テクニックの使用や補足の限界を繰り返し経験したときに，本書は熱心なセラピストにとって，新たな視点と機会を与えるであろう。各自が自分の心構えを評価する必要があるのはもちろんだが，感受性豊かな思いやりのある指導者，スーパーバイザー，仲間も確かに支えとなるのである。
- 指導者やスーパーバイザーであれば，本書の療法上のやりとりに対する様々な見方が，機微について訓練生に伝える際に役立つことがわかるであろう。機微は，たびたび言われるものだが，認識するのは難しいものである。

同様に，彼らは療法上のやりとりがある訓練を課す際に役立つことに気づくであろう。また，訓練士は，発達途上のセラピストが特により敏感になる必要のあるパターンや，さらにスキルを大きくのばす必要のあるパターンを指摘することもできるだろう。

新米のセラピストを指導したり、監督する際に再三問題になるのは、「何を言えばいいのか?」「何をすべきなのか?」ということにとらわれることである。以下の章で、そのようなセラピストに明確な点を指摘する方法と、暗に示されている点に敏感になるという難しい課題をこなすよう指導する方法について述べる。そのようなスキルを直接指導することはできないが、洞察力を磨く最善の機会を与える方向へもっていくことは可能である。

• 主観性についてもっと深く知ろうとしている研究者が、目的への方向を示唆するものを本書で見つけられることを望んでいる。既成のツールは一つもないが、具体的に示された領域において、どれも臨床上、証明されたものばかりである。

本書の解説スタイル

《ジェンダーの問題》 意図的に、セラピストとクライエントのジェンダーを交互に使用している。つまり、同一性の治療チームはないということであり、もちろんそのようなチームは現実的ではない。例外が一つだけある。それは、私がセラピストとしてかかわったケースで、すでに出版されたものから引用した場合である。一般的に、患者/クライエントは同一性として扱われている。

《〝患者〟または〝クライエント〟》 私個人として、どちらの言葉も好きではない。〝患者(patient)〟は、医師の実践対象である自発性のないものという意味合いがある。本書で示すセラピーにおいて、私自身、まるっきり反対の意味合いをすぐに創造することはできない。一方、〝クライエント〟という言葉は、助産婦、売春婦、葬儀屋などがサービスを提供する対象に使われていたと耳にしたことがあるほど、商業主義と重なる呼称である。ここで妥協策として選択すると(重要な闘いのために手榴弾をセーブしておこう)、意図的に二つの用語を使い分けることになるが、必ずしもジェンダーと結びつかないようにする。

《引用文の短縮》　私は自由に面談の引用文を解説的に入れている。面談の見本は二つの誤解を招く。示された面談は実際のものより早く、効果的に進んでいる。明らかな効果が見られない長い面談の流れを見せること、普通の会話の始まりと終わりを繰り返すこと、心理療法の一部であるが、両者の反復、遠まわしな言い方や話が戻ること、混乱をすべて示すこと、などを本書で行えば、あまりの分量に、不眠症を治してしまうほどになるだろう。

もう一つは、特定の要点を示すために引用文をかなり限定することが、簡潔な説明をする上で必要であるということである。このため、やりとりの多くの前後関係やその副作用を示すことはできない。このようなことをいくぶん改善するため、できる限り文章を補って、同じような仮設的なケースを出すようにした。したがって、読者には目標がうまく達成されているかどうかを認識していただきたい。私の名前以外はすべて仮名である。また、できるだけ要点を明確にするため、どんどん対話を創造している。あなたの名前が私の創造したセラピストやクライエントのものと同じである場合、ここでお詫びするとともに、あなたがそのようなトラブルに巻き込まれないことを祈っている。

サイコセラピストの道程

各章にはこの見出しの下に、私からの伝言——私自身の主観的な経験と意見——を載せている。それらは私の約五十年間の人とのかかわりから生まれたもので、主な説明を直接的に補足するものであり、読者にいくぶん個人的および主観的な基礎を感じてもらおうというねらいである。

本書は私が最も力を注いで書いたものになる。人間としていかに自分を築くか、求めているものをいかに表すか、意識的であれ無意識的であれ、自分の最善の努力をいかに覆すか、といったことについて、私は何百というクライエントが教えてくれたことを伝える方法を見つけようと模索してきた。また、私は自分のしていることに気づくよりも長い年月、半客観的な考えを主観的なものにしようとしてきたのである。

これを最高の努力と呼ぶにあたり、私はそれ以上進歩することができない頂上に達したというつもりはない。そういうことではなく、また、私が高原にいることすら定かではない。ただ、私は人生のこの地点にいて、自分自身のため、他者のためにそのことを書き留めたいと思ったまでである。(私は現在七十歳であるが、今後、少なくとも十冊以上は執筆しようと思っている。したがって、これも遺作ではない)

セラピストとしての私の仕事は、十分に賞賛され、たびたび困惑したり、頻繁に混乱させられたり、絶えずやりがいがあり、私にとって最大のものである。本書の考えが読者に興奮と刺激を伝えるものであることを切に願っている。

もくじ

第I部
イントロダクション

第1章 人生変容の心理療法と主観性

私たち西洋文化に属する者たちは、ようやく主観性というものが最も大切であることを認識しつつある。人生変容の心理療法はクライエントの主観性を引き出すものであり、その点がほかの心理療法との大きな違いである。主観性に焦点を置くには、たえずクライエントの内的経験に注意を払う必要があり、そこに注意を向けるために、まず必要となる道具がセラピスト自身の主観性である。

この章では、人生変容の心理療法の本質について、大きな人生変容をもたらすために必要なことについて、そして主観性のとらえ方について述べる。ここでは、このような心理療法に関わる人のイメージと、その心理療法の実施方法について考えていく。

ここで示したことを背景として、本書では十三の事柄について述べる。それらによって、セラピスト自身の主観性がさらに深まり、さらに広がることであろう。また、この章の締めくくりとして、提示した概念を本当に理解することが、多様な面に対して実践を行う上でいかに重要であるかを指摘する。

人生変容の心理療法は人間のユニークな発明であり、その特徴、必要性、結果、影響はようやく理解され始めたばかりである。この人生変容の心理療法は、ほかの療法――価値はあるが、異なった目的をもち、異なった必要性と影響があるほかの療法――とまちがって混同されることが多い。「セラピーはたいてい境界例に効果がある（あるいは、あまり効果がない）」、「心理療法はうつ病患者（またはそれ以外の精神疾患患者）に対して、薬物療法より効果的である（あるいは、あまり効果的でない）」と一般化することは、「交通機関を使うと時間がかかる（時間が節約できる）」といった、あらゆる交通機関に対してコメントするのと同じくらい実用本位である。

人生変容の心理療法では、ほかのどのようなセラピーよりも、クライエントの主観性を私たちが力を入れるべき点として認識する必要がある。過去二百年もの間、西洋文化の主流となっていた客観主義というものは、ばかばかしいかぎりである。科学、哲学、政治、教育、そして芸術や宗教ですら、ますます誰も目もくれなくなってきた。私たちは「主観的だ」とレッテルを貼られることに強い嫌悪感を抱いたり、恥ずかしさを感じてきた。また、「主観的」という言葉を感傷的なこと、節操のない寛容さ、道徳的な「軟弱さ」と混同してきた。

主観性こそが、私たちが帰るべき本当の場所であり、自然な状態であり、逃避したりやり直したりするために必要な場所である。また、主観性は創造の源であり、創造のための段階であり、計画を立てるための設計台であり、恐怖や希望、悲しみや喜びの最も中心となるものである。あまりにも長い間、私たちは主観性を、はかないもので、結果を生まないものとして頭から追いやっていた。その結果、私たちは自分たちの核というものを失い、客観性という救いようのないほど浅い港、不毛の砂浜に打ち上げられていた。

生きているという経験に根本的な変化を求めるなら、言うまでもなく、そのような探求はその人の主観性を深く探ることにほかならない。客観的なやり方では、このような作業はできない。この主張の言いまわしはかなり意図的である。「生きているという経験に根本的な変化を」とは、心理療法の道を選んだ多くの者たちの目標であるが、それを達成した者はごくわずかである。このような悲しい結果は、多くのセラピストが訓練やスーパービジョン、実践において客観性を重要視しすぎてきたことが原因である。同じ原因から、サイコセラピストのアルコール中毒、離婚、自殺が異常なほど多くみられる。助けを求めて自分のところへやってきたクライエントに対する責任感と思いやりを抱きながらも、心構えが不十分なサイコセラピストたちの中には、試練に直面し、自分の仕事に失望し、最終的に自分のキャリアや人生を破綻させてしまう人もいる。

抽象的な人格理論、表出している症状の過大評価、診断やテクニックを何よりも大切にすることは懐疑的な態度と結びつき、セラピストは冷淡で、機械的で、私情のない態度を作り上げ、その態度はやがてクライエントにもたらされるようになる。そしてこのような態度は、全体的な計画をはじめから運命づけてしまうのである。

人生変容のセラピーでは、まずクライエントの主観的な体験に目を向ける。そのために、セラピスト自身の主観的な体験に焦点をあてる。このことは狭い定義ではない。というのも、そこでは、ユング派分析心理学、新フロイト派精神分析学、ゲシュタルトセラピー、対象関係論および自我心理学、実存主義的人間性心理学や心理療法といった様々な観点をもつ実践家が対象となるからである。これらの分野はどれも、主観的なやり方でセラピーを行う者を差別しないだろう。大きな人生変容に際してクライエントを援助する目的で、集中的で幅広いセラピーに完全に打ち込んでいるセラピストの資質が、良い手がかりになる。しかし、誰もがこのような方向性をめざしたり、そのようなセラピーに必要なだけじっくりと個人的にクライエントと関わることができないため、この基準すら危ういものである。

付記：私は、心理療法の客観的アプローチの理論や手法、プロセスにまったく価値がないといっているのではない。そのように否定することはまったく無意味である。明らかに、客観的アプローチは援助を求める多くの人々の生活に貢献し、客観性から主観性まで、あらゆるレベルに働きかけているセラピストにとって大変役立つものである。つまり、目標の限られた多くの心理療法では、客観的アプローチは必要なものであり、それで十分である。しかし、人生変容を主とする心理療法では、客観的アプローチは必要ではあるが、それだけでは十分ではない。

人生変容の心理療法の要素

「大きな人生変容」とは何か？

付記：次の項はこの疑問に対する最初の簡潔な答えとなる。そして、この概念については、この後の章で広く述べていく。「ノートとコメント」という項では、さらにこのような問題をもっと完璧に解決するための引用文献を示す。

私たちは、人生が私たちに提示する基本的な疑問に、どうにかして答えなければならない。その基本的な疑問とは、「自分は誰であり、何者なのか?」「自分が生きる世界とは何なのか?」というものである。私たちは人生の中で、また、いかに自分自身を認識しているかによって、いかに自分の力を使うかによって、いかに他者と関わっていくかによって、さらに、いかに人間としての可能性と限界すべてに向き合うかによって、このような疑問に答えていくのである。また、両親や兄弟姉妹、それ以外の家族メンバーから、また、教師や同年代の仲間から、フィクションを含むあらゆる書物から、そして、教会や様々な組織のメンバーから、疑問に答えるための材料を集めている。人生を通して、このような材料を集め、答えを形成したり変更しながら、死をもって最後の問題に答えるまで、このようなプロセスを継続的に経ている。

もちろん、私たちが答えるために用いるものがすべて私たちにとって同じように重要というわけではない。表面的で一過性のものもあれば、多くの時間と努力が費やされ、本当に命をかけて守られるものもある。ある資源が自分の存在の中心であればあるほど、それが刺激されたり変えられたりすることに頑なに抵抗する。つまり、これこそが、人生変容の心理療法が直面する最も深い〝抵抗〟になるのである(第十章にて、このことについて詳しく説明する)。

人生変容の心理療法とは、人生の実存的な疑問に対するクライエントの答えを見直し、クライエントの人生をもっと信じるに値する、したがってもっと満足のいく形にするために、その答えのいくつかを改変しようとクライエントとセラピストがともに努力することである。明らかに、これは言葉で明示され、意識的に行われる作業よりも大変なことである。それどころか、再生されるその人のあり方が基本的であり、不可欠なものであればあるほど、その作業はクライエントの主観性に深く関わる必要がある。

グロリアは、すべての行動規範が聖書の解釈にもとづいている、という非常に宗教心の強い家庭で育った。彼女は自分の衝動を信じず、教会の教えに依存して成長した。やがて親元を離れて大学に行くようになると、彼女は「善」「悪」がはっきりと対立する世界観と、自分の知性による相対的なものの見方との板ばさみになり、情緒的な葛藤を感じるようになった。これまでの人生の指針を放棄することは、彼女にとって「悪魔に屈すること」と同じように感じられたが、これまでの指針に従って生きようとすることは、ますます苦痛になってきた。

彼女はセラピーを受けにやってきて、予期せずに怒り出すこと、不眠、窒息感への恐れを訴えた。潜在的な葛藤をグロリアがはっきり感じるまでには何か月もかかった。もちろん、その葛藤は彼女の人生にとって重要な問題の一つであった。彼女がとらわれている矛盾を解決するまでには、多大な苦悩と苦闘があった。最終的に、彼女は自らの知的探求に余地を与える一方、自分の生い立ちにいくぶん価値を見出すに至った。

ケイトは、何度も両親に見捨てられたと感じてきたため、誰も必要ではなく、自分だけを頼りとし、厳しく感情をコントロールすることを自らに言い聞かせていた。こういったことが、ほかの考えを弱めてしまいがちであった。彼女は、望ましくない考えと幾度ものうつ状態によって、自分の職務を果たす能力が継続的に発揮できないと感じ、セラピーを受けにやってきた。セラピーの中で、彼女は、自分のあり方を厳しく制限してきたことや対人関係への渇望を長く抑えてきたことがむなしい行動であったという事実に直面しなければならなかった。そのようなことはケイトにとって大変つらいプロセスであった。次第に、ケイトは自分を柔軟にしていくことができるようなったが、自分が引き受けたことはどんなことでも、それに異常なほど労力を費やすというパターンは残っている。

主観性とは何か？

主観性とは、私たちが最も誠実に生きている、内的な、自立した、私的な領域である。この領域に備わっているもの、この領域を形づくるものは、私たちの知覚、思考、気分や感情、価値観や好み、予感や理解、空想や夢といった、昼夜問わず、寝ても覚めても抱き続けるあらゆるものであり、そのようなものによって、私たちは外界で何をするのか、そこで起こっていることを何ととらえるのかといったことを判断している。主観性は、心理療法にとっては重要であり、他者や世界との関係を橋渡しする身近な川岸である。別のたとえに変えると、主観性とは、私たちをセラピーに駆り立てる不安の温床であり、私たちの意図の根源である。そして、療法的な探求を成功させるには、主観性を駆使し、主観性に焦点をあてる必要がある。

これだけのことを言ってもなお、主観性の重要な意義が欠けている。簡単だが、なかなか理解できないことは、私たちは客体ではなく主体であり、行動させられる側ではなく行動する側であるということである。このような主権は主体性の本質である。そこには究極の意味合いがある。つまり、客観的な意思決定という檻から逃れ、主観性の中に宿っているものこそ、人間の自立心なのである。

人間のイメージとは何か？

主観的な観点では、クライエントが自律的な存在であるということを第一に考えている。これは、道徳的、理想的、民主的な根拠からだけではなく、現実的な臨床経験の結果から想定されたものである。このような学習は次のように要約できる。人間は、誰もが多かれ少なかれ客観性という特徴を共有しているが、相手を個人として知れば知るほど、最終的に個人がいかにユニークな存在であるかを認識するようになる。一方、ある特定の個人を知れば知るほど、誰も（本人ですら）相手を完璧に知ることはできないということを認識するようになる。こうした最終的な不可知性は、私たち人間が外部だけから満たされる空っぽの容器ではないという事実から生じた考えである。私たちは本来、期待された結果や最悪の予想を覆す現象（考え、気分、関係性など）の源なのである。

この非常に重要な人間の特徴は、内省的な気づきの賜物であり、私たちの独自の能力に現れるものである。私たちが常に自己観察をしているのは、人間の冒険心の中に「一風変わった視点」が投げ込まれているからである。私たちは外部の刺激だけに――客観主義者が主張しているように――反応しているのではなく、自分の知覚や状況といった自分自身の反応に対しても反応している。したがって、客観性という限界を超えて、主観的な相互作用へと幾度となく戻り、それは果てしなく続くのである。このようにして、真の主観性と容赦ない気まぐれというものが生じる。これが人間の本質なのである。

このことはすべて、人間の最も深い本質が原因であるが、たんにそれが起因しているわけではないと認識することで、手っ取り早く説明できる。つまり、人間の主観的な視点と客観的な視点には大きな違いがあるということである。表1-1に、心理療法の意図について、観察したことをまとめ、誇張して対照させた。

人生変容の心理療法の特徴とは？

すべての人生変容の心理療法について、ここに詳細を記すことはまったく無意味なことであろう。したがって、ほかの深層心理療法家が、すべてではなくともいくぶんかに同意してくれているはずだという自信をもって、私が行っている療法の仕方について際立った特徴を簡単に説明しよう。

私は、このような仕事の先祖である精神分析という方法から恩恵を受けている。自分自身に対して典型的な分析を行ったり、分析方法の訓練をある程度受けたという利点が（多少はハンディキャップでもあるが）、私にはある。さらに、数多くの訓練経験を重ね、精神分析の伝統について書物も読んできた。時が経つにつれ、私の療法はその基盤から離れ進化していったが、ある点についてはいまだに多いに利用している。それを以下に示す。

- クライエントの経過は、私が最も注意を払うものでなければならない、と思っている。内容は明らかに副次的なものであるが、重要でないわけではない（第Ⅲ部参照）。
- 通常の意識レベルの段階――意識、前意識、無意識――は概念上いくぶん限界があるが、意識レベルを認識することは臨床上、価値があると思っている。
- 抵抗への対処を重視している点（第十章参照）が、真の人生変容の療法のすぐれた特徴であると考えている。
- 転移と逆転移の現象が不可避であり、それに取り組むことに大きな価値があることはほぼ明らかである。
- 頻繁に連絡をとることが必要であるという点は、以前ほど強調しないが、例外を除いて週二回が最低限であると考える。
- 情緒は避けることのできない価値のある手がかりであり、尊重すべきであるが、情緒自体が療法の中心であるとは思わない。

表1-1　心理療法における客観的な視点と主観的な視点の比較対照

	客観的	主観的
治療上の目標	適応	生き方の変革
注意点	行動	経験
コミュニケーションの形	言葉ではっきりと示す	言外にほのめかす
変化をもたらすもの	強化	気づきを増やす
親和関係での役割	関係性が役立つが副次的なものである	転移／逆転移
予想される期間	短期（週単位）	長期（年単位）
典型的なアプローチ法*	行動修正または適応のためのカウンセリング	心理分析または実存的療法
説明となるモデル	因果律	意向
“現実性”の仮説	同意にもとづく	進化的，個人的

*この例は制限がない

- クライエントの人生に対する意向、すなわち方向性が因果律よりもはるかに重要であり、力説される概念である。因果律は、軽率にも、そして愚かにも客観主義の自然科学から引き出されたものだが、人間の本質を欠いている。
- 本書で説明するセラピーの目標は、クライエントが自分の人生をもっと広く、もっと可能性をもって経験し、以前は強制的に感じていたことを取捨選択できるよう支援することである。症状の緩和や問題解決はセラピーの中で生じたり、生じなかったりする。しかし、症状や問題の悪い影響は、セラピーが順調に行けば、目に見えて少なくなるものである。

セラピーの主な焦点は何か？

深層を扱うサイコセラピストの理論的観点が何であろうと、セラピストはクライエントの内部にある経験に常に気づいていなければならない。最も細かく工夫された介入であっても、タイミングが悪く、治療法が合わないためにクライエントの主観性を無視して推し進められると、クライエントは無益に

――反療法的にすら――なる。クライエントの内的プロセスに影響をおよぼそうとするなら、セラピストがクライエントの内省的な気づきに一風変わった効果をもたらすよう考慮する必要がある。

《問題の一例》　セラピーとは、クライエントの人生が現在どのように構成されているのか、クライエントが何をしようとしているのか、何を避けたいのか、クライエントの体験にどんな意味があるのか（例：クライエントのライフイベントや夢）といったことを、クライエントとセラピストが理解できるように働きかけることである。しかし、その働きかけは、こういった疑問に対する答えに至るためだけであれば、役に立たないものである。逆説的に言えば、追求するということ以外、追求できるものはないのである。

ここで具体的に示そう。一月五日、長期のセラピーを受けているジョン・スミスは、ある夢を見たことを報告した。数回のセラピーの後、彼は、その夢が自分の結婚に対する母親の影響についてのアンビバレンスを示していると、セラピストとともに理解した。二か月後、ある問題によって、ジョンとセラピストはその夢のことを思い出した。そして、その夢が怒りを抑えられなくなることへのジョンの不安を表していることが明らかになった。その後、六月に、別の夢によって二人は一月の夢のことをまた思い出した。セラピーの結果、ジョンの根底には無意識に父親の愛情を渇望する気持ちがあるということが、最初の頃の夢から明らかにされていたことがわかった。

〝同じ〟夢に三つの異なる解釈がある。一月での解釈はまちがっていたのか？　それとも三月の解釈がまちがっていたのか？　一月の夢の〝本当の〟意味は、六月のセラピーがもたらしたものなのか？　これらの問いに対する答えはどれも〝Ｎｏ〟なのか――もちろん、そうではない。夢の意味は一定ではない。主観性が内省という本質を有していることから、夢の意味は展開していくのである。セラピストかクライエントかのどちらかが常に、時間が影響を及ぼすある特定の関連性の中で解釈をしているのである。したがって、そういった要素のそれぞれが多様になるにつれ、また表面的には〝同じ〟題材でも、見方が変われば解釈は変わるのである。

まとめ

これまで、客観的な視点と主観的な視点との最も明らかな違いについて、また人間の心理と深層心理療法の効果を理解するための主観性の重要点についてみてきた。ここで私たちは、この二つの領域の掛け橋、すなわちセラピストとクライエントが自己認識と自己の可能性の実現に向けて内的世界にアクセスできるための掛け橋を考える必要がある。

セラピストの主観的受容性の拡張

クライエントの主観的経験の報告に注意することと、実際にすぐに相互に主観的なコミュニケーションにいたることには、決定的な違いがある。それは必ずしも特別な感覚を意味しているのではないが、クライエントの言葉の裏や、ときにはクライエントの意識的な自覚の裏に何が起こっているのかを直観的に感じることを意味しているのである。

セラピストが実行に移さなければならないことは——クライエントによって、面接のセッションによってその程度はさまざまであるが——、クライエントのその場での体験やクライエントの関与しようとする意志、クライエントの人生を構成するもの、ある時期の影響を受けやすくなっているクライエントの状態などを理解することである。これは他者と関わる私たちすべてがもっている通常の感受性であるが、その感受性は通常よりも鋭くなるものである。

セラピストの直観の訓練

ここで私たちが話すことは、もちろん、たいてい直観とよばれているものである。セラピストは、クライエントがどのような状態にあるのか、セラピーのある特定の時期にどんなことが可能であるか、また必要であるのかを感じ取るために、感性を研ぎ澄ませ、駆使できるよう絶えず努力しながら、自分たちの直観能力を発達させる必要がある。

本書は、セラピストの直観の発達と洗練を促すためのものである。そのためには二つの方法がある。一つは、経験豊富で成功している多くのセラピストがそれとなく使っている方法と同じものである。したがってその方法は、長い職歴の中で継続的な自己成長をする上で用いるという背景を有していれば、応用することが可能である。

もう一つの方法は、セラピストが早くクライエントの内的生活を十分汲み取れるようにすることである。この能力では、それは主観性というものにもっと馴染むための方法となる。それは、クライエントに生じる可能性のある、療法上最も重要な経過に気づくようになるということである。

このことは、クライエントへの実際のセラピーの最中に、コンサルティングルームでこのような方法を一つ、またはそれ以上、使ってみるべきであるという意味ではない。方法を試してみることは、クライエントとの密接な関わりを汚染する可能性がある。クライエントと関わっていないときにこのような方法に精通し、実際の面接時にそれらをセラピストの前意識から出現させ、直観力を発揮させることで得られることはたくさんある。ただし、自然に自発的にそのような方法が現れなければならない。

療法的スキルの側面

主観性の最も深いレベルは、どの治療――たとえば、精神分析、自我分析、分析心理学、サイコシンセシス（精神統合）、トランスパーソナルセラピー、実存的心理療法――にとっても関心がある。このような分野の考え方は、様式を多くの視点で共有するというよりも、観点が限定されているため、本書の範囲外となる。

ここで再度、本書が網羅していることを伝えよう。先にあげたセラピーの各方向性は、人格形成、病理と健康を生じる人生の変転、心理療法で対処する必要のある深層の、または無意識的な心理構造や過程、望ましい結果を得るためにより深いレベルで用いられるさまざまな介入、などを取り上げた膨大な文献から得られたものである。

本書はこういった視点のすべてを統合しようとするものではない。本書の意図はもっと穏やかなものである。読者の理論上の方向性がどのようなものであれ、次に続く章で紹介することが役立つものであると、読者に感じていただけることを望んでいる。本書は、クライエントとの面接の基本に精通しているセラピストが、その状態からクライエントの主観性に関わる能力を身につけられるようにする手段であると考えている。そのような能力をつけることで、自らの視点に関する文献をもっと適切に活用することができる。

基本的な会話のスキル

- 「コミュニケーションレベル」(第二章)とは、当事者がどのくらい会話に参加し、どのくらい深く関与しているのかを示すものである。
- 「セラピストの存在と協力」(第三章)とは、セラピストの関与の相互的効果、すなわち、関わりの形式と内容から生じるべき望ましい状態と質の双方のことである。
- 「対人間の圧力」(第四章)とは、多くの形があり、一方がもう一方に影響をおよぼすことで、相手にいつもとは違う感情、思考、話し方、行動を生じさせる状態のことをいう。

主題についての指針

- 「話題の対応」(第五章)とは、セラピストとクライエントがどのくらい同じ話題について話しているのかをさす。
- 「感情の対応」(第六章)とは、話し合っていることに対するクライエントの気持ちに対して、どのくらい話し手が注意を向けているのかをさす。
- 「フレームの対応」(第七章)は、話し手が主題をどのくらい抽象的に、あるいは具体的に話しているのかをみる。
- 「位置の対応」(第八章)は、話し手のコメントが、クライエントか、自分自身か、あるいは相互作用パターンかのどこに焦点を置いているのかに関連している。

よりいっそう内容を深める

- 「客観性 - 主観性の割合」（第九章）は、話し手が感情的でかなり個人的なことを表現している場合と比べて、どのくらい自分自身を切り離して、感情をはさまないでいるのか、ということである。
- 「抵抗への基本的アプローチ」（第十章）は、ある限られた方向性にしか貢献しないセラピーでの抵抗について一つの視点を提示する。またここでは、実践的で、臨床的に検証された、抵抗に取り組むためのセラピストの一連の介入について述べている。

内的精神過程

- 「心配事」（第十一章）とは、セラピーによって真の人生変容をもたらそうとする場合に、動員される必要のあるクライエントの気持ちや意志の形態について名づけたものである。セラピストの関心という補足的な面も明らかにされる。
- 「意図性」（第十二章）とは、クライエントが人生の送り方にもっと満足しようとする場合に影響をもたらす必要のある、クライエントの主なプロセスとして認識されるものである。

セラピスト自身の存在

- 「関わり」（第十三章）とは、偽りなく生きるために、また効果的な人生変容の心理療法を行っているセラピストにとって、不可欠なものである。
- 「芸術家的手腕」（第十四章）とは、成熟したセラピストが自らの技巧をささげること、常に自分の五感とスキルを駆使すること、そしてこのような仕事を通じて自分自身の人生を表現することで内的満足を得ることである。

全般的な観察

以上、説明した十三の事柄は、ある重要な特徴を有している。以下にそれらをまとめる。

《凝視する目》　私が関わっている仕事は、星や銀河を見つけ出すことではなく、星座を区別するようなものである。星や銀河は宇宙にあるものだが、星座は美と同様、凝視しないと存在がわからない。星座が虚偽、すなわち信じられないものだという意味ではない。それどころか、最も精密な科学である天文学ですら、星座の構造の便利さをわかっている。それは、ある名前で呼んでいる特定のグループが、別の観察者によって別の形で分類される可能性があるということを意味している。検証は実用的なものである。つまり、私たちが観察し、作業を行うのに便利な方法を私たちに与えてくれるものは何か？　これから、読者はそれぞれ私が提示した星座を独自に判断する必要がある。

《はっきりではないが、示唆に富むこと》　これらはまったく客観的ではないし、正確に述べることもできない。どちらも、療法的な相互作用において観察可能な、あるいは半観察可能な側面に対する総体的な事柄である。また、どちらも、技の効いた効果的なセラピーにとって重要なものである。しかし、その性質上、どちらも客観的で主観的であると同時に、曖昧なものである。

《重複》 そのような事柄は互いに独立しているわけではなく、必ずかなりの重複があり、またそれが望ましい。〝望ましい〟としたのは、重要なプロセスを複数の視点から見られるためである。

《双方的》 これらの事柄のほとんどに注意することで得られる最大のものは、クライエントの反応を調べ、セラピストの行動を導き出し、両者を比較する枠組みとして、それらの事柄を活用することからもたらされる。それらの事柄に馴染み、セラピストとしての経験を積むにつれ、さらに、かなりの応用例を理解できるようになる。

《非言語と言語》 以下の解説のほとんどは、会話の言語的側面に関するものである。言語的側面は、人と人との関係のあり方を示すのに、最も手近に使える方法である。しかし、非言語的側面もほぼ同じように重要であることを認識することが大切である。

《使用に際しての弊害》 実際の療法上の面接で、セラピストがこのような事柄を意識してしまうと、療法的ではなくなる。意識してしまうと、セラピストがスキルを駆使しているクライエントに対して逆転移を起こすことになりかねない。このような状況を回避するため、セラピストは実際の面接時間外に、そのような事柄について勉強し、練習するほうがよい。そうすれば、セラピストがクライエントと対面したとき、潜在意識に取り込まれたこのような磨かれた知覚とスキルは、自然に自覚されるはずである。

《このような事柄の時期尚早な使用》 まだ臨床実践の経験が少ないために、療法中のしばしば難解な事柄を正しく知覚できないような成長途上のセラピストにとっては、本書は害があるかもしれない。ここでのキーワードは〝知覚する〟である。このようなプロセスを〝理解できる〟知的な人間なら、このような事柄についていくぶん精通しているように思うであろうが、〝理解する〟ことは、認識をもって〝知覚する〟こととは別の問題である。真に知覚することとは、事柄の概念を認識するだけでなく、同時に、そういった事柄が微妙に、セラピストがすでにクライエントと交わしている会話の一部になっていることを〝熟知している感覚〟を認識することである。

駆け出しのセラピストにとって危険なことは、理解することが知覚することにすりかわってしまい、その結果、(その過程を)実際に経験するのではなく、十三の事柄から直観的に選び出してしまうことになりかねないことである。このような強制的な実演は、セラピストにとってほとんど主観的なことではないため、クライエントはセラピストが本物ではないと感じ取るであろう。そのため、セラピストが使おうとした事柄の効果に関して、クライエントはセラピストの間違ったフィードバックに反応することになる。その結果、習得は遅れ、粗悪なものになってしまう。

一方、〝熟知した上での認識〟であれば、訓練中のセラピストが療法中のやりとりの絶妙な流れを把握できるような基盤が得られる。こうした会得によって、彼らは自分の療法を豊かなものにし、広がりをもたせたり、やりとりに力を発揮したり、さらにクライエントの健全な可能性を引き出したりすることができるようになる。

本書の使い方

以下の十三の章では、十三の事柄についてさらに定義を広げ、療法中のやりとりの例をあげ、必要に応じて十三の事柄を用いる流れを示しながら、説明をしていく。さらに、反応を選定する際のアドバイスと、様々な状況に対処するための代替案に対する意見を述べる。

セラピストが受動的に本書を読むことから能動的に実践し、経験することで、学習効果は最大となり、よりうまく十三の事柄を用いることができるようになる。

まとめ

多くのクライエントとの長い関わりによって、思慮深いサイコセラピストは多くのことを学ぶが、言葉で表せることはわずかである。しかし、最初の自意識から脱却して、自分のアートに目を向けることができるようになった熱心なセラピストにとって、言葉にしづらいことこそ、学びたいと思うことである。当初のぎこちなさや不自然さからどのくらい成長できたかを知ること、学ぶべきことがもっと多くあることを知ることによって、早く習得しようという意欲が湧く。また、まだ習得していないことがあるということに悩むこともある。

本書で私は、完璧にできるものではないが、能力と習得との差を埋めようとしている。また、経験によって自覚をもたせるということをいくつか取り上げ、それらを適度に明確な、あるいは客観的なものにしている。そうした過程を経ることで、必然的に、そういった側面が実際より、あるいは理想以上に、具体的で、規則的に、系統的になっている。私の知るかぎり、そうするしかないのである。こうしたことを伝えることは、たとえ私たちの目標がセラピストの主観的な感受性を豊かにすることであっても、ある程度の客観性が必要になる。

したがって、私はこの目的を半分しか遂げていない。読者であるセラピストの一人一人が、私が書き留めたことを汲み取る必要がある。そうすれば、読者は各事柄がどういうことなのかを十分経験した上で把握できるだろう。また、それを操作している感覚を上達させながら、実践するようになるだろう。こうした実践の中で、セラピストは用いた知覚を独自に統合させながら、事柄の名前を意識の外にもっていくことができるだろう。最終的に、事柄を統合させることで、セラピストはいまや独自のものに変わった過程を感じ取り、用いることを前意識にもっていくことができる。このように、いや、このようにしか、筆者と読者であるセラピストが本当に望むものについて、その教えを伝えることはできない。

サイコセラピストの道程

私は人間観察者として生まれてきたように思う。私はいつも人間に魅了されてきた。人間を見るにつけ、自分を見るにつけ、私は不思議に思った。私といた人間たちは大変謎めいて見えた。確かに、私は自分自身に対しても謎を感じている。どの人間もいつも私の理解しきれないものに思えた。私は大学へ行くと、最初に心理学を専攻し、人間について勉強した。そして、少なくともそれ以前よりも多くの情報を得ているはずであった。しかし実際のところ、残念なことに、ほとんど及第点をもらうことはなかった。私が人間に魅了されたこと、私が観察した人間が示した魅力ある点について、心理学ではほとんど何も示されなかった。

その後、修士号を獲得し、私は少し目指していることに近づいた気になったが、まだ何かが足りなかった。心理実験、心理テスト、倫理学理論——それらはどれも面白く、私に新しい活力を与え、人間について多くのことを教えてくれたが、他者について、あるいは自分自身について知ることはできなかった。

そう、いつもそれ以上のことがあった。私が面接をしたり、テストをした人々が語ることよりも多くのことがわかることがあった。テストした以上のことが明らかになることもあった。謎めいたロールシャッハやそれ以外の不可思議な投影法によってわかること以上のものが表層にもたらされることもあった。私の発達しつつある直観以上のものが明らかになることもあった。いつもそれ以上のことがあったのである。

はっきり言って、困ったことに、いつも私の目の前にはそれ以上のことがあった。私がいつもコントロールできる以上のこと。私が考えられる以上のこと。私が書いたり話したりする以上のこと。私の分析やその後のセラピーで認識できた以上のこと。私が真夜中に寝汗をかいたり、不安のため息をついている以上のこと。私が最も強く願い、努力し、祈り、熱心になっている以上のこと。いつもそれ以上のことが。

今でも私は、「この物足りなさは何なのだ?」と問うている。*The Agony and the Ecstacy*（苦悩と恍惚）の中でストーンは、ミケランジェロが「この考えはどこから来るのか?」と何度も問う姿を描いている。私が誰かと熱心に、あるいはためらいながら話しているとき、私の次の言葉はどこから来るのだろうか? 私がこの文章をたった今書きとめ、それを読者がすぐに読むことができるとき（もっとも本来の「たった今」とはまったく異なるが）、その文章の言葉はどこから来ているのか? いつもそれ以上のことがある。

時には、このような問いは無意味で、精神異常や狂気の沙汰のようにみえる。また、時には、人類が提示できる最も根源的な問いのようにもみえる。この瞬間に自分たちがどこから考えを引き出しているのかを答えられないのなら、どうやって別のことに考えを移すことができるだろうか? いつもそれ以上のことがある。

しかし、私たちは、夜遅くに遊んでいる見知らぬ子どもによって操られ、言葉や行動を与えられているただの人形なのだろうか? 細胞とアミノ酸と酸素を合成して偶然にできた、ただのロボットなのだろうか? それとも…? それはすべて同じ問いに行きつく。それ以上のこととは何か?

宗教や霊的なシステムはこのような問いに答えようとするものである。神、高次の自己、アートマン（宇宙我）、宇宙意識、集合的無意識など、これらのほとんどが我々よりも上のものであるとされ、謙虚さを示すために利用されている。そこにはいつもそれ以上のものがあるのか？　それとも、同じ問いを別の形でしているのか？

何かの、たとえば本書の著者とはどういう意味なのか？　最初に、私は言葉を書きとめる。私はその言葉をどこから得ているのか？　もちろん、心理学という学問からであり、それ以外の多くの分野からである。また、長年行ってきた心理療法からでもある。そのような仕事について教え、監督してきたことからでもある。そう、もちろん、それ以外のところからも…、しかし、それ以上のことがある。

このようなテーマについて研究する人もいれば、実践したり、教えたり、監督したり、執筆したりする人もいる。まさにこの瞬間執筆している人は（それがあなたにとっての、私にとっての、あるいは彼らにとっての瞬間であれ）、丸っきり同じテーマの別の本で、別の言葉をつづっていたりする。どうやってできるのか？　そのような言葉はどこから来るのか？　いつもそれ以上のことがある。

何年か前、プエル・ド・ポレンザのマジョリカという牧歌的な所で一か月の休暇を取った際、私は一つの儀式を行っていた。毎朝少なくとも一時間、タイプライターの前に座り（ほとんど無意識的になっていたせいもあるが）、できるかぎり自分の意識を介さないで、指が動くままに動かしていた。言ってみれば、自動執筆といった感じだろう。何が起こったか？　私は毎日何を期待していたのかわからなかったが、徐々に涌き出てくるものに引き込まれ、著しくとらわれるようになった。それでも、できるかぎり自分の目的は保持していた。

「涌き出てくるもの」とは、驚いたことに、ほとんどサスペンス小説のエピソードであった。次から次へとエピソードが飛び出してきたのだ。違った内容が涌き出てくる日もあった。奇妙で少しいかがわしいショートストーリーの日もあった。それらは小説とは関係がなかったが、一般的な調子だけは互いに関連していた。それらはどこから来たのか？

「涌き出てくるもの」とは、著者ではなく、チャンネルになるという主観的な経験を特徴とするものである。私は著述業——それ自体、謎めいた感じであるが——というものが、アイディアを考え出し、それが展開していく様を観察し、本や記事という形になっていくことを知っている。あの頃の朝、私はそんな気持ちを束の間しか抱かなかった。その代わり、私は自分が口述筆記をしているように感じていた。時折、私の指が指定されたキーを見つけていくにつれて、私の指が書き出したものに対して、私は声に出して笑ったり、感情的な痛みを感じたりしたが、自分がもたらしたという感覚をもって笑ったり痛みを感じたわけではなかった。私はその文章の最初の読者にすぎなかった。

いつもそれ以上のことがある。慣れ親しんだ奇跡。目に見えない奇跡。あまりに慣れ親しんでいるからこそ、目に見えないのだ。

心理学者として、私はこのようなことを知っていなければならない。私も神父もそうである。自分がそのことを知っていると思っている神父もいるが、私自身、そのことを知らないということを知っている。つまり、私は満足のいく答えを見つけていない。

本書で、私は客観的で指摘可能なお馴染みの世界から、もう一つ別の馴染みの薄い世界へと移るための方法について述べている。もう一つの世界とは、いつもそれ以上のものが存在する世界である。

それ以上のものが存在する世界とは主観的な世界であり、私たちがあまり知らない世界である。もちろん、私たちにはそれについて多くの理論があるが、主観的な世界がそれらの理論を超越するものであると明らかになるにつれ、私たちの理論は無効になる。

驚くべき事実は、私たちの帰る場所が、それ以上のものが存在する謎めいた世界と同じであるということである。最終的に、私たちは外の世界で生じていることすべてを、自分たちの内面に取り入れていく。すなわち、味わい、噛み締め、部分的に否定し、それ以外を消化し、すべてをまとめるのである。

その内的世界から生じる、思考やひらめき、創造性や破壊性、希望や不安、目標や危惧、関係性の深さ、コミットメントへの忠誠、選択や意思決定、残酷さと慈悲、それらすべてが私たちの存在に対して意味や個性、価値を与える。私たちは個人として、また集合体として、その内的世界について、その側面や力について、さらにその世界でどのくらい平和でいられるのか、そこから外的世界での日々の出来事をどのくらい刷新できるのかについて、もっと自覚する必要がある。

本書は、それ以上のものが直面している問いに対して、ほとんど答えられていない。その代わり、もっと理解し、探求しようとしている人たちを援助するうえで利用可能なツールをあげた。そしてさらに私たちは、ツール以上のものを求めて前進する必要がある。

第II部

基本的な対話のスキル

第2章 コミュニケーションレベル

クライエントは、面接室で本当に理解してもらうために、どのくらい受容的になったり、積極的になったりするのかという点で、かなり様々である。悩んでいるとき、クライエントは完全に会話に没頭しているが、それ以外の時間の多くは、よそよそしく、そのときの自分のあり方を心からさらけ出すというよりは、むしろ自分のことを報告しているだけである。このように完全に自分を出さないことは、クライエントが主観性をセラピーに持ち込まないようにするための最もわかりやすい、よくある方法である。

未熟なセラピストは会話の内容や症状、精神力動への手がかりに注意が逸れてしまう可能性があるため、クライエントがあるがままの存在となっていない事実を見逃してしまう。このような見落としによって最も重要な解釈が効力を失い、療法上の協力関係が思慮深い話し合いにならず、真の成果を出せずにクライエントについての知識ばかりが増えていくことになる。

この章では「存在」という非常に重要な問題を取り上げ、五つの段階で定義する。その五つとは、フォーマルな関係の構築、接触の維持、標準的な会話、危機的な時期、親密性である。これらを熟知することで、セラピストはクライエントに深く入り込んでいくために必要な段階に注意することができる。それは、真の人生変容の心理療法に不可欠なことである。

ここで、あるセラピーの一場面を見てみよう。この場面では、クライエントの「不在」という失敗を風刺している。

場面２‐１

クライエント（C）：ベティ・スティーブンス、セラピスト（T）：カールトン・ブライン

C１：(息を切らしながら大きな椅子に座り込み、喘ぎながら詫びる)。遅れてすみません。すぐに会社を出ることができなかったのです。

T１：(安心させようとうなずきながら)、いや、ベティ、こちらこそ申し訳ない。君なしで始めさせてもらっていたよ。

(千里眼や透視といった超感覚的知覚でもないかぎり、このような反応は無意味である。クライエントがいないのに、どのようにクライエントのセラピーを始めることができようか。これはよい質問であるが、そのような質問を自らに問いかけるセラピストはあまりにも少ない)

C2：(その馬鹿馬鹿しさに気づかず)、あら、よかったわ、ブライン先生。私、前回ここを出てからずっと考えていたことを先生にお伝えしたかったの。でもとても忙しかったので、今それを思い出せるかわからないわ。ああ、そうだ。前回の面接が終わった直後に、先生がおっしゃっていたことだったわ。えーっと、何だったかしら。先生のおっしゃったことを先生ご自身覚えていらっしゃいますか？　あ、いいのです。気になさらないで。近頃、私、こんなふうに頭がごちゃごちゃになっていて、何がなんだかわからなくて…。とりあえず、先生にお伝えしたいことは、次回の面接はお休みさせていただかなくてはいけないかもしれないということです。母が私を訪ねてくるかもしれませんから。それも言い忘れていたのですが…。(ベティはこのように五分間ほど話し、明らかに無駄にした時間を埋め合わせようとする。彼女は頭の中のリストにある項目をあれこれ早口でしゃべり、ほとんどブライン医師と目を合わさない。考えて話すとか、話を展開させるといったことはまったくない。そんな状態で、彼女はここにいるといえるのだろうか)

私があげた例はもちろん極端なものだが、多くの未熟なセラピストが、クライエントが自分自身の人生について大きな気づきを求めようとする当事者としてではなく、自分自身のことを伝えるレポーターとなっていることに気づかず、長い時間、クライエントをほったらかしにしてきた。私心のない情報の単なる伝達は治療ではない。むしろ、反治療的だと思われる。内容、すなわち自分自身についてのデータを集め、それとなく自分の人生の「問題を解決する」ことに集中するよう強いられているとクライエントが感じていると、このような不適切な状態が生じることになる。

存在の展開

存在の重要性をもっと認識するために、別のクライエントが最初の面接から数か月後に治療的ルーティンにうまく収まっていくまでを追ってみよう。この面接期間から、彼女がセラピストに示した自分自身についての五つの説明をとりあげる。したがって、彼女の存在がどのように展開していくのかがわかるだろう。

場面2-2
クライエント：ダナ・デイビス、セラピスト：バート・グラハム
【クライエントは自分がセラピストに話そうとしていることを心の中でリハーサルしながら、待合室の硬い椅子に不安そうに座っている。彼女の最初の自己表現は自分自身に向けられ、セラピストに話しかけているつもりになっている】

C1：とても不安で仕事に集中できないことがたびたびあります。上司がおかしいことに気づいてしまうのではないかと心配です。そうなると面倒なことになりそうで…（一息ついて、誰もいない部屋をぐるりと一瞥する）。そうなると、えーっと、いつも父親との間で問題があったみたいに、面倒なことになりそうです。いや、いつもというわけじゃないわ。でも…（再び間をとる）。サイコセラピストに話すって一体どういうことなの？　この呼び名は好きになれないわ。なんだか気後れするのよ。たぶん、本当はカウンセラーに会うべきなのよ。何が違うのかしら。いいえ、グラハム先生はかかりつけ医が推薦しているわけだし、先

生はわかってくれるわ。でも、先生は男性だわ。本当は女性に診てもらうべきなのよ。女性のほうがわかってくれそうだわ。

T1：デイビスさん？

（その声で彼女の考えは中断された。いつ彼はドアを開けたかしら。彼女は落ちつきをなくし、何か間違ったことになっている気になる。彼女は読んでもいない雑誌を膝から落としながら立ちあがる。雑誌を拾い上げようとかがんだところ、眼鏡が顔からずり落ちそうになる。医師の目には、彼女が正真正銘の精神疾患患者に映ったに違いない。医師は彼女のほうへ近づいてくる。ぎこちなく彼女は眼鏡をかけ直し、雑誌をコーヒーテーブルの上に落とし、医師のほうへ顔を向けた）

C2：はい、私です。つまり、私なんです。（まるで子どもじみた言い方。もう！　私はそんな間抜けじゃないのに。どうしてこんなふうに振る舞っているのかしら）

T2：そうですか。私がグラハムです。（微笑み、背後のドアを指差す）。さあ、中へお入りになって、お話ししましょう。

（以上の始まりから、デイビスさんがグラハム医師にどういうことでセラピーに来たのかについて、後に続く会話を三回想像してみよう。ここで、それぞれの自己表現の場面を示そう）

C3：（二度目の表現。最初の数分間）。えーっと、ですから、働くことができなくなって…というより、つまり、ほとんどの時間はちゃんと働けるのですが…、時折、感じるのですが、そのー、すべてできなくなるような…、実際、それは大した問題ではなくて…。

C4：(三度目の自己表現。会話をしてから十分)。私、自分が物事をややこしくしすぎているように思います。つまり、必要以上に心配する傾向があります。おそらく母も同じで、それにまったく気づかずに母のまねをしているように思います。面食らってしまって、どうしてそうなってしまうのかを突きとめたくて、そうすればやめられるでしょうし…。

C5：(四度目の表現。会話をしてから三十五分)。最悪の場合、私はパニックになります。何がパニックにさせるのかを考えてみようとしましたが、まったくわかりません。心配です。本当に心配です。上司は私の父にとてもよく似ていて、難癖をつける人で、きっと彼は気づいているでしょう…。私が仕事をきちんとこなせないと彼に思われることが怖くて、そうなったら、私、わからないわ…。

(ここで四か月先まで飛んで、ダナの三十二回目の面接を見てみよう。彼女は週に二回セラピーを受けに来ている。ここで、彼女の五度目の自己表現を示す)

C6：たった今も、緊張と不安を感じています。どうしてなのかはわかりませんが、こうしてここで先生にお話している間も、その状態であることだけはわかります。まるで、どこかへ走っていって隠れたいような気分です。捕まって痛い目にあわされるような気がします。以前はそんなことを考えたこともありませんでした。「痛い目にあわされるような気がする！」だなんて。フー！　こんな気持ちだから、一分前に先生にお話していたことも思い出せなくなるのです。そんなのは嫌です。本当に嫌です。そんなふうに感じたくありませんし、それに…。

ダナ・デイビスは問題の多い内面的な生活について語っている。五つの異なった自己表現の中で、彼女は自分を苦しめている経験についての、上っ面だけのよそよそしい報告と直接的で熱心な語りとの違いを示している。彼女が最初に一人で語っていたこと、つまり声に出さなかった内省的な独り言が、彼女が最初にセラピストに自分のことを話したことより、四つめや五つめの表現のほうと多くの点で似ていることにも気づいてほしい。二つめの話のレベルでセラピーを行おうとすると、上っ面になりがちで、効果は長続きしない。一方、四つめや五つめの話では、ダナが面接室で、つまりセラピーの中で、もっと純粋になって、彼女を悩ませている感情に没頭しているのがわかる。したがって、そのような乱れが生じているときに、心理療法の影響力が直接、その乱れに向けられることになる。クライエントがよそよそしい報告に終始している場合、セラピーは漠然とした訓練になってしまう。そのようなセラピーによって、クライエントは自分自身について多くのことを知りはするが、自分の人生において何をし、どう感じるのかという点で、持続的な変化をほとんど経験しなくなるのである。

《尺度を作る》　ダナの五つの自己表現を振り返ってみると、それらが一つの尺度にそって、いくつかに区別されていることがわかる。その最も明白なものを以下にあげる。

- よそよそしさから親密さへ
- セラピストが彼女をどうみるのかという心配から、彼女の中で生じていることについての表現に焦点をあてることへ

- ありふれたことの繰り返しからダナ本人に対する自己発見へ
- よそよそしい報告から彼女の経験に関する感情的な関心へ

これらをすべて含めたものをまとめると、「存在」という概念になる。それは、一人の人間がある状況の中で、観察者やコメンテーター、評論家や審判として離れたところにいるのではなく、いかに心の底から全身でそこにいるのか、ということに注意を注がせる。ダナ・デイビスの場合、最初の四つの言葉より最後の言葉が、確実にセラピーに取り組んでいることを示している。

効果的なサイコセラピストは、クライエントがどのくらい心から存在しているのかに注意を払い、クライエントがセラピーに没頭できるようにするために多大な努力を注ぎ込むことができる。このような存在に焦点を当てることは、療法的なアートの重要な基礎である。

「存在」とは、ある状況の中にいること、すなわち本人が可能なかぎり精いっぱい深く関与しようとする人間関係の質を指す言葉である。存在は人の感受性の動き――内的（主観的）および外的（状況や他者に対して）な動き――を通して表現されたり、反応できる能力を実行に移すことによって表されたりする。

存在には二つの面がある。影響の受けやすさ（accessibility）と表現の豊さ（expressiveness）である。この二つを定義すると、意味合いが重複することがわかる。しかし、その二つを識別する価値はある。どちらかのほうが顕著になることがたびたびあるが、その場合、目立たないほうに注意を向ける必要がある。

影響の受けやすさとは、ある状況で生じることを自分にとって重要なもの、つまり自分に影響があるものと意識している程度を示す。そのためには、他者からの影響に対して通常行っている防衛を弱める必要がある。

つまり、これがコミットメントの尺度となる。相手の影響に対して自己を開放することは、その人間関係に労力を注ぎ込むことである。

表現の豊さは、ある状況で自分が他者に本当にわかってもらおうとする意識の程度と関係がある。これは自分の主観的体験を隠すことなく自己を開示することであり、全面的に努力しようとする気持ちが必要になる。存在、それは影響の受けやすさと表現の豊さのすべてであって、どちらか一方でもなければ、単なる手順でもない。それは関わっている人間、状況とその目的、話し合われている内容やそれ以外の多くの影響によって、変化し続けるものである。

どのくらいクライエントが心から面接に存在感を発揮しているのか、影響を受けようとしているのか、自分をわかってもらおうとしているのかといったことは、そのワークから真の療法上の効果が生じるかどうかを決定する、最も大切な因子の一つである。そのようなことから、私たちは面接の会話で生じる存在の様々なレベルを調べてみようと思う。

主な会話レベル

サロメが初のストリップショーのアーティストだとは到底考えられないが、確かに彼女は有名なアーティストの一人である。彼女の「七つのヴェールのダンス」は数千年もの間、私たちの想像の中に延々と生き長らえてきたが、おそらくその理由の一つは、私たちが彼女の幾重にもなる防御のヴェールを自分たち自身の中に認めるからであろう。図２‐１はそれらがどのように私たちを覆っているのかを表している。

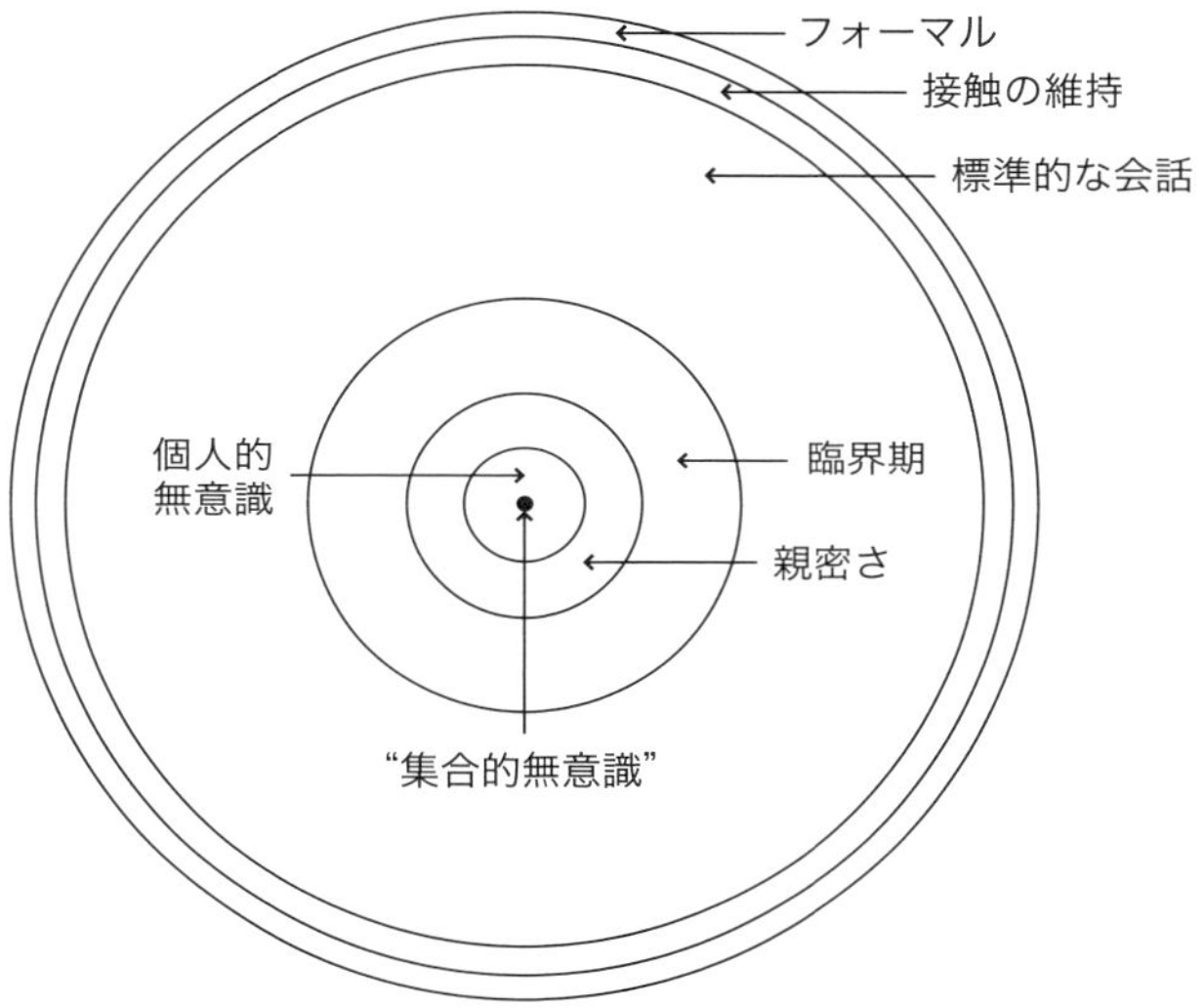

図2－1　通常会話で見られる7つの会話の存在レベル

図2－1において、帯のサイズはそれぞれの存在のレベルがどのくらい通常の会話で見られるのか、そのおおよそを示している。中央の点がそこで表されるものすべての源であることを認識することも重要である。ユングが提案した「集団的無意識」という考えは、私たちの経験のすべてに潜在していることが、原始的だが無意識的な知覚の素材の、種に広がる絆であることを示している。この考えは、そこに帰属するものすべてを受け入れる必要はないにしても、役立つ概念である。明らかに、私たちは様々な程度で共通の遺産を分かち合っており、意識的な生き方の様々な現象の中でこの問題が押し出される。それを正確に図に表すことは不可能であるため、私は中央の点を用いることにした。

同様に、個人の無意識のサイズはそれを推し量る以外にない。私はそれを言葉にできない、抑圧されたり禁止された知覚の主観的な蓄積と

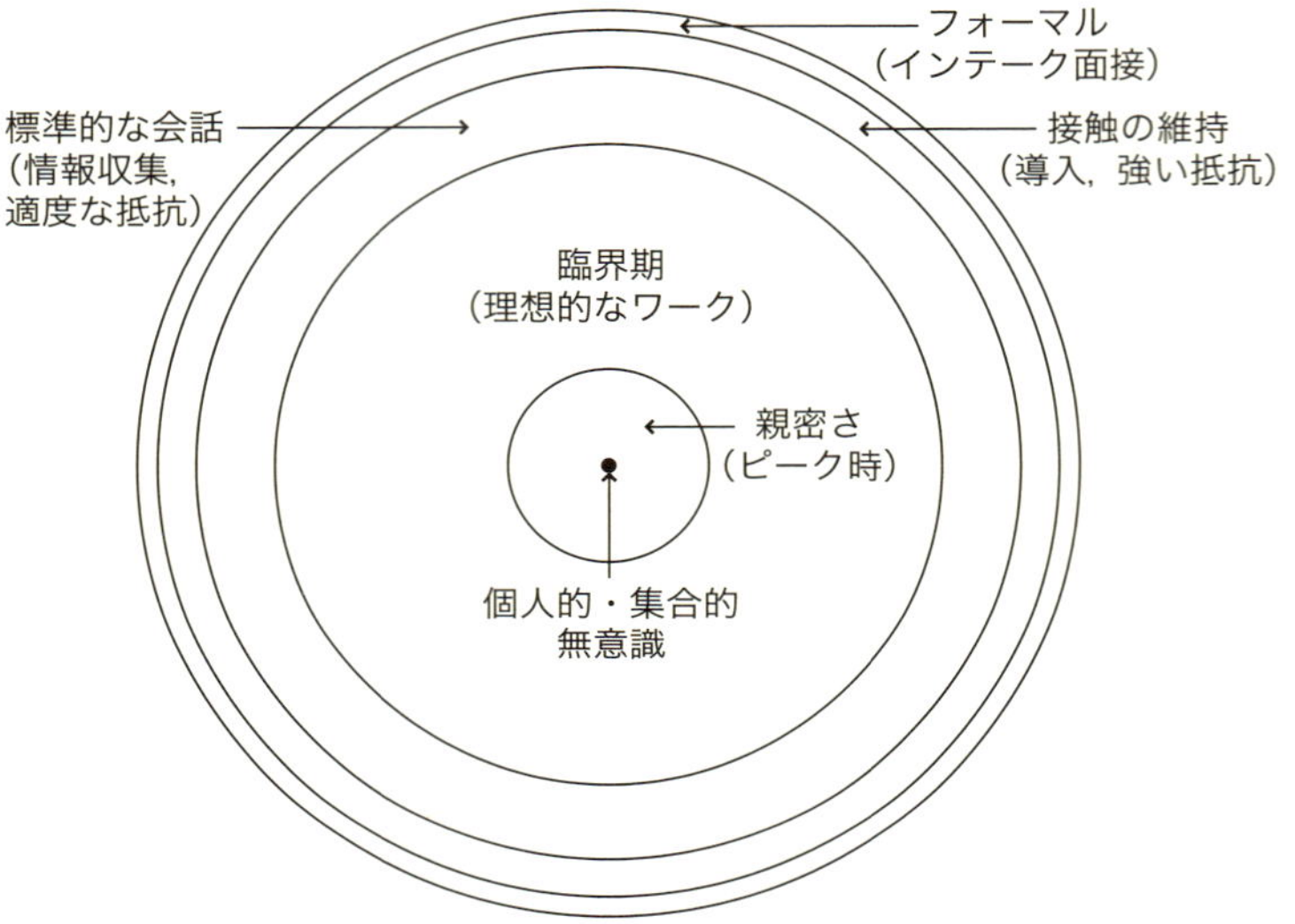

図２－２　効果的なセラピー中に見られる７つの会話の存在レベル

みなしている。その主観的蓄積とは、私たちがそれぞれ自分の人生のあらゆる瞬間にもたらすものであり、その時々で出会う価値観や期待、不安の中に見られるものである。

五つのレベルを説明し、深層心理療法の作業における重要性を示す際、図２・２を見せるのが便利である。図２・２は、深層心理療法におけるそれらのレベルの相対的な重要性を示している。ここでは、一般的な会話での事実よりも作業に没頭することを強調している。図２・１と図２・２の違いは、セラピストが通常よりもはるかに洗練されたコミュニケーションの技を身につける必要がある理由を示している。

レベル一：フォーマルな機会

クライエントが初めて面接にやって来て、すべてが目新しく、ときには怯えているようにみえることすらあり、セラピストとの経験がまったくないと、クライエントは文化的なやり方でそのような時間に対処する。そのやり方は、権威ある人に対して、外見的なことしか見ない人に対して、印象づけようとか好感を持たれたいと思う相手に対して使うパターンである。

フォーマル・コミュニケーションとは、人間の客観的な側面同士を関連づけるものである。客観的な側面とは、「カールトン・ブラインは心理学博士で、リーランド・スタンフォード・ジュニアを卒業。アメリカ専門心理学委員会の臨床心理学資格取得者である」といったものである。地位という鎧のすべてが、ともかくも暗黙のうちにクライエントの前に立ちはだかっている。自分が直面していることを調和させようとして、自分の関心事を脇へ追いやっていることに気づいているクライエントが多い、という事実はさほど不思議なことではない。つまり、「私はエリザベス・フランクリン・スティーブンスです。父はエドワード・フランクリン博士で、もちろんお聞きになったことはあるでしょう。私はケネス・スティーブンスの妻で…」といった具合に。あるいは、「私は商売をしておりまして、自分で申し上げますと、この業界ではたいてい成功してきました…」という人もいるかもしれない。

そのような調和が隠されていることもある。「このような心理なんとかというものを、あまり信じていないのですが、妻が行けと言うもんですから…」「本当にここへ来る必要があるとは思えないのですが、ねぇ。ただ、私が悩んでいることでいくつか、あなたのような専門家のお力をちょっとお借りしたほうがよいと思っただけでして…」

フォーマルな関係性の存在レベルのポイントは、影響の受けやすさと表現の豊さが、対面を保ちながら他者との関わりを制限するという形で、抑制されることである。つまりクライエントは、セラピストがどんな人なのか、セラピストが何をしようとしているのかを判断しながら、抑えているのである。このような制御は自分の「イメージ」に目を向け、自分の体験していることから目をそらすことで生じる。その結果、クライエントの話はかなり客観的、表面的、系統的で、とりわけ人間味のないものになりがちである。

イメージ中心のコミュニケーションは自意識の強いものであるが、自己開示ではない。正確であろうとすることに努力が払われる。つまり、言葉遣いや姿勢、動作に注意が向けられ、自発的行動は最小限もしくは皆無となる。

セラピストは有効なバランス状態を探す必要がある。一方では、恐怖感が高まらないようにするために、クライエントの戦略に合わせることが必要である。また一方で、この比較的効果のない状況からクライエントを引っ張り出す必要がある。あまりにも早くもっと大きな存在へもって行こうとし（例：困惑していることを早いうちに表出するよう強いること）、フォーマルさという防御をあからさまに引き剥がそうとすると、逆効果になりがちである。

場面２－３Ａ

クライエント：ベティ・スティーブンス、セラピスト：カールトン・ブライン

【ベティはこの章の最初で登場したので、新しいクライエントというわけではない。彼女をフォーマルのレベルまで戻してしまったのは、遅刻したことに対する彼女の自意識であった。一度に何もかも話そうとした数分後、ブライン医師が割って入ってきた】

Ｔ11：私には、あなたがロスタイムを埋め合わせようと、できるだけ早く話そうと躍起になっているように見え

るんです。

C11：ええ、わかっています。バカみたいでしょ？　でも、今日、私がここへ来るまでに考えてきたことを先生はわかってくださるのではないかと思って…。そう、家でどうしていたか、というのではなくて…。ご存知のとおり、ケンと私は…。

T12A：ちょっとだけ休憩をとって、一～二回深呼吸しませんか？　それから、本当は今日ここで、どのように時間を使いたいと思っていらっしゃるのか、心の中を探ってみましょう。

C12A：そうですわね。そうしましょう。ただ、最初にお伝えしなくてはならないことが…。

T13A：(話を遮って）まず、深呼吸ですよ、ベティ（断固として)。

C13A：ああ…（我に返って静かになり、ほんの少し深く呼吸をする)。そうね、そのとおりだわ。舞い上がっていたわね。(ため息をつく)。なんだか、遅刻して悪い子になった気がしたものですから…。

もちろん、新しいクライエントの場合、このようなやり方はきつすぎるかもしれない。そのような場合、ここで行われたように、セラピストはクライエントの心の準備を調べるかもしれないが（T11)、クライエントにそこでの援助を受ける準備ができていなければ、すぐさま深呼吸をするよう提案することはないだろう（T12A)。また、ブライン医師のように（T13A）深呼吸を強要することもないだろう。

心の準備があまりできていないクライエントに対しては、別のパターンを紹介しよう。ここでの目的は、クライエントが集中し、セラピーを実施するというプレッシャーを軽減できるよう援助することである。このことはやりとりを変更することで説明できる。最初の二つのセラピストの反応と最初のクライエントの反応は上記と同じであるが、C12Bでのクライエントの別の反応によって、異なる方向性を想像してみよう。

T11：私には、あなたがロスタイムを埋め合わせようと、できるだけ早く話そうと躍起になっているように見えるんです。

場面2‐3B

C11：ええ、わかっています。バカみたいでしょ？　でも、今日、私がここへ来るまでに考えてきたことを先生はわかってくださるのではないかと思って…、そう、家でどうしていたか、というのではなくて…。ご存知のとおり、ケンと私は…。

T12：一分間だけ休憩をとって、一、二回深呼吸しませんか？　それから、本当は今日ここで、どのように時間を使いたいと思っていらっしゃるのか、心の中を探ってみましょう。

C12B：そんな必要はありません。私は大丈夫ですわ。それに、考えてきたことをあれこれお伝えしなくてはならないですし…。

T13B：どんなお考えでしょうか？

C13B：夫はこの地域でとても目立つ存在なので、地元のセラピストに会うべきじゃなかったのではないかしら、と。つまり、夫は自分が人からどう見られているのか考える必要があるのよ。それから…、でも、そんなこと、私が心配する必要ないわよね？　私たち夫婦がパロ・アルトロに住んでいた時みたいなものなのよ。あのへんのことは、先生ご存知？　私はあそこが好きなの。でも、いろいろあって…。

T14B：（静かに話を遮って）セラピストに会うべきかどうかについて、それ以外に何をお考えでしたか？

T14B：そうねぇ。私って、小さなことでも考えすぎてしまうようなのです。つまり、最近、理由もなく泣いたりすることがあります。自分でバカげたことだとわかっていても…。

（このように、クライエントは深いレベルへ入っていくよう促されるのである）

レベル二：接触の維持

最初の状況の目新しさがなくなると、すぐに三つめのレベル、「標準的な」関係性に入っていけるクライエントもいる。しかし、中間の段階が必要な人もいる。このようなクライエントはリラックスして、自分の心配事を話す準備ができているようにみえることがあるが、すぐに彼らが多大な抑制を働かせていることが明らかになる。この押さえ込みによって、クライエントの関与は浅いものになったり、実際的な内容にしか反応しなかったり、あるいは単に真の主観性が明らかに欠如したりするのである。そのようなクライエントには、過渡的な段階がみられる。これが接触の維持というレベルである。

この場合、必要とされる実際的な情報を集めながら（年齢、住所、電話番号、保険が使えるかどうか）、セラピストは深いレベルへと移行する心構えを示す情緒的反応の徴候を観察する。そのような徴候が現れない場合でも、セラピストはせっかちに、無神経に深く関与するよう強いてはいけない。その代わり、クライエントの存在に注意することで、馴染みのあることを話すようクライエントを促すのに役立つものがわかってくる（例：日常生活、どのようにして今の仕事をするようになったのか、教育歴）。そのようなことによって、クライエントは最初、表面的なレベルであっても、やがてある程度関わりを広げるようになる。状況を敏感に感じ取れるセラピストであれば、このような動きがいつ起こるのか、そしてどのようにその動きを強化できるのかがわかるはずである。

このような注意は、セラピー上意義のある話題についてのデータを集める場合でも、重要なことである(例：家族の事情やメンバー、雇用問題、クライエントの人生において重要な人物)。したがって、クライエントがもっとオープンになるための準備ができるまで、しばしばこの段階は引き伸ばされる。そうでなければ、臨界期が失われてしまう。

面接室の外では、接触の維持の会話は、定期的ではあるが非常に限られた目的で会う人物との間で交わされるのが通常である。たとえば、ガソリンスタンドで時々フロントガラスを掃除してくれる人や、スーパーのレジ係、郵便配達員、ゴルフコースの参加者などである。そのときの話は簡潔で、即興的で、手近な話題が中心であったり、単なる挨拶だけであったりする。イメージを伴ったフォーマルなレベルの関心事がほとんど存在しない一方で、自己開示もほとんどない。たまに儀礼的な冗談があるが、すべて一般的なことである。

ミスA：こんにちは、ボブ。満タンでお願いね。
ミスターZ：了解、ヘレン。家族は元気?
ミスA：ええ、とても元気よ。そちらはどう?
ミスターZ：悪くないよ。

実際、ほとんど意味のないごちゃまぜの話をしている場合もある。

ミスＢ：Ｔシャツはグリルで焼いていい？
ミスターＹ：ヤグ、まぬけは波止場人足で足りてるよ。

もちろん、時にはわずかな情報が交換されることもある。

ミスターＺ：オイルはいいですか？
ミスＡ：けっこうよ。先週、チェックしてくれたじゃない。

しかし、ボブの妻が病気であったり、ヘレンの息子が問題を起こしているとしても、関心事がひどく限られている場合を除いて、受け答えは似たり寄ったりであろう。

セラピストの面接室では、すでに示したように、二番目のレベルの会話がおおかた過渡的に、すなわちフォーマルというより標準的なコミュニケーションの間にある。

高度な情緒的作業が続いていたり、クライエントが帰る前にリラックスする必要がある場合、過渡期は反対の方向にある。つまり、クライエントが再び外の世界へ向き合う準備ができるよう援助するという形で、セラピストはこのレベルに入っていく。ここで、それがどのようなことなのか、その例を示そう。

場面２－４
クライエント：ジェシカ・トーマス　クライエント：レスター・ブラウン

C1：…私がただ打ち明けてきたことが、すべて自分にとって重要であったことに気づき、動揺しています。自分がどのくらい長い間、物事をこんなふうに混乱してみてきたのか、それが自分にとっていかに足かせとなっていたのか、信じられないほどです。（間）ああ、嫌になるわ。数分もすればここから出ていかなくてはならないのに、とても動揺して、立つことすらできないんじゃないかしら。

（クライエントは明らかに臨界期、すなわち四つめのレベルにいる）

T1：落ちつきなさい、ジェス。今日、あなたは重要なワークをたくさんしたから、徐々に気持ちを移行させる必要があるのですよ。今日は、このあとどこへ行くのですか？

C2：どういう意味でしょうか？　やってきたことを、さらにどこまで進めるのでしょうか？（セラピストが会話のレベルを変えたことによって混乱している）

T2：いや、私は言葉どおりのことを言ったまでですよ。今日、これからどこへ行くのですか？

C3：（明らかに気を取り直して）ええと、二～三分ほどオフィスに戻って、メッセージを受け取らなくてはなりません。（三つめのレベル、標準的なコミュニケーション）

T3：最近、お仕事はいかがですか？

C4：うまくいっていると思うわ。いつも頭の痛いことはありますが、大したことではありません。（二つめのレベル、接触の維持）

T4：仕事に関しては、かなりうまくいっているってことですね。

C5：ええ、そうでしょうね。さぁ、そろそろ出かけたほうがいいみたいですわ。

接触の維持はもちろん、クライエントが自己探求の責任をもつことに抵抗するという形で現れる。「なぁ、センセー。こころのところ自分にとりついているものが何なのかわからないけど、センセーが質問するから、自分は答える。センセーと自分で、そのクソやっかいなことをぶち壊せることができるんじゃないかねぇ」。これは表面上、協力を誘っているものだが、無作法に単純な形で提示された場合、明らかに真の関わりを回避することと同じになる。

この存在の二つめのレベルはかなり限定されており、会話の相手が儀礼的なものをやめればレベルは変わる。

ミスターZ（ガソリンスタンドの従業員）：ご主人と一緒に、土曜日、うちに夕食を食べにきませんか？

あるいは、

ミスA（ガソリンスタンドの客）：ボブ、金曜日まで十ドル貸してくれないかしら。

確かにこれは第二レベルではない！

この後者の要求に対する反応が、最初の三つのレベルのいずれでも生じることに注目せよ。

ミスターZ：すみません、Aさん。ここの方針では、お客さんとの個人的な金銭の貸し借りは一切禁じられているのです（フォーマルな関係）。

あるいは、

ミスターZ：（笑いながら）いいですとも。百万ドルでいかがでしょう？　小銭を持ち合せていないもんですから（要求を冗談として受け止めた接触の維持）。

あるいは、

ミスターZ：喜んで、ヘレン。はい（十ドル札を彼女に手渡す）（標準的な会話）。

レベル三：標準的な会話

「標準的」とは、通常の、あるいは期待どおりのという意味を含む言葉で、私もそのような意味合いでこの言葉を用いている。図2－1で示されているように、コミュニケーションのこのレベルは、日常の会話の中で最も広く使われている。セラピーでのコミュニケーションが最も大きな影響力を有している場合、それは標準的な関わりにほとんど影響されないが、これは相談室の中では依然重要である（図2－2の大きさに注意）。

標準的な会話は、その人のイメージに関することとその人の内的経験を表出する際の関わりとの間でのバランス点（つりあいが取れている点）となる。図2－3は、このような会話が交わされている内容、すなわち会話の「何」に最も重点が置かれているのかを示している。したがって、そこには、誠実ではあるが個人的な関わりが限られているとか、反復的だが儀礼的ではないとか、相対的に葛藤が少ない、などがある。

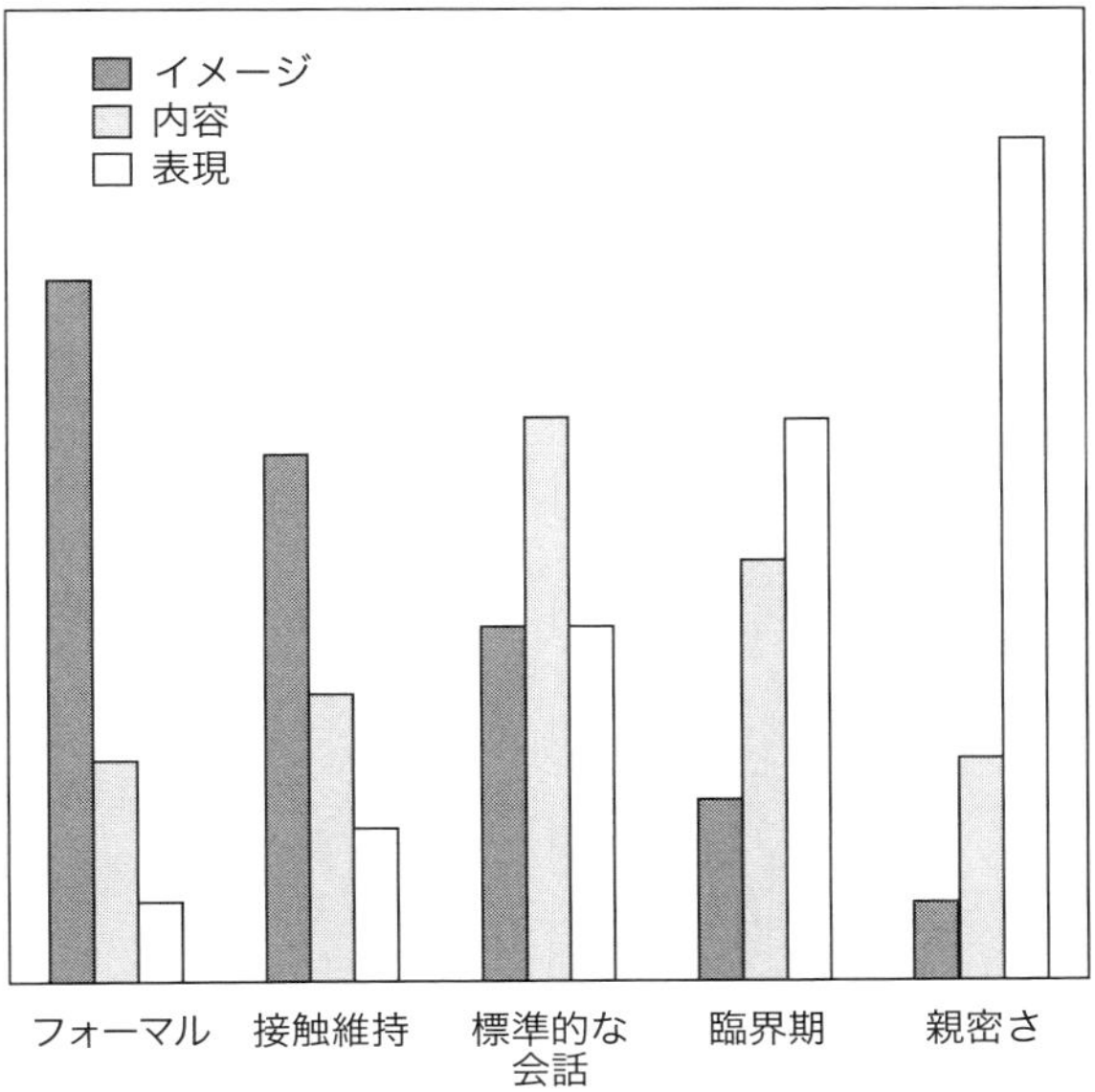

図2-3　治療的会話での存在または熱中の程度に関連した，イメージの注目度，内容への関心度，内的経験の表現への緊張性度の対比

ある人が部外者として、常時同じ人が働いていて、気軽なおしゃべりをしているオフィスやお店へ行ったとする。すぐさま、そこでのやりとりが第一レベルの堅苦しさとも、あるいは、第四、第五レベルのもっと深い情緒的な調子ともいかに異なっているのかがわかる。標準的な会話にはスラングや内輪話が多いのが特徴的で、そのような会話は最近の活動や問題に向けられている。人々は明らかに難なく、話すことと聞くことを同時にやってのけ、必要であれば、個人的な話と仕事の話を即座に混ぜ合わせている。

B：なぁ、C。二十ドル札を三～四枚、僕に恵んでくれない？

D：Bはフルハンドが取れたため

しがないんだよね。

C：（Bに向かって）ああ、そうだな。（Dに向かって）なぁ、彼をいじめんじゃないよ。おそらく二日酔いなのさ。

B：（Dと一緒に）あんなこと言ってるぜ。先週、奴はドケット・キーすら見つけられなかったわけだよな（笑）。

D：先週みたいなことは、もうごめんだね。あれは地獄だったぜ。五〇二のファイルはどこ？　で、子どもたちとビーチへ行ったのさ。もう、すごい混雑でさぁ。あぁ、ありがとう（ファイルを渡してくれたBに向かって）。

セラピストは実際の情報や半分実際の情報を収集するために、このレベルを使う（例：家族メンバーのアイデンティティや性格、クライエントの教育歴や職歴、以前のセラピーの経験）。そのようなデータを集めながら、セラピストはもっと深い感情や葛藤の手がかりに注目するが、このとき、注意がそのような徴候に向いている場合もあれば、向いていない場合もある。そのように進めていけば、ワークは第四レベルへ入っていくようになる。

場面2‐5

クライエント：ダナ・デイビス、セラピスト：バート・グラハム

T11：ご主人は何をされていますか？

C11：スティーブンス・ストレート・マーケットのマネージャーです。

Ｔ12：彼はその仕事が気に入っていますか？

Ｃ12：気に入っていると思うわ。私は好きじゃないけど、彼はそれでもいいみたい。

Ｔ13：あなたはそういった仕事は好きになれないのですね？

Ｃ13：ええ、確かに好きになれないわ。多くの違う種類の人間たちを喜ばせたり、無能な店員たちを見張っていなければならないなんて、つまらないわ。

Ｔ14：「違う種類の人間たち」？

Ｃ14：あら、おわかりでしょ。終止見張っていなければならない人、つまり万引きする人たちよ。外へ出て働こうとしない人たちは食料スタンプで暮らすしかないわ。

この時点でセラピストは、クライエントに対して個人的な意味をほのめかすことによって明らかな偏見部分を追求するか、情報を収集し続けるか、どちらかを選択する。

別の例として、この章の最初と場面２‐３に登場した、遅刻したクライエントに目を向けてみよう。

場面２‐６

クライエント：ベティ・スティーブンス、セラピスト：カールトン・ブライン

Ｔ21：あなたが若かったころ、家族はどんな感じでしたか？

Ｃ21：普通ですわ。父と母と姉がいて、男きょうだいはいません。いつもお兄ちゃんがほしいな、と思っていました。姉は二つ上で、それはよかったわ。

T22：家族はうまくいっていましたか？

C22：まぁ、うまくいっていたと思うわ。家族ってそういうものでしょ。私たちにも浮き沈みはありました。

T23：もっと「浮き」や「沈み」があったと言いたいのではないでしょうか。

C23：それを話すのは難しいわ。それが普通のことだと思うわ。

T24：あまり自信がなさそうですね。

C24：ええ、家族のことに関しては、私は本当は幸せでないと思っていますから。家族とはあまり親密ではありませんでした。

T25：家族の誰とも？

C25：そう、姉とは親しかったけれど、（居心地悪そうに姿勢を変えて）父とは親密ではなかったわ。

T26：お父さんとはどんなふうだったか、もっとお話になりませんか？

ここでセラピーは標準レベルに入っていたが（21から26までの反応はかなり簡略に示した）、クライエントの家族関係という微妙な部分に触れたとき、さらに深い感情の手がかりが明らかにされた（C22とC23の「〜と思う」という表現）。明らかに、クライエントは負担となっていることに触れることを躊躇している。セラピストはそれを反映して（T24）、クライエントをさらにオープンにし（C24）、それによって会話レベルの変更を可能にしている（T26）。このクライエントとの関わりの中で、これはまだかなり早い段階であるので、セラピストは強く推し進めるのではなく、話題を続けるという選択肢を提示している。

レベル四：臨界期（critical occasions）

セラピーで大きな人生変容をもたらそうとするなら、臨界期のレベルでかなり多くのことをしなければならない。クライエントがセラピーでの会話の影響を本当に受けやすくなっているときこそ、クライエントが自分の内的経験をセラピストに心から表出しようと思っているときこそ、さらに、セラピストがこのような深部でクライエントに誠実に向かったときこそ、つまり、これらの基本的な条件が満たされてこそ、永続的な変化や成長が起こるのである。

このようにきっぱりと言いきれるのは、長い臨床経験だけでなく、セラピーの流れにどっぷりと入り込めないクライエントは、実際、自分の今の生き方に非常に固執しているという明白な論理にも基づいているからである。このことを示すため、これまでの会話が以下のように続くことを想像してみよう。

場面2-7A

クライエント：ベティ・スティーブンス、セラピスト：カールトン・ブライン

T26：お父さんとはどんなふうだったか、もっとお話になりませんか？

C26A：いいえ、話したくないわ。もう終わったことですもの。

T27A：終わったことのようには聞こえませんが。

C27A：起こるべきことが起こってしまった。けれど、蒸し返してもいいことなどありませんわ。

T28A：本当はそれをすべて自分の中から払いのけたいのではないでしょうか？

C28A：そうです。私は自分が息子にしようとしていることについて、もっとお話したいのです。最近、あの子

はとても変な行動をしていて…。

ここで、クライエントは断固として、自分の感情やそれにまつわる記憶、それ以外の気持ちを避けている。しかし皮肉なことに、彼女が実際にしていることが確実に、彼女の人生に影響を及ぼしている不安を継続させているのである。彼女が臨界期のレベルで深く関わることを回避するのは、もちろんセラピーの力量を超えるものではないため、この章と別の章でさらにこの抵抗への対処法を述べていこうと思う。

「critical」とは「変化を起こす」という意味である。「臨界（critical）」期について述べるとき、私は特別になっている時期や会話に注意を向けている。「危機（crisis）」という言葉は転機、つまり将来的にその結果が良くも悪くも、あるいは別の重要な形にもなる、一連の出来事が起きる段階を示している。臨界期レベルで時折交わされる会話が、思考や気持ち、言葉や行動、あるいはその双方をまったく変えてしまうのである。

このレベルでの会話の後、クライエントはそのような会話がなかった場合よりもずっと違ってくるはずである。また、セラピストがこのレベル、すなわち特に望ましい状態にいる場合、セラピスト自身も何らかの影響を体験し、クライエントへの効果すら大きくなる。（次の章では、セラピストのレベルとクライエントのレベルとの関係を述べる）

さて、情緒的な投入（investment）のこのレベルがいかにクライエントを変容させるのかを見てみよう。先ほどの例と同じ状況を用いるが、今度は、クライエントがセラピストの誘いに肯定的に反応しようとしているところにしてみよう。

場面２－７Ｂ
クライエント：ベティ・スティーブンス、セラピスト：カールトン・ブライン
Ｔ26：お父さんとはどんなふうだったか、もっとお話になりませんか？
Ｃ26Ｂ：ええ、そうですね。（間）だけど、話すことはそれほど多くはありません。私が十代の頃、父と私はまったく意見が合わなくなっていました。父はいつも非常に疲れていて、いつも非常に怒っていて…。父は…（表情が変わる。悲しそうに）、私が小さいときは、そんなではなかったのに…。
Ｔ27Ｂ：その後、変わってしまった。
Ｃ27Ｂ：そうです。私が七歳のころ、父と母が私のために盛大な誕生会を開いてくれて、父はとてもやさしかったのです。父はパーティで道化師に扮して、そして、そして…ペンダントをくれたのです。私は今でもそのペンダントを持っています（涙が流れ出す）。
Ｔ28Ｂ：その当時とその後の様子が違うことを思い出して、あなたは悲しくなるのですね。
Ｃ28Ｂ：（泣きながら）そうです。どうして父は変わったのでしょう。私が何をしたのというのでしょう。もう二度と父とはうまくいかないように思うのです。

第四レベルで典型的なのは、単に思い出すというよりも、その瞬間の感情があることである（Ｃ22とＣ23とを比べてみよ。またＣ27Ａ・Ｃ28ＡとＣ27Ｂ・Ｃ28Ｂとを比較せよ）。同様に、過去についての率直な話（Ｃ26Ｂ）、現在の内的経験（Ｃ27Ｂ）、自問（Ｃ28Ｂ）は、深く関わっていることの、よくある証である。

《このレベルのそれ以外の特徴》 図２‐３に示すように、臨界期の会話をしているクライエントは、セラピストに印象づけるためのイメージを作り出したり、保持することよりも、自分の内的体験を表出することのほうに関心を寄せる。彼らは話し方やテンポ、感情の抑揚も様々である。たとえば典型的な話のペースは、知覚されたものを表出するとき、速く、流暢になるが、新しいことが意識に入ってくると、クライエントは少しためらったりする。典型的といえば、しぐさと抑揚である。それらは、心の中で意識に焦点を合わせようとする際に生じるものであり、そこではセラピストは忘れられているというよりも、むしろ話されていることの背景となっている。

内的体験が効力のある、生き生きしたものであれば、クライエントはその体験の感触や特色を伝えようと、形容詞や副詞を多く使う。また、スラング、感嘆詞、毒舌、卑猥な言葉なども頻繁になる。身体的な姿勢はリラックスして開放的になるが、ボディランゲージは気持ちの表出に合わせて変わる。

《注意の言葉》 クライエントがより深く関与する際に典型的に現れる態度を一般化したものを、不変なものと捉えてはならない。人が深く没頭していることをどのように表すかは、非常に多様である。たとえば身を硬くする者もいれば、極端に気が抜けたようになる者もいる。また、稀に顔や体をゆがめてしまうほどの身体的収縮を起こす人もいる。本当に没頭している人と、そのように見せかけている人やまだ没頭する準備ができていないのに自らそれを強いている人とを見分けることができるのは、セラピストの直観のみである。

総体的に、第四レベルでワークをしている人は、存在というコインの感情表出という側面に夢中になる。影響の受けやすさはいくぶん弱まるが、注意は心の流れに強く集中している。クライエントがセラピストの指示や質問、反応をいつものふるいわけをせずに受け入れながら、第四レベルで十分受容的であるときが、もちろん重要な時期なのである。

《このレベルの変化の可能性》　ここでの会話は交差的な対話で、当事者のどちらか、または双方は、認識や態度、感情においてある程度の違いを示しながら立ち現れる。さきほどの本文で見てきたクライエントは、盲目的であるが、無意識に選択している。すなわち、彼女が父親の感情の変化に対する悲しい（また憤慨した）気持ちを表出し続ければ、彼女は父親との関係に対して違った感覚をもつようになるだろう。それが改善となる場合もあれば、悪化となる場合もあるが、影響はあるだろう。彼女が関与のこのレベル、すなわちこの話題のさらなる表出から身を引いたとすれば、彼女はそうした変容を避けることになる。一般的に、心理療法では、そのような表出からより大きな気づきが生じ、そしてそのより大きな気づきが理解を増したり、選択を促したりすると仮定している。

《臨界期への到達》　次の章では、療法上のワークのレベルを深めることができるようクライエントを援助する方法について提案していく。しかし、ここでは便宜上、標準的なコミュニケーションからこのより効力のあるレベルへ移ろうとするクライエントの準備状態の手がかりについて述べておく。以下に、最も頻繁で明らかな手がかりをいくつかあげる。

クライエントは、

- 一つの話題や感情から明らかに抜け出そうとする努力をしているにもかかわらず、そこに繰り返し戻ってしまう。
- 明らかに気づいていない場合が多いが、一つの言葉やフレーズを頻回に繰り返してしまう。

- 本人にとってよくわかっていると思われることが思い出せないようにみえる。
- これまで話していた話題や感情をふいに切り替える。
- どういうわけか何を考えていたのか度忘れする。
- 身体的に落ちつかなくなったり、異常に動かなくなったりする。

夫の仕事について説明しているクライエントに話を戻して、以上のことを操作している例を見てみよう（場面2 - 5、五十頁）。

場面2 - 8

クライエント：ダナ・デイビス、セラピスト：バート・グラハム

C21：言っているように、私は夫の仕事も奴ら、アッ、夫が相手をしている人たちも嫌いです。私はもっと内省的なタイプだと思います。つまり、私は人のことが好きなのですが、でも…。

T21：でも？

C22：でも、周りにあまりにも多くの人がいると、本当に集中できなくなります。私は仕事中、集中できなければなりません。けれど、邪魔をされると、アイディアが立ち消えになるのです。（間）店に入ってくる連中に夫がどのように我慢しているのか、わからないわ。まぁ、それが夫の悩みです。私のじゃなくて本当によかったわ。

T22：あなたは、自分がそのような仕事を好きになれないという事実に何度も戻ってきていますよね。

C23：ええ、そうです（間を置いて考える）。まぁ、よくわからないけど、好きになれないことだけは確実にわかっています（間を置いて混乱した様子）。どうしてこんな話になったのかしら？　どうしてこんなことを自分が話しているのか思い出せないわ…（ユーモアのない短い笑み）。私たち、何を話していたのかしら？

T23：ご主人のお仕事のことと、ご主人が我慢しなければならない人たちに対応しなければならないことが、あなたには好きになれないということを話していたのですよ。

C24：確かにそうだわ。私の仕事の場合、探しているものを得る前に多くのことを集中的に考えなければなりません。老いぼれ連中がウロウロしていたら、とたんに調子が狂っちゃうのよ。何にもならないわ。

T24：ご主人が対応している相手で、あなたが「連中」と呼んでいる人たちが、あなたの集中力を害しているのですね。

C25：そう思ってくださるのね！　「連中」なんて呼んではいけないと思っているのだけど、実際には…。つい先週、老いぼれた愚かな婆さんがやって来て、期限切れの食品クーポンを夫に突き出したのよ。ボブが受け取らないなら、警察を呼ぶか、大統領にこのことを手紙に書いて送ると、その婆さんは言ったわ。夫はとても親切に対応したわ。私だったらそうはいかなかったけど。私なら絶対に、そんな扱いにくい女とクーポンを取り上げてしまうわ。

T25：ダナ、あなたはご主人が対応しなければならない人たちについて、たびたび考えているのではないでしょうか？

C26：いいえ…、まぁ、少しは…。とにかく、私が本当に話したいと思っていることは、このように仕事のときに起こっていることですわ。

T26：ボブの仕事の話はやめにしたいのですね？

C27：ええ。夫はうまくやっているわ。でも、どうしてその話をやめて、自分がここに来た目的に戻らないのかしら。

T27：明らかに、そのことが、あなたがここにいる目的といくぶん関連がある。私の想像ですがね。ちょっとそのことを振り返ってみて、心に浮かんでくることをみてみましょう。

C28：私には話す必要のある問題との関連性が何もわかりません。私が思うに…。

T28：待って、ダナ。あなたは頭に浮かんだことを答えないようにしています。そうじゃなくて、自分にもっとチャンスを与えなさい。何らかの理由で、ボブが対応しなければならない変わり者が、今日、あなたの頭の中に入り続けているのです。あるレベルでは、そのことに対するもっともな理由があるでしょう。浮かんでくることに対してただ自分自身をオープンにしてみましょう。それを見つけ出そうとしないで。

C29：(三十〜四十秒ほど黙る。体を緊張させる) ええ、あぁ…そう、わ、わからないわ。新しい考えなんて何もないし、けれど、居心地の悪さを感じるわ。もうこれ以上、このことを話さないほうがいいような…。たぶん…。

T29：「たぶん」なんて言い方はしない。居心地の悪い感じをただ感じてみて。

C30：わかったわ。(沈黙。腕を組んで、手のひらで両腕をぎゅっとつかんでいる)。こんな気持ちは嫌よ。(沈黙) 使えない食品スタンプを手にしたあの老婆のことを考えているの…。あー、わからないわ (いらいらして)。ボブに断られたら彼女はどう思ったかしら…。もう、だめ、そんなこと考え込んだって、何もいいことなどないのに。

T30：あなたは考え込んでいることから抜け出したいのだけれど、そこに本当に不快な気持ちがあるのも確かなようですね。それにしがみついていることができれば、何かが見えてくるのかな？

C31：ええ、そう思うわ。（間）そう…、母のことを考えているわ。（顔をこわばらせる）母のことなど考えたくないわ。母がどこにいて、何をしているかなど…。母が何を必要としているかどうか…（顔を歪めて、怒ったり苦痛に感じたりする）。

レベル五：親密さ

私たちにとって、「親密さ（intimacy）」という言葉には、辞書で見られるもの以上の意味がある。そこには、強力で感情的なもの、感覚的で性的なもの、赤裸々な状態、情交などが示唆される。また、プライベートなもの、秘密でさえある。このような意味合いは、人間の相互作用におけるこのレベルの質を正確に表している。したがって、セラピストの中には親密であることを避ける者もいる。フロイトの初期の共同研究者であったブロイアーは、親密な関わりをビクトリア朝なみ（＝頑な）に嫌悪（恐怖？）していたことから、さらに精神分析の発展に関わることから手を引いた。今日でも、ブロイアーの継承者たちは親密な関係を不適切で、専門家としてふさわしくないものとみなしている。

遠慮なく言わせてもらうと、純粋な親密さから距離を置いた心理療法は役に立つこともあるだろうが、大きな人生変容に必要な物事に対峙することに深みをもたらすことは決してない、と私は思っている。

《このレベルの特徴》　二人の人間が親密なレベルで関係をもっている場合、この二人の間には影響の受けやすさや表現の豊富さが最大限にある。セラピーの場では、これはクライエントが内的な体験を表出することに没頭しているため、イメージを維持することにあまり、あるいはほとんど関心をもてず（図２‐３参照）、セラピストの言動を受け入れやすくなっていることを意味する。同時に、セラピストはクライエントが表出することを全面的に受容している。セラピストの感受性は最大になり、直観も十分働いている。また、超感覚的知覚やテレパシーといったものが生じることがある。

親密さの相互性は極めて独自なものの一つであるが、その相互性はパートナー双方で同じ形態をとらない。クライエントがオープンで、気持ちや考えや心の動きを表出している間、セラピストは口を開くことが少なくなる傾向にある。その代わり、セラピストは最大限受容的になっていることに加えて、クライエントの経験によって人間的な感受性を働かせている。そして、しばしばその影響をクライエントに明白にしている。

このような関わりの中で、私は涙を流したり、笑ったり、深く恐れを感じたり、高揚感を経験したり、孤独や絶望を知る痛みを感じたり、怒りや性的興奮で緊張したり、クライエントの勇気とひそかな英知に感心し黙ってしまったこともあった。

親密な時間にこそ、生涯のパターンに直面する可能性があり、自分の生き方を立て直そうという希望があり、さらに信頼すべき存在の発見がある。そこには単に言葉にすること以上のものがある。真の親密なときに、クライエントの主体性が生かされ、永続的な結果をもたらす内的な認識がもたらされるのである。

注意していただきたいのは、親密な時間そのものが変化要因であると言っているのではないということである。それが問題ではない。むしろ、クライエントが魔法のような時間が過ぎ去っても努力を続けるのなら、親密なときは、さらなる真の変化の予兆をもたらすのである。

《セラピーにおける親密さの一例》　父親の変わり様に嘆いていたベティは、その変化による彼女の苦痛に関してセラピーを続けた。ここでは、前回の面接（場面2‐7B）から少し時間が経っているが、彼女はこの話題に話を戻している。その抜粋の始まりで、彼女は第三（標準）レベルから第四レベルへと移行している。

場面2‐9

クライエント：ベティ・スティーブンス、セラピスト：カールトン・ブライン

C41：私の七回目の誕生日会で父がくれた、あのペンダントのことに話が戻りますが、そのことが私にどんな意味があるのかわかりませんが、今でも頭の中によみがえるのです。

T41：なるほど。

C42：今日、そのペンダントをつけてきました。ほら、わかります？（彼女は首にかかったペンダントをセラピストに近づけて見せる）

T42：ああ、わかりますとも。とても素敵ですね。

C43：ただの子どもへのプレゼントなんですよ。わかっているわ、でも…（すすり泣く）。

T43：でも？

C44：でも、私にはすごく大切なものなのです。（まだ泣いている）。それは、それは、まさに…。

T44：うんうん。

C45：まさに…（鼻をすする）。その頃は、父は私を愛していたのです。その頃、父は私を愛していたってことです。そうだったとわかるのです（激しく泣き出す）。

T45：お父さんは、その頃あなたを愛していたのですね。

C46：ええ、父は私を愛していました（泣き止む。声は下がり、考え込むようになる）。でも、それから…それから私が…私が何をしたっていうの？　私が何かをしたので、父は私を愛さなくなり、いつも怒るようになったのだわ。私は何をしたのかしら？（再び泣き出し、訴える調子になる）
T46：（低いトーンで熱心に）、お父さんがあなたを愛さなくなったのは、あなたがどうしたからなんだろう？
C47：（泣き止み、目の焦点が定まらず、心の中を探るように）、そうね…（深く探りながら）。そう、何だったのかしら？　私は何をしたのかしら？　ああ！
T47：（黙って待つ）
C48：自分ではわかっていると思います（新たに涙がこぼれ、惨めな表情をする）。（間を置き、内面の思考と感情以外、ほとんど何も気づかない）
T48：（黙って、ゆっくり呼吸をする）
C49：自分ではわかっているわ（静かに、断固として、耐えているように）。わかっています。私が女になったから！

その瞬間、ベティの内面は扉を開き、彼女は長い間、わかっていながら気づこうとしなかったことを十分自覚したのだった。この彼女の中での気づきは、言葉にできないほど大きなものであった。この大きくなった内的視点の中に、癒しや成長のダイナミクスがある。そのように認識していくなかでは、何分間も言葉は必要なかった。セラピストとクライエントは情緒的にかなり親密であった。つまり、頭も体もお互いに寄り添ったということである。彼らは機会はあったものの互いに触れることはなかった。これこそが真の親密さなのである。

それ以外の親密さの機会

エリックは、自分の表面的な関与というものに繰り返し直面してきたが、それで悩むことはないと怒りを込めて述べている。それは彼の父親がいばりちらしていたことを想起させるものである。セラピストは再度彼が避けようとしていることを指摘し、エリックの怒りを高める。すぐさま、彼らは非難と対決でつばぜりあいを演じる。両者とも神経を張りつめ、一触即発の状態である。しかし、治療以外の衝突は起こらない。その代わり、クライエントは自分の内面的なプロセスと感情に新たに気づくようになる。

別のクライエント、ローラは魅力的な女性で、ぴったりした半ズボンに肩が剥き出しになったホルターネックの服でやってきた。彼女は男性セラピストに、彼女の美しさを賞賛し、性的に望ましい姿であることを口にするよう求めた。さらに彼女は、実際にセラピストと性的接触をもちたいということをほのめかした。セラピストは彼女の魅力を認め、彼女の暗黙のメッセージを明らかにし、状況を微妙にコントロールしたいという思いに取り組むことを彼女が避けようとしていると主張した。彼女はさらに挑発的になり、服を脱いでしまおうかとほのめかした。セラピストはそれが刺激的なことであると認め、ローラに同じような勇気を生活上の問題の対処に使ってみるよう述べた。すると彼女は突然泣き出し、抱いてくれと頼んだ。セラピストは彼女の手を握り締めたが、自分は正しい判断をしたいので裸に近い状態の彼女を抱くつもりはないと言った。これは敬意であると同時に、制約でもある。クライエントは明らかに安心したようであった。彼女は泣き止み、次第に、自分の中で望ましい男性から評価されるのはセクシュアリティだけだと思い込んでいることに気づくようになった。

ジェリーは最近やもめになったばかりの初老の男性で、複数の女性と忙しく連絡を取り、性的関係をもとうとしている。数人とは接触をもったが、うまくいかなかった。セラピストは、いかに彼が何気なくアバンチュールについて述べ、いかに孤独感に対処することをかわしているのかを指摘した。このようなパターンでのセッションを数回行った後、ジェリーは独りでいることにパニックになり、苦痛と恐怖の苦悩にとらわれていることを認めた。セラピストは彼の中に並存している感情を言葉に表し、二人は黙ってしばらく座っていた。時間終了時に、クライエントは静かにセラピストを抱擁し、「若い娘を追いかけて、ほとほと疲れたよ。それから解放されることとだろう」と述べた。

親密さとは、深く密接な経験を分かち合うことである。それは言葉にして表されるものではないが、クライエントの内的気づきの深さや、そのような気づきをセラピストにオープンにしようとする態度に表されるものである。また、クライエントの密接な内面の生に対してセラピストが深く心を開き、共鳴することの中にも表される。

親密さとは、永続的に関係をもつことではない。親密さの瞬間というものがある。時にはその瞬間がセラピーのほとんどを占めることもあるが、いずれは終わるものである。ワークがうまくいけば、新しく習得した内部の気づきは面接室にとどまらず、クライエントの生活にまで広がるはずである。

サイコセラピストの道程

今振り返ってみると、療法上のワークにとって存在というものが基本的に重要であるということを、自分がいかに長い間見過ごしてきたかに驚いている。また、多くのセラピストや療法上のシステム自体もそのことを見落としていることには、もっと驚いている。セラピストが、語られている内容や、クライエントのダイナミズムやニーズに対する先入観に気を取られすぎているため、自分自身と相手との間にある距離に気づかないことはあまりにも多い。

このような見落としには、少なくとも二つの似たような原因がある。一つは、フロイトをはじめ多くの者が辿った十九世紀の科学万能主義である。機械的で客観的、科学的な医師が、クライエントであること以外何もなく、必要な情報を与えるだけの「病人（patient）」を扱っていることが当時は理想的であり、信じられないことにいまだにそういうことが方々にある。

もう一つの原因は、私たち自身やクライエントの固有の客観化にある。その最も悪性のものの一つが、私が思うに、心理療法の「誰がやったのか」学派というものである。この見解では、クライエントが私たちのもとへやってきた理由（神経症、問題、症状）が一種の情報の欠如とみなされ、それを巧みに推測することによって修正していくのが私たちの仕事であると考えている。私たちはこのような問題の歴史的なルーツを見つけ出さなければならず、現在の悲劇がどのようにもたらされたのかを辿らなければならない。そして、癒されるべきクライエントにこのすべてを明らかにする必要がある。

もちろん、そのようにうまくはいかないが、依然として多くのセラピストが、クライエントからのクライエントについての話の内容、いきさつ、情報に専念している。彼らは自分の理論を面接室にもち込み、各クライエントがそのシステムの適所に当てはまるところを探そうとしている。彼らにその情報があれば、彼らはそれについてクライエントに教え始め、クライエントのいかなる異議も克服すべき「反抗」として扱う。それはまるで、クライエントがレッスンに打ち込むよう厳しく指導しなければならない悪い生徒であるかのように。そこには、どれだけクライエントがワークに夢中になるかということに目を向ける余地がない。それはほとんど問題ではないのである。

まぁ、確かに私は幾人かのセラピストを誇張してまねたことがある。多くが決してその極端な記述に当てはまらない。感受性の高いセラピストが常に存在感やその欠如に注意し、働きかけてきたことは確かである。それでもなお、その考えが私たちの分野の文献でいかに注意を払われてこなかったかには驚かされる。

もちろん、以前からセラピストたちは「クライエントとのラポール（共感的な関係）」が存在と同じであると考えてきた。しかし、そうではない。ラポールはまったく別のことであり、セラピストとクライエントとの関係をもつことであり、クライエントが自分自身の主観性に入り込むことに注意するものではない。同様に、「クライエントの動機」は多くの著者や教師たちによって説明されてきたが、動機のあるクライエントが必ずしも真に存在しているクライエントというわけではない。

また、セラピストの存在への注意がたびたび欠如することや、「客観性」や「療法上の分離」が奨励されることにはがっかりさせられる。実際、セラピストが完全に存在することが逆転移であるという態度をとる者もいるのだ！　クライエントから客観的な距離をとるという「療法上の分離」は、一部ではいまだに理想的なこととされているが、それ自体は反療法的である。そのような教義が示唆する関与に対しての恐怖心があるなら、人間関係を中心とする分野において、その代表者たちはいったい何を動機にそのキャリアを積んできたのであろうか。

客観性とは、科学として認められたいと願っている学問分野にとっては、疑いのないパラダイムであった。彼らは一世紀近く試してみたが、いまや新しいパラダイムが必要な時代である。

心理療法のための、心理学のための、科学のための、社会のための、私たちの時代のための新しいパラダイムとは、主観性が中心であることを認める（認めなければならない）ということであると私は思う。主観性とは、私たちのそれぞれの中に、個人的に、私的に、部分的に、意識的にあるものすべてを意味している。

そのように考えると、このパラダイムは、意志や勇気、恐怖、いかに私たちが偶発事や死、スピリットに直面しているのかということを、個人、地域、社会、科学といった私たちの様々な視点の中心に位置づけるものである。

この新しいパラダイムについてほかに何が言えるだろうか？　それは以下のとおりである。

- どのような知識であれ、人間がその中心にある。
- 知識とは「外にある」ものではなく、「この中にある」経験である。
- 外にあるものは常に一つの推理、すなわち可能性のある多くのものからの一つの選択であり、私たちが外にあるものについて言っていることは常に部分的な叙述である。

- したがって、外にあるものについて学ぶために、私たちはこの中にあるものについて学ぶ必要がある。
- そして、外にあるものについて何を学ぼうとも、その発見の中にあるものによって特徴づける必要がある。

これらの主張の推論をいくつかあげることは可能である。

- 主要な真実とは中にある真実である。
- 私たちは外にある手段で中にあるものを分析することはできない。（過去百年にわたって無駄な努力がなされてきたのだ）
- 中にある知識は断片的で、矛盾していて、最終的には不完全である。
- 外にある基準を中にある領域に当てはめないことが重要である。確実性、完全性、そして曖昧さや矛盾からの自由は外にある基準であり、中にあるものに適当である場合もあれば、適当でない場合もある。

このパラダイムが外にある科学や知識を無効にすることは決してない。それは単に、そのような知識がどれくらい不完全であるか、不完全であるべきかを認めているだけである。私たちが中にある知識をよりよく発展させれば、それがいかに外にあるものに適合するのかを発見することができるであろう。

第3章 セラピストの存在と協力

セラピストは、臨界期の存在レベルに到達しようとするクライエントの努力を十分感じ取ろうとするなら、自分自身の主観性をセラピーに投入する必要がある。したがって、効果的な治療のための協力関係を築くためには、セラピスト自身の存在が常に必要になる。

この章では、クライエントがより深い主観性をもてるよう援助するための方法について見直した後、療法上のパートナーが共通の試みに集中できるようにするために、どのくらい開放的になる必要があるかを検討することによって、療法上の協力関係の本質について説明する。

療法上の協力関係とは、人生変容の心理療法における長く困難な作業、そして多くの場合つらい作業を活性化し、支援する努力が強く組み合わさることである。ここでのセラピストという概念は、無関心な観察者兼技術者というものではなく、クライエントのための生き生きとした人間味のある仲間というものである。つまり、セラピストの概念に関する私の見解は、熟達した療法を進める客観的な観察者としてのセラピストという従来の概念とは明らかに対照的である。

図2-2（三十八頁）をみると、心理療法においてどのくらいの作業が「臨界期」というレベルで行われる必要があるのかがわかる。セラピストは、このような集中した状態が容易に得られない、あるいは維持できないことを心得ておく必要がある。自分自身とクライエントに対する忍耐が必要である。このような課題には、療法上のアートの最も崇高なものがいくつか必要とされる。

より深い療法上の契約を交わすこと

最も効果的な療法上のワークの多くが臨界期の（第四）レベルで生じるが、その段階にまで一気に入ることは期待できない。その代わり、準備段階として重要な会話がしばしば標準的（第三）レベルで必要となる。もちろん、クライエントがあまりに不安を感じて、深く取り組もうとすることが却って彼らの人生管理を妨げる傾向がある場合を除けば、形式的な（第一）レベルや接触維持の（第二）レベルに手間をかけるのはほとんど無意味である。（この場合、人生変容の心理療法が思いきって行うに値するものかどうかを尋ねる人がいる）。また一方では、臨界期のレベルで共にうまく取り組んでいるクライエントとセラピストが、親密さ（第五レベル）に滑り込む場合がある。

このような作業を後押しする療法的な段階としては、次のようなものがある。

- 面接の流れに対する責任を転嫁する
- 一目瞭然であるが暗黙になっていることを言葉で表す
- 主観性に達する
- 必要な関係の継続性を維持する

さらに、そのほかの多くの療法上の技芸によって、深みが得られたり維持されたりする。そのうちの最も重要なものには、次のようなものがある。

- クライエントの情動に目を向ける（第六章）
- 抽象化のレベルを切り替える（第七章）
- 抵抗をあらわにする（第十章）

面接の流れに対する責任を転嫁する

面接室以外での通常の会話は、言葉のキャッチボールになる傾向がある。一方が話し、間を置く。すると、もう一方が話し始めて、話し終わる。そして、最初の人が話を続ける、といった具合である。通常の会話の場合、これが適当なのであるが、クライエントの内的な気づきを深めることを目的とする心理療法では、非生産的になりがちである。心理療法では、特に初期段階においては、セラピストの言語的な行動は最小限に抑えておく必要があり、そうすることでクライエントは自分自身の主観性に目を向けることができるようになる。

初期段階における療法上の接触では、たいてい具体的な実際の情報、たとえば教育的背景、職業、家族形態、医学的問題、現在抱えている問題、仕事についての情報などを集める。私自身がやっているのは、そのような情報を確保するために簡単な用紙を使い（図３‐１）、質疑応答の手間を省くことである。追って、クライエントがもっと詳細を話そうという気持ちになるように話していくのである。

この必要な作業が常道からそれてしまった場合、会話の流れに対する責任を明確に変えることが有効である。

場面３‐１

クライエント（C）：トム・フリード、セラピスト（T）：グエン・ブラック

T１：トム、私たちは数回の面接をして、お互いを知り、いくつかの細かい点を取り上げてきました。さて、ここで主要な共同作業に移ることができるわけですが、そのやり方に関して一つ提案をしたいと思います。馴染みのない方法ですが、長い目で見て通常はうまくいくと証明されてきた方法です。

C１：いいですよ。どうするのですか？

T２：あなた自身のことについて私に話してくれませんか？　セラピーにやってきた理由や、その悩みについてあなたが感じていること、以前はどんな生活だったのか、今後はどうなってほしいのか、などについてもっと聞かせてください。今言ったことを順に述べるわけではありません。今のはただの例です。要するに、あなたが何に悩んでいるのか、問題は何なのか、その問題についてあなた自身が感じたり発見したりできることは何なのかを話してください。

図 3 - 1　個人データ一覧：総体的に客観的情報を集め，セラピストに主観的なものにもっと注意させるためのものである（これには著作権がないためセラピストはコピーを取って使用することができる）

個人データ一覧

今日の日付：＿＿＿＿＿

●名前：＿＿＿＿＿＿＿＿＿＿＿＿＿＿＿＿＿＿＿＿　（敬称：Ms./Mr./Mrs./Miss/Dr.）

●所在

住所：＿＿＿＿＿＿＿＿＿＿＿＿＿＿＿＿＿＿＿＿＿＿＿＿＿＿＿＿＿＿＿＿＿＿＿＿

電話番号：＿＿＿＿＿年齢：＿＿性別：＿＿出生地：＿＿＿＿生年月日：＿＿＿

●学歴

学校名と場所	日付	専攻科目	副専攻科目	単位と表彰
＿＿＿＿＿＿＿＿	＿＿＿＿	＿＿＿＿	＿＿＿＿	＿＿＿＿＿
＿＿＿＿＿＿＿＿	＿＿＿＿	＿＿＿＿	＿＿＿＿	＿＿＿＿＿
＿＿＿＿＿＿＿＿	＿＿＿＿	＿＿＿＿	＿＿＿＿	＿＿＿＿＿

●そのほかに受けた訓練など

種類と場所	日付	主な分野
＿＿＿＿＿＿＿＿＿	＿＿＿＿	＿＿＿＿＿＿＿＿＿＿＿＿
＿＿＿＿＿＿＿＿＿	＿＿＿＿	＿＿＿＿＿＿＿＿＿＿＿＿
＿＿＿＿＿＿＿＿＿	＿＿＿＿	＿＿＿＿＿＿＿＿＿＿＿＿

●現在の職業

肩書き	雇用主（名前，住所，電話番号）	日付	業務内容
＿＿＿＿＿＿	＿＿＿＿＿＿＿＿＿＿＿＿	＿＿＿＿	＿＿＿＿
＿＿＿＿＿＿	＿＿＿＿＿＿＿＿＿＿＿＿	＿＿＿＿	＿＿＿＿

雇用期間：＿＿＿＿＿＿＿＿　同じ分野での勤続期間：＿＿＿＿＿＿＿＿

●職歴

肩書き	雇用主（名前，住所，電話番号）	日付	業務内容
＿＿＿＿＿＿	＿＿＿＿＿＿＿＿＿＿＿＿	＿＿＿＿	＿＿＿＿
＿＿＿＿＿＿	＿＿＿＿＿＿＿＿＿＿＿＿	＿＿＿＿	＿＿＿＿
＿＿＿＿＿＿	＿＿＿＿＿＿＿＿＿＿＿＿	＿＿＿＿	＿＿＿＿
＿＿＿＿＿＿	＿＿＿＿＿＿＿＿＿＿＿＿	＿＿＿＿	＿＿＿＿

●軍隊生活：軍務：＿＿＿＿＿支部：＿＿＿＿＿階級：＿＿＿＿＿日付：＿＿＿＿

駐留経験は？　地域：＿＿＿＿＿日付：＿＿＿＿＿

戦闘経験は？　ある・なし　　　　　　入院は？　ある・なし

●婚姻状態

未婚・既婚・死別・離婚

既婚の場合，いつ結婚したのか？：＿＿＿＿＿＿＿＿＿＿＿＿＿＿＿＿

死別または離婚の場合，それはいつか？：＿＿＿＿＿＿＿＿＿＿＿＿＿＿

一回以上結婚経験がある場合，前の結婚はいつしたのか，なぜ結婚生活が終わったのか，子どもは何人いるのか？：＿＿＿＿＿＿＿＿＿＿＿＿＿＿＿＿

＿＿＿＿＿＿＿＿＿＿＿＿＿＿＿＿＿＿＿＿＿＿＿＿＿＿＿＿

●子ども：名前	性別	年齢	学校と学年	同居か別居か？
＿＿＿＿＿＿	＿＿＿	＿＿＿	＿＿＿	＿＿＿＿
＿＿＿＿＿＿	＿＿＿	＿＿＿	＿＿＿	＿＿＿＿
＿＿＿＿＿＿	＿＿＿	＿＿＿	＿＿＿	＿＿＿＿
＿＿＿＿＿＿	＿＿＿	＿＿＿	＿＿＿	＿＿＿＿

●人生で鍵となる人物

名前	年齢	学歴	職業	備考（例：健康状態など）
父：＿＿＿＿＿＿	＿＿＿	＿＿＿	＿＿＿	＿＿＿＿＿＿
母：＿＿＿＿＿＿	＿＿＿	＿＿＿	＿＿＿	＿＿＿＿＿＿
姉妹：＿＿＿＿＿	＿＿＿	＿＿＿	＿＿＿	＿＿＿＿＿＿
兄弟：＿＿＿＿＿	＿＿＿	＿＿＿	＿＿＿	＿＿＿＿＿＿
配偶者：＿＿＿＿	＿＿＿	＿＿＿	＿＿＿	＿＿＿＿＿＿
その他：＿＿＿＿	＿＿＿	＿＿＿	＿＿＿	＿＿＿＿＿＿
重要人物：＿＿＿	＿＿＿	＿＿＿	＿＿＿	＿＿＿＿＿＿

現在，同居している人の名前の脇に“N”を付けよ。逝去された方にはその日付を記入せよ。

●幼少時代

両親は別居したことがあるか？：＿＿＿＿＿＿＿＿＿＿＿＿＿＿＿＿

そうである場合，どのくらいの期間か？：＿＿＿＿＿＿＿＿＿＿＿＿

その時のあなたの年齢は？：＿＿＿＿＿＿＿＿＿＿＿＿＿＿＿＿＿

その頃，誰と一緒にいたか？：＿＿＿＿＿＿＿＿＿＿＿＿＿＿＿＿

子どもの頃，両親以外の人と暮らしたことがあるか？：＿＿＿＿＿＿＿＿

誰と？：＿＿＿＿＿＿＿＿　あなたが何歳のとき？：＿＿＿＿＿＿＿＿

●かかりつけ医：＿＿＿＿＿＿住所：　＿＿＿＿＿＿電話番号：＿＿＿＿＿

前回の診察日：＿＿＿＿＿前回の療法内容：＿＿＿＿＿服薬中の薬物：＿＿＿＿＿

●血縁関係：＿＿＿＿＿＿＿住所：＿＿＿＿＿＿＿＿＿＿＿＿＿＿＿＿

●最近受けたカウンセリングまたは心理療法

名前	分野	住所	日付	回数	個人／集団
____________	______	____________	____	____	______
____________	______	____________	____	____	______
____________	______	____________	____	____	______

どんなことで来たのか？

____

____

____

____

誰の紹介か？：______________　その人との関係：______________

●保険

診療費の一部は保険または第三者で支払っているのか？　　はい・いいえ・未定

「はい」または「未定」の場合，次に記入せよ。

団体加入：______________　個人加入：______________

保険会社名：______________　保険証番号：______________

●備考（あなた自身については，あるいは活用できそうな保険について記入せよ）

____

____

____

____

C2：う～ん、それって、私がこれまで言ってきたこととまったく同じではないですか？

T3：ある意味では同じですが、重要な違いがあります。まず、これまであなたはたいがいすでに知っていることやわかっていたことを私に話してきました。これからは、あなたに自分自身の悩みについてもっと知ろうとしてほしいと思っています。もう一つは、これまで私たちがしてきたような、あるいは通常人々が面接室以外で行っているようなやり方で、私があなたと交互に話をするようなことはないということです。その代わり、私の強制によらずに、あなたには自分自身について考えたり、感じたり、発見する時間をとってもらいたいと思います。たまには私にも言いたいことが出てくるでしょう。ときにはたくさんのことをね。けれど、私が応じるのを待たずにどんどん自分の内面で見つけたことを話してほしいのです。

C3：はぁ！　そんなことができるのかどうかわかりません。自分が何に悩まされているのか、知っていることはほとんど全部お話したつもりでいましたから。質問をしてくれるほうが話しやすいのです。

T4：確かにそう思うでしょうが、トム、今気づいていることよりももっと多くのことをあなたは知るようになるでしょう。時々私から質問を投げかけるつもりですが、本当に大切なことは、あなた自身が内面を見つめようとすることなのです。私がでしゃばったりすると、あなたが内面を見ることを邪魔することにもなりかねないのです。

C4：いいや、違いますよ、先生。邪魔ではありませんよ。私の助けになっています。

T5：あなたが感じていることはわかりました。それで構わないです。では、ちょっと実際にやってみて、どうなるか見てみましょう。

C5：はい…では、そうしましょう。どうやって始めたらいいのか全然わかりません。きっかけをいただけますか？

T6：もちろん。ここ二〜三か月、問題が深刻になってきて、あなたの生活はどのようになったか、思いつくまま話してください。

C6：はい、先日お話したように、まさに地獄のようでした。ずっとそんな感じでした。どうも自分を…。

この例のトムはまったく典型的な新米クライエントであり、こうしたやり方についていくのが難しい。時々、セラピストがおおまかな質問をしたり、進め方を軌道修正してクライエントの後押しをする必要があるだろう。また、それが徐々に治療の機会を利用する馴染みの方法となるまでに、一般的な説明（T2とT3）を何度か繰り返すことになるだろう。

C11：私が終始話しているのに、あなたは座ったままで何も言わないのはおかしいと思います。

T11：これまであなたが慣れ親しんできた会話や、私たちの面接室以外での通常の会話とは異なるものであることはわかっています。確かに、セラピーでの会話の仕方はほかで話すときは違っています。このような感じのものであり、そのうち慣れてくるとお伝えしたことを思い出してください。けれど、あなたはよくやっていますよ。がんばって、ここのところの生活を考えながら思い浮かぶことを見つめるのです。

このように適応しない場合、セラピストは大きな抵抗が起きていることに気づく必要がある。そして、そのような過程で通常行使するあらゆる方法を用いて、抵抗に対処する必要がある（第十章の事例を参照）。

一目瞭然であるが暗黙になっていることを言葉で表す

クライエントが非言語的に気持ちを鮮明に表しているにもかかわらず、その感情に気づいていないということは、新米セラピストなら誰もが驚くことであるが、心理療法にはおなじみの現象である。怒りっぽい男性が顔を赤くして、拳を握り締め、大声で猛然と叫ぶように「誰が興奮しているって？ 俺は断じて怒ってなんかいない！」と言う古くからのジョークがあるが、これはこの現象を素人にもわからせるものである。明らかなことであるが言葉になっていないことを、わかりやすい言葉で表現することは、タイミングと言いまわしがよければ、治療的な効き目がある。

場面３-２

ＣＡ：何度も何度も努力したのですが…あぁ、ちくしょう、何度話しても同じことなんです。でも、もうしばらく続けてみますが…、

ＴＡ：繰り返すことにうんざりされているでしょうが、この状況から抜け出す方法もないのですね。

ＣＢ：(はっとした様子で）わかりますか！（間を置く）驚いたぜ。まぁ、ついに誰かからそのことが聞けてよかったですよ。

タイミングと言いまわしは不可欠である。その二つは、クライエントの内面に生じていることに近いものであれば、最も効き目が現れるだろう。先に述べた怒りっぽい男性に対して、「あなたは実際、怒っていますよ」とか「いや、あなたは怒っています。頭に血が昇っていますよ」などと言っても、彼が感じていることを見逃

し、ただ言い争いをするだけになる。次の一連の会話と比較せよ。

場面3-3

CA：誰が興奮しているって!?（猛然と、顔を赤らめ、体を強張らせ）俺は断じて怒ってなんかいない！
TA：あなたは怒っていませんよ、と私に言ってほしいみたいですね。
CB：（熱くなって）もちろん、怒っていません。でも…。
TB：（優しく話に割り込んで）あなたが私に叫んでいたので、怒っていないとは思えなかったのです。
CC：（はっとして）あぁ！　そうか、（間）そうだ、どうやらそうらしい。う〜ん、自分で思っていた以上に怒鳴っていたようです。
TC：私たちにも時折あることです。

ポイントは、興奮状態や怒りだけでなく、自覚していないことを明らかにしたことである。クライエントに生じていること（興奮状態）だけを言葉にすると、クライエントは理解してもらえず、たしなめられたように感じることがある。

もう一つの例は、ある女性との面接中での出来事である。彼女は夫の不貞を知らされ、絶望的になっているため、緊急に面接をしてほしいと言ってきた。

場面3-4

クライエント：ジェニファー・ストッダート，セラピスト：ジェームズ・ブーゲンダール

【ジェニファーはしばらくの間，事実だけを，感情を交えず話そうとしていたため，私はついに話に割り込んだ】

T1：あなたが心の中で思っていることを吐き出してみたらどうですか？　そうすれば，話していくうちにもっと詳しいことがわかりますよ。

C1：そうですね。(間を置き，一息入れ，態勢を整える)。さて…(間)，自分が夫を殺してしまうのではないかと思っています。(息もつかず椅子に深く座り直す)

T2：(穏やかに優しく)，ここであなたはそのことについて話しているのですから，ほかにもそのことに対する思いがあるのではないでしょうか？

C2：はい。でも，彼を殺さなかったら，私は彼と離婚しなければなりません。そうなると，自分自身を殺してしまいそうなのです。

T3：それは難しい選択ですね。さぁ，落ち着いて，そのことを話してください(徐々に声を小さくする)。

C3：ええ，努力してみます…。私に質問をしてくださると，必要な情報をもっと効率よく伝えられるので，助かるのですが…。

T4：「必要な情報」とおっしゃいましたが，何かお考えがありますか？　私にどうしてほしいのでしょうか？

C4：もちろん助けてほしいです。

T5：何をするのを助けてほしいのですか？

C5：そうしていただければ，私は夫を殺さなくてすむのです！　あぁ！　(小刻みに震えながら泣く)

Ｔ６：彼をどれほど殺したくないのかに気づいて、驚いているようですね。

この一連の会話を全体として捉えると、この時点まで言葉に表されていないことをどのように明確にするのかがわかる。そうすることで、一般的に療法上のワークを進めることができる。このケースでは、クライエントに「非暴力契約」を結ぶ覚悟をさせる手段にもなっている。セラピストは、夫を殺したくないという彼女の自覚していない気持ちを指摘することで、早い時期に対応している（Ｔ２）。それでも、クライエントが自分のそのような感情に十分気づいていないのは明らかである（Ｃ２）。クライエントが自分の気持ちにもっと深く入っていけるよう援助し（Ｔ３）、それから彼女の覚悟を試す必要がある（Ｔ４）。彼女の返答はまだ曖昧であるが（Ｃ４）、彼女が逃避しなかったので、セラピストは彼女の自己弁明をお膳立てし（Ｃ５）、その認識を固めている（Ｔ６）。

主観性に達すること

ここで考察した対応は、どのように主観性に達するのかを示した良い例である。このような手法で暗黙にされていることを取り上げる場合、必ず私たちはクライエントの内的な人生のある部分を浮き彫りにしているのである。もちろん、ほかにも方法はある。ここで、同じクライエントの言葉に対する四つの返答を示そう。その四つの返答がそれぞれクライエントが次に発する言葉にどんな影響をもたらしているのかに注目してみよう。

場面３－５

C１：彼らがいつも私のことで意地悪なことを言っていて、すごく腹立たしいので、私がどういう思いをしているのか、面と向かって言ってやりたくなります（間を置く、表情が変わる）。でも、そんなことをしたらどうなるのか、考えると怖くて…。

TA１：彼らはあなたのことをどのように言っているのですか？

TB１：それは頭に来るでしょう、ねぇ！

TC１：彼らになんと言ってやりたいのですか？

TD１：彼らに言い返すことを考えると、不安になるのですね。

一つめ（ＴＡ１）は、クライエントが気にしている経験の表面的な事柄にとどまっている。それは（おそらく）ほかの人が言っていることについての客観的な報告を取り上げているにすぎない。表面的には、二つめの返答（ＴＢ１）は感情について話しているので、一つめの返答より主観的であるが、実際には、扱っている感情が過去のものであるため、これも客観的である。たとえ一分前に生じ、再び目覚める可能性のある感情であったとしても、今はほかの感情が主観の中に存在しているのである。クライエントの言い返してやりたいという衝動について訊ねた（ＴＣ１）瞬間も、同様に過去のことである。最後のセラピストの返答（ＴＤ１）のみ、その場の主観性に直接触れようとしている。

真の主観性というものは、言葉に表れていようがいまいが、必ずと言っていいほど以下の特性を備えている。

- 第一人称
- 現在形
- 感情溢れる側面
- 内在性、方向性
- 内容とその場の経験との一致
- 感情と知覚に関する少ない修飾語
- より抽象的でなく、より具体的であること

クライエントの返答にこのような特性のいくつかが欠如している場合、クライエントが自分を客観化していること、また、もっと集中してより深いレベルに達するには援助が必要であることを示している。このような援助は、クライエントの返答で欠けている特性に焦点を当てるという形で行うことができると思われる。例をあげて説明するために、セラピストがＴＤ１の返答をしたと仮定して、この会話の先を追ってみよう。どのように会話が展開していくか、感じをつかめるようクライエントの最初の言葉から始める。

場面３-５

Ｃ１：彼らがいつも私のことで意地悪なことを言っていて、すごく腹立たしいので、私がどういう思いをしてい

るのか、面と向かって言ってやりたくなります（間を置く、表情が変わる）。でも、そんなことをしたらどうなるのか、考えると怖くて…。
TD1：彼らに言い返すことを考えると、不安になるのですね。
CD2：もちろんです。先生はそうではないのですか？
TD2：ここで焦点を当てる必要があるのは、あなたがどのように感じているかということです。
CD3：ええ、そうです。ちょっとためらっています。つまり、一部の人がどのような行動に出るのかなんてまったくわかりませんでしょう。
TD3：「ちょっと」とおっしゃっているところを聞くと、あまり確信がないようですね。
CD4：えぇ、まぁ、そうみたいです。つまり、確かにためらっていますが、自分がどうすべきかがわからないのです。
TD4：あなたがそのことについて考えて、「ちょっと」とか「そうみたいです」という言葉を使っていますから、今ここでもあなたのためらいを感じます。今、内心ではどんな思いがありますか？
CD5：そうやって迫られると、恐怖心が湧きあがってくるのを感じます。でも、そう感じたくない自分もいます。

では、クライエントの話に主観性の欠如がどのように反映されているのかを見てみよう。彼は第二者へと話を切り替えており（CD2）、これは防衛的ニーズを暗示している。このような逃避は、彼が現状から離れて（「一部の人」）、問題に十分取り組むことへのためらいをあらわにする修飾語（「ちょっと」「つまり」）を取り入れるにつれ、より顕著になってくる。セラピストは、クライエントの主観的な体験への手がかりを拾い出したり還元したりしながら、密接にクライエントの抵抗に取り組んでいる（TD2、TD3）。クライエントが自分の無力感に触れた後（CD4）――その際、さらに修飾語を必要としていたとしても――、セラピストはさらに身近なことに対峙している（TD4）。その結果、クライエントは今ここで生じている恐怖心に気づき（CD5）、その恐怖心に向き合うことに抵抗していることを自覚する。セラピストにいらだちを示すことは、クライエントがより十分にその瞬間に存在しているというよい徴候であり、そこからさらに作業を行う余地ができる場合もある。

継続性を維持すること

経験を積んだセラピストなら、会話やその過程を脱線させるよりも、ある一つのテーマあるいは経験的な側面に終始することがいかに重要であるかを認めるようになる。通常、ある主要なテーマが明確になるまで、最初に着地のための時間（ほとんどのクライエントが、少なくとも一分から十分か十五分ほど）をもたせることが大切である。それはしばしの間、続ける必要がある。テーマはその時にクライエントが最も自覚している事柄であったり、表出させたり取り組む必要のある感情や、数回の面接にわたって論点の中心になってきた問題、セラピストがさらに分析する必要があると判断した抵抗パターンであったりする。

私のクライエントの中からそのようなテーマの例を挙げれば、この点がより明らかになるだろう。

最近、あるクライエントは誰からも気に入られたいという欲求が自分にあることを認めた。そのため私は、そのような欲求が他者や私との関係において見られるときに、その欲求を言葉にしたり誇張したりしている。

クライエントが多くの修飾語と誇張でもって話していることを、私は繰り返し本人に示した。そのような話し方のせいで、クライエントは彼が実際に心の中で感じていることを把握しづらくなっていた。

あるクライエントは、仕事の時間を割いて面接を受けなければならないことに悩んでいた。彼女はそのような感情をほのめかすだけである。そこで、私はたびたび彼女の逃げ口上を指摘している。

あるクライエントは前回の面接の終わりに、面接の回数を週一回に減らす必要があると告げた。今日、私はその決断について質問をすることで面接を開始し、クライエントがそのことについては面接の終わりまで話さないようにしているようだとほのめかした。彼は素早くそのことを説明しようとし、ほかの話題に移ろうとするばかりであった。しかし、私ははぐらかされることを拒んだ。

では、この最後の例がどのように進んでいったかを見てみよう。

場面3‐6

クライエント：デイブ・スナイダー　セラピスト：ジェームズ・ブーゲンタール

T1：週一回に減らすという希望に関して、明らかにご自身では不満なようですね。

C1：ええ、確かに私はそうしたくありません。だけど、仕方ないのです。ここへ来る時間があまり取れなくなりましたから。

T2：仕方ないのですか？

C2：ちょっと違うのですが。仕事がたくさんたまりすぎて、上司が僕の離席を嫌がるものですから。とにかく、私は昨夜のジャニスとの喧嘩についてあなたに話したいのです。

T3：またあなたはセラピーと人生に一生懸命になることから逃げるのですね。

C3：いえいえ、そういうわけではありません。余裕があれば毎日のようにここに来るでしょう。

T4：デイブ、あなたはこのことが大した問題ではないし、面と向き合いたくないことだと決めつけているのですね。私はその手には乗りませんよ。ほかにもっと何かあるのではないかと思うのです。

C4：もっと早くスケジュールの変更についてお話しするつもりでしたが、ほかのことに終始していて、言い出せなかったのです。

T5：まるであなたは間違ったことにしてしまって、言い訳をする必要があるみたいですね。

C5：いや、違いますよ。とにかく、今はそのことについて話したくないのです。

T6：おや！　あなたはできることならこのことを全部押しのけようとするつもりなのですね。

C6：いいえ、違います。（穏やかな調子で）先生がそのことについて何かもっとお話したいのなら構いませんよ。

T7：デイブ、これではまるであなたのセラピーではなく、私のセラピーみたいです。あなたの人生ではなく、私の人生の話みたいですね。

C7：確かに、それは重要なことですが、事実を変えることはできません。（気軽に）ちょっとお休みするだけじゃないですか。

T8：いや、そうでしょうか。

C8：何が大きな問題なのですか？（激しくいらだちながら）しばらくの間、回数を減らす必要があるだけじゃないですか、それに…。

T9：最初は穏やかで、気軽な感じでした。今度はほかの感情が入り始めていますね。

C9：（挑むような調子で）わかった、わかりました。どうすればいいのですか？　どこまで話を戻せばいいのですか？

T10：今度は私に責任転換していますよ。あなたは本当にここにいたいと思っていますか？

C10：ええ、ただどうすればよいかわからないだけです。

T11：その手には乗りません。あなたはここに来る回数を減らそうとしているだけでなく、今日、物理的にはここにいますが、感情的にここにいることを避けようとしているように思われるのです。

注意する点は、私が一つ二つの言葉ですら受け入れずに、話題を変えさせていないことである。さらに重要なことは、彼がいかに療法的な関わりを避けようとしているかという根本的な点を、私に強調させないようにするための逃げ口上を、私が受け入れていない点である。このような執拗な追跡と頻繁な対抗は、臨界期レベルで作業していたのに、さらに軽い関わりへ戻ろうとしている、基本的には一生懸命なクライエントに対して用いるのに最もよい方法である。

セラピスト自身の会話のレベル

ここまでは、主にクライエントの存在について述べてきたが、そのことがセラピスト自身の理解力や表現力と無関係ではないことは明らかである。自分自身を覆う七つのヴェールについての記述（三十六〜三十八頁）を思い出すと、図３‐２がセラピストとクライエントがかなり浅い程度にしか（つまり、接触維持のレベルでしか）存在していないことがわかる。したがって、これは真の療法的な取り組みとは言えない。一方、図３‐３は参加者双方が臨界期段階で取り組んでいることから、より密接な相互作用を示している。これが真の療法的な協力関係である。

もちろん、クライエントとセラピストが必ずしもまったく同じレベルに達するというわけではないが、一般的に、両者ができるかぎり近いレベルでいることが望ましい。対照的に、図３‐４は一部のセラピストに好まれる状況であるが、私の経験によると、この状況は主に短期間の操作的な方法に適している。何か月も何年も大きな人生変容に取り組んでいるクライエントは、たいていその取り組みにおいて、パートナーの誠実さを求めたり必要としたりする。このことは、同じ内容を意味しているのではないが、セラピスト側の真の影響の受けやすさと感情の豊さを意味している。

流れに対するセラピストの感受性を育てる

セラピストはクライエントの話に傾聴するとき、相手の注意を無理に引き出そうとすることに関して、以下のように疑問を感じることがある。

私たちの会話がこんな感じに続いていくと、クライエントは深く引き込まれるのか、それともそうではないのか？　クライエント自らが自分の問題に効果的に取り組めるレベルに移行するのか、それとも私がその移行を促すような形で会話の流れに介入する必要があるのか？　クライエントの今の受け答えから、彼の怯えた気持ちをほのめかすものがあるだろうか？　彼がこの関わりから撤退する可能性を小さくするために、私が取る方法を変える必要はあるだろうか？

このような例ほど意識的で、明確で、数の多い疑問はめったにないが、このような疑問は、会話の相手が向かっている方向に注意を払おうとしていることを示している。会話の流れはとらえにくいものであるが、会話を効果的に引き出す上で、明らかに重要なものである。セラピストが相手の参加度の深まりに度々驚かされる場合、そのセラピストはその後の取り組みに効果的になれない傾向にある。

人は何度も何度も会話に参加することによって、また、何が起こっているのか、そしてその先に何があるのかを示す微妙で主に非言語的なヒントに対する感性を研ぎ澄ましながら会話に参加することによって、その流れをつかめるようになる。そのほかにも適切であれば、自らの印象をチェックすることが、セラピストの未熟な直観には有効である。これは以下のように便利な介入の方法でもある。

- 私の行為をお話したことがあなたを困らせたということに、たった今気づきました。そうですよね？

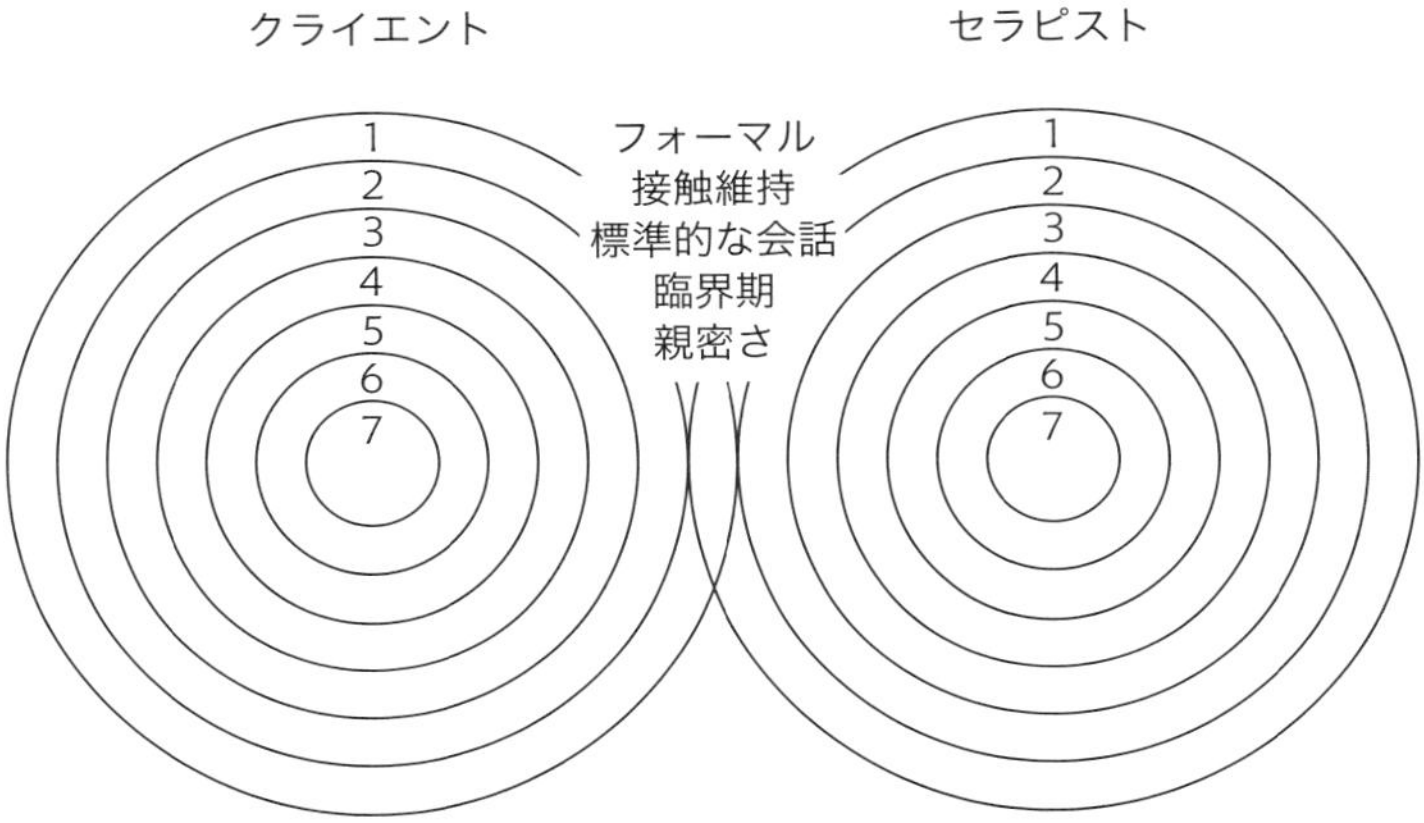

図３-２　会話での表面的な関わり

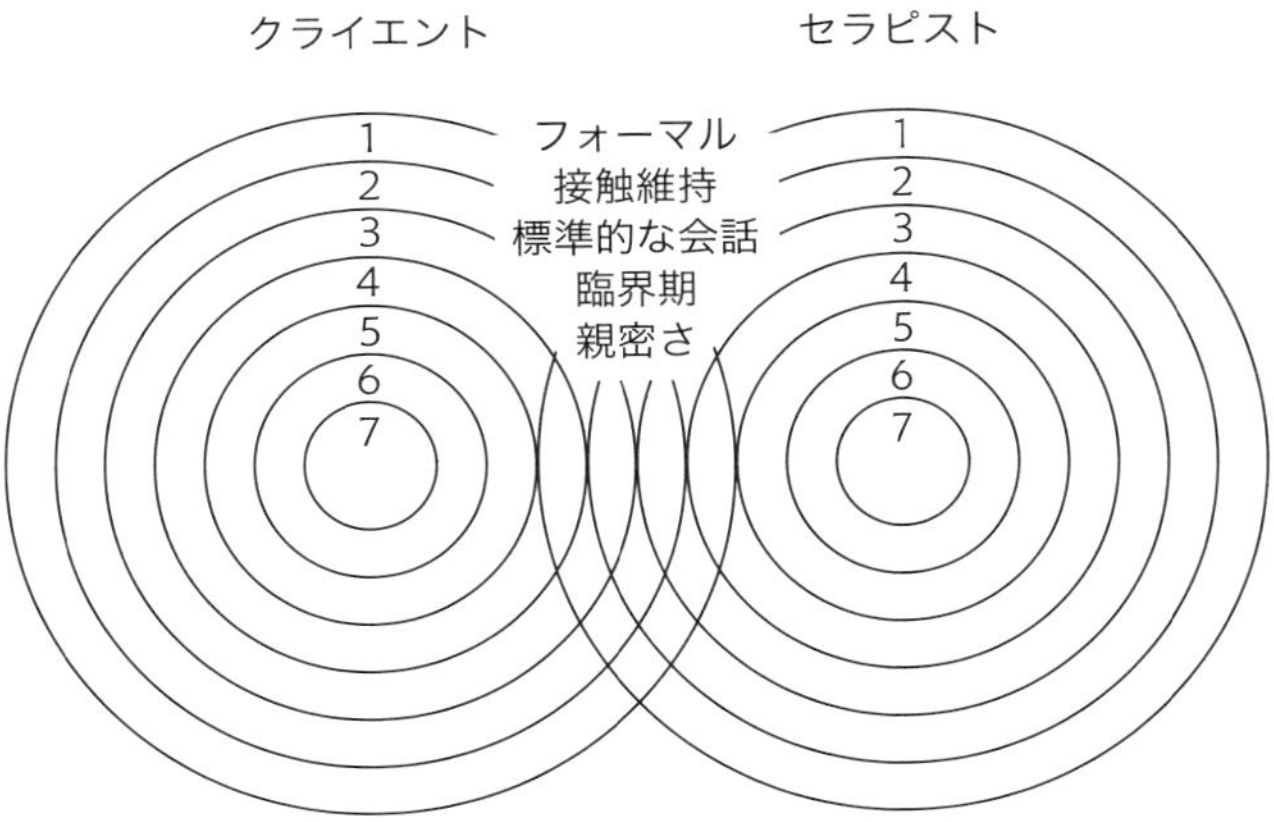

図３-３　クライエントとセラピストの双方が取り組んでいる効果的なセラピー関係

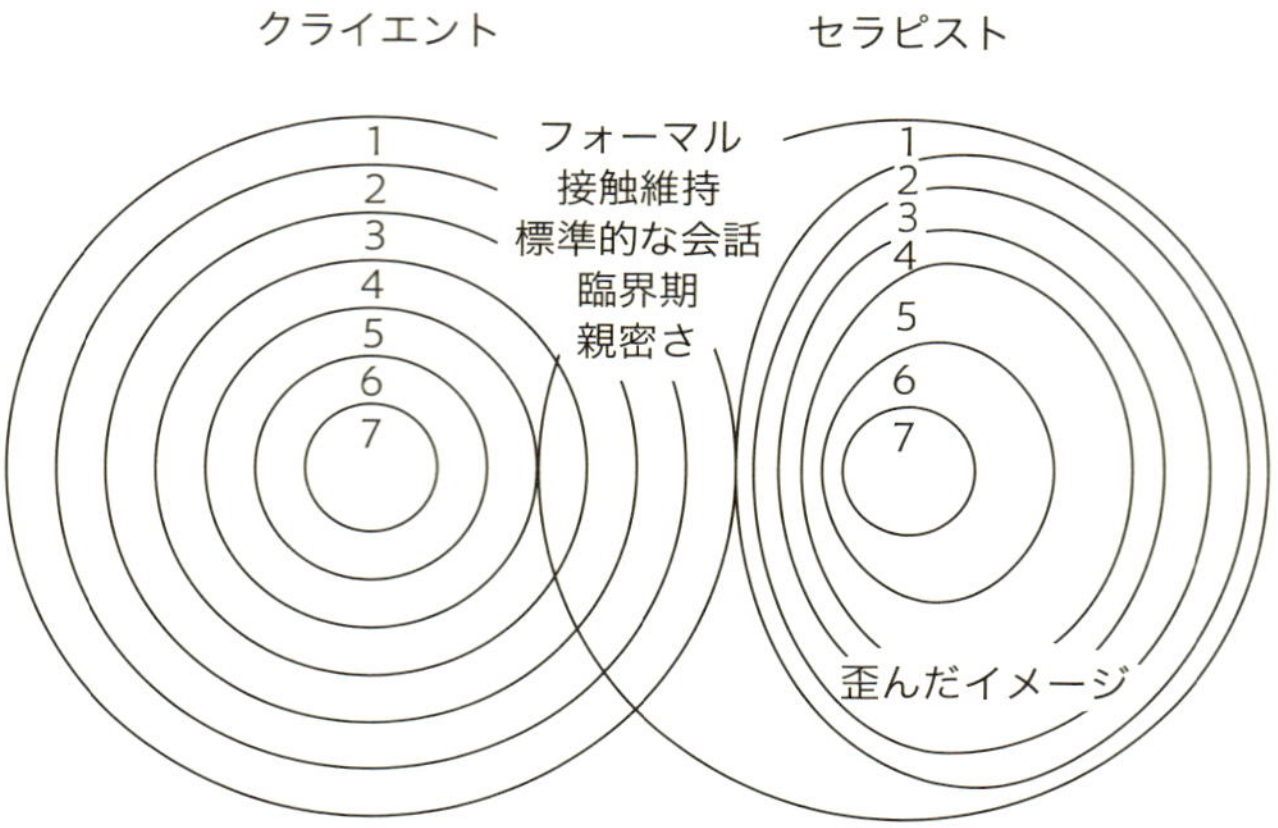

図3-4　セラピストが全面的な関わりを抑えている一方的な関わり

・このことについて私たちが話し合うにつれ、あなたはもっともっとご自分の感情に気づき、そのことで驚いているように思われます。私の読みは正しいですか？

・たった今あなたが話してくれたことで、ちょっと前には感じられなかったあなたの感情がかすかに伝わってきました。そのことについて話してくれませんか？

・たった今私が言ったことは、あなたが心の中で感じていることを見逃しているように思います。そうではないですか？

明らかに、このような質問は潜在的に関係性が確固としていること、そして少なくとも会話の現在のレベルが標準的な段階であることを前提としている。これらの条件が揃い、そして質問が、率直な答えを受け取ることに対して心から関心を寄せ、オープンな姿勢であることをはっきり示すような形でなされたとき、このような介入は理解をもって受け入れられ、率直な反応が返ってくるだろう。そういった介入自体が会話を深いレベルへもっていく場合もある。しかしそのオープンな姿勢は、セラピストが実際に聞く態勢になり、（少なくとも心の中で）自分がクライエントの気持ちを読み間違えていないかを考慮できるようになるために、正真正銘のものである必要がある。

サイコセラピストの道程

私のサイコセラピストとしての最初の経験は、私が陸軍病院の職権委任状のない心理学者であった第二次大戦中のことであった。私は、太平洋での激戦地であったタラワから疎開してきたばかりのある若い兵士と「話をする」よう命じられた。資料によると、彼は「戦争神経症」に罹っていた。彼は緊張し、いらいらして落ち着きがなく、惨めな様子で、誰かと話をしたがっていた。私は、彼を開放病棟から私の小さな仕事場に連れていき、私を話し相手にするよう促した。

彼は三時間半にわたって私を恐怖に陥れた。「雑音はまったく止むことがなかった。そこらじゅう血だらけで…いつのまにか便をもらしていた…。あいつの片足がなくなるのを目のあたりにして…死体だらけのひでぇ島をなんとか歩いた…。あの野郎が上を向いたときに銃で撃って…俺の相棒のドテッ腹に大きな穴が開いて…俺は血まみれになって…とんでもなくでかい砲声がして…忌々しいジャップたちは止めようともしなかった。あの野郎ども…。肉片が飛び散って…ひっきりなしに雑音がしていた…」

彼は苦悩や恐れ、自己嫌悪、軍隊と世界に対する怒り、絶望、再び戦場へ送り出されるかもしれないという不安を吐露し、戦前の暮らしを二言三言話した。最後のほうは、私たちは二人とも疲れ果てていた。少なくとも私は、自分自身の状態から判断してそう感じた。クライエントは涙を流して私に感謝し、私は自分の新しい治療スキルに心から喜びを感じた。

クライエントがベッドに戻ってから三十分後、その病棟を担当している精神科医が私に連絡をしてきた。彼の声は憤っていた。「いったいあなたはジョーンズに何をしたのですか？　彼はここに来てから初めて拘束衣を着けなければならなかったのですよ！」

こうして私は加減のないカタルシスの力と危険さを学び、主観性の深さに対してまったく新しい視点を得たのであった。

あれから四十年以上、私はその不思議な領域を理解しようとしてきた。この探求がこれほど長く続くとは思いも寄らなかったが、徐々にわかってきた。私が追い求めていることを表す言葉はたくさんあるが、ぴったり当てはまる名前が見つからない。はたして見つかるかどうかも疑わしい。しかし例をあげるとするなら、主観性、無意識的なもの、最も深い中核といった感じだろう。それらはどれも同じ方向を向いているわけではないが、私がいくらか進歩していると感じるに足るだけの共通性はある。

セラピストとして、私は長期にわたってクライエントの内的人生に関わり、関心を寄せてきた。そのような仕事は、存在の本質を探し求めようとするものであり、私たちの中に眠っている潜在能力を刺激する可能性をもっている。それは時に、大きな人生変容をもたらす可能性がある。それは私が追い求めてきた領域、すなわち主観性の中にある仕事なのである。

何年もの間、私は探求のためのさまざまな援助方法を取捨選択してきた。さまざまなテスト――標準化されたものや投影法――は数年前に放棄した。それらは価値があり、私が関わった人たちのおもしろい認識を提供してくれたが、同時に、そういった人たちを療法のパートナーというより研究の対象者にしてしまったからである。私は、主観性に主眼を置き、高いモチベーションをもつ仲間だけが私の探求を前進させてくれると確信するにいたった。

本書は、クライエントが自らの内的資源に接することができると思われる方法や、クライエントが真に存在し主観性をもっているときに、私が彼らと共に存在できる方法について説明している。この方法の主要なものの一つが、クライエントが自らの人生と自らの療法において、十分に関心をもって存在できるよう援助することである。

第4章 対人間の圧力

私たちは誰かと話をするときは必ず、意識的にせよ、そうでないにせよ、自分自身の中の何か（例：相手に対する理解、会話の中で次に何をする必要があるのかはっきりしない状態）を、あるいは相手の中の何か（例：好機に対する視点、誰かと衝突した際の混乱に陥りやすい傾向）を変えようとする。私たちが求める変化は、感情や観念、言葉あるいは行動の中にある。こうした変化をもたらすために、人間は一連のおびただしい数の影響因子を作り上げてきた。もちろん、ここでは療法上の会話の中で使われる因子に限定して述べよう。

クライエントに主観的な生き方を問うことを促そうとしながら、私たちは多くの手がかりに注意し、自分自身の多くの面を利用する。最も顕著なことは、私たちがどのような言葉で話すのか、どうやって話すのかという点である。このような変化をもたらすパターンの領域を、私は対人間圧力（interpersonal press）と呼んでいる。

この章では、対人間圧力の使い方について説明し、描写する。多くの方法と圧力の強さを示すためにキーボードの絵を用いる。そして、圧力の四つの様式について考えるよう提案する。その四つとは、聴くこと、導くこと、教示すること、要請すること、である。

対人間圧力は、会話の結果、クライエントが考えたり、感じたり、話したり、行うことに、どのくらいセラピストが影響を与えようとしているのかということと関係がある。そのような影響力には、何らかの意図があると思われる。セラピストはクライエントの若い頃のことをもっと知りたいと思ったり、抑圧された感情に対する大きな気づきをクライエントにもたらしたいと思ったり、セラピスト自身が思案している解釈に対してもっと確信したいと思うことがある。また、療法上の作業に対してクライエントにもっと深く関わってほしいと思ったり、面接を終わらせたいと思ったり、自分自身やクライエントに何らかの無数の変化をもたらしたいと思うこともある。求められている変化は、どちらか一方あるいは両者のためになるものである。

圧力とは操作のこと?

対人間圧力を使うことは、必ずしもクライエントを操作したり対象化することではなく、またそれは望ましいことでもない。もちろん、対人間圧力は操作的に用いられる可能性はあるが、そのことは対人間圧力を用いる人の意図した結果であり、対人間圧力そのものの性質ではない。

もっとわかりやすく言えば、圧力とは、人間のあらゆる相互作用の普遍的な性質である。時々私たちは、相手に影響を及ぼそうとする努力が一種の押しつけや、相手の自律を妨害することと感じることがある。それは確かに間違いではない。私たちは、他者や他者との関係を重んじている場合、相手の行動や経験を気にする。その気にかけ様は、私たちが相手を援助しようとするやり方に現れる。したがって、私たちが誰かに圧力をかけている場合、それはその相手が自分にとって重要であるという証拠なのである。つまり、いかなる形であれ、相手を感化しようという気がないということは、自分にとって相手との関係が重要でないということである。

圧力には多くの形態と強度がある。たとえばここに、同じクライエントの言葉に対する、セラピストの四つの反応をあげる。それらは加える圧力の強さが異なる。

場面4-1

クライエント（C）：ジョイ・リンゼイ　セラピスト：ジョー・ブリッジマン

C1：だから私は彼に言いました。私のやり方に対していつも文句ばかり聞かされると疲れて、病気になっちゃうわ、やめてくれないなら出ていくわよって。それに…（声が弱まり、居心地が悪そうになる）。まぁ、ともかく、私が態度を決めるときだと思います…（再び勢いを失ったように、落ち着きなく座っている）。

T1A：ジョイ、今あなたはかなり惨めな気分でいるように見えますよ。あなたの心の中ではどうなっているのでしょうか？

T1B：う〜ん（期待しながら待つ）。

T1C：自分にとって居心地の悪いことに突き当たるたびに話をやめていると、セラピーがあなたに何らかの援助をもたらすことがなくなってしまいますよ。

Ｔ１Ｄ：そうやってガス欠になったときに、あなたの心の中にあるものを私に話してみたいと思いませんか？

さて、どれが正しい答えだろうか？

もちろん、どれもが正しい答えであり、どれも正しい答えではない。正しい答えは、ほかの問題の数によって変わってくる。たとえば、これがジョイが初めてセラピストの面接を受けたほんの数分後のことであれば、おそらく我慢して待つこと（Ｔ１Ｂ）になる。ジョイの三十七回目の面接であり、ジョイが湧き起こる感情を表現することをやめようとし続けているのであれば、誠実に向き合うこと（Ｔ１Ｃ）が正解に近い。ジョイの気持ちを直視するのか（Ｔ１Ａ）、あるいは彼女の内的体験を吐露するよう誘導するのか（Ｔ１Ｄ）がはっきりとしているのなら、それぞれが最も効果的であろう。

ここに示していることは、一つの物差しがあるということである。その物差しは、ジョイに選べるだけたくさんのことを選ばせ続けるというところから、ジョイが次に話す内容を変えるよう強く努力するというところまである。この物差し、つまり対人間圧力は、私たちが話している相手にどのくらい「圧力」をかけているのか、相手が感じたり、考えたり、話したり、行うことに私たちがどのくらい影響を与えているのか、を示している。それは、私たちがまったく何も言わなかった場合とは異なっているはずである。

対人間圧力の物差しという見地から眺めると、Ｔ１Ｂは最も圧力が小さく、Ｔ１Ｄ、Ｔ１Ａの順に圧力が大きくなり、Ｔ１Ｃが最も強くなる。スタート時点のここでは、一つのことを明確にしよう。この物差しは反応の良し悪しを示すものではない。心理療法には、あらゆる程度の対人間圧力がある。いつ、どのくらい、どの

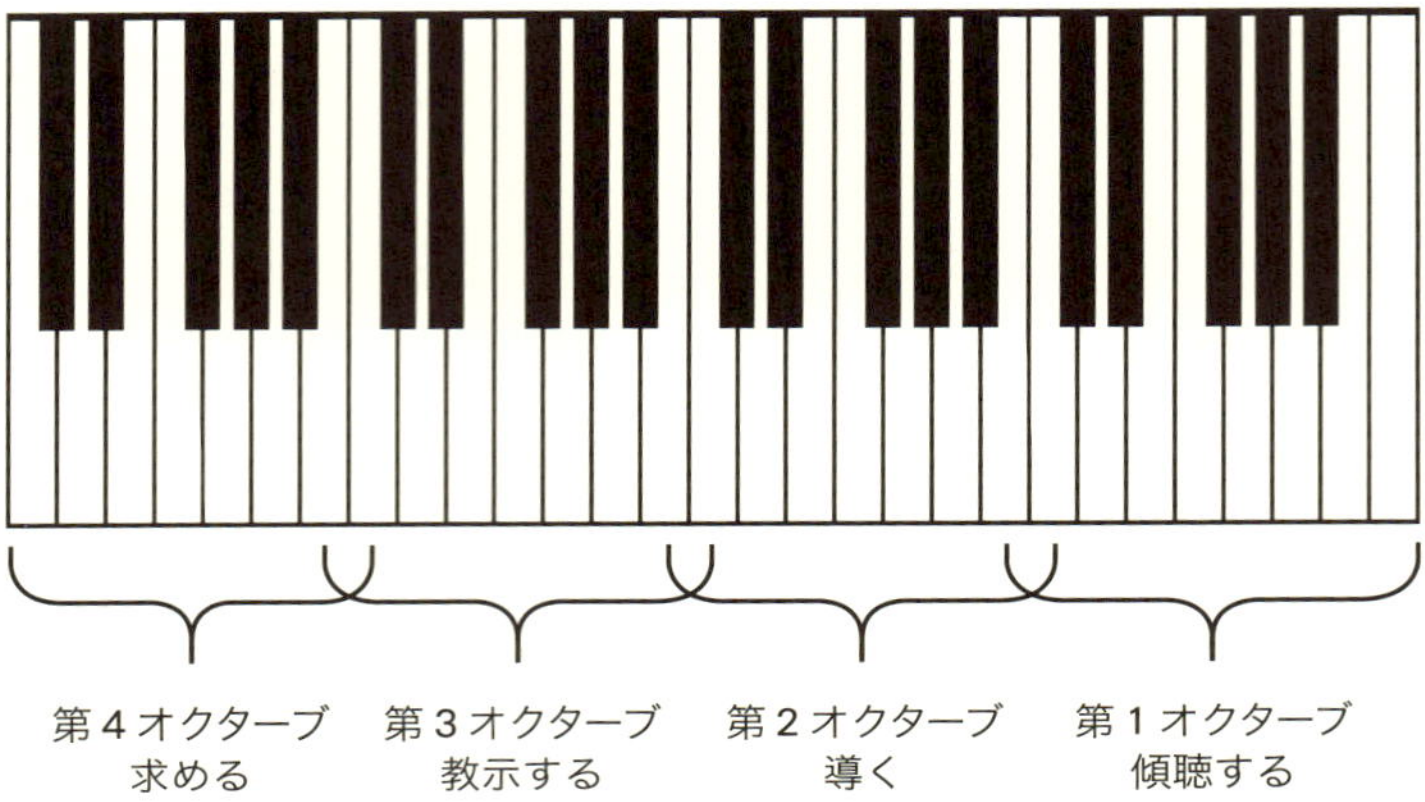

図4-1　対人間圧力のキーボードと圧力の強さの四つの主なオクターブ

ように行使するのかを決めるのはセラピストの技による。

対人間圧力を表すキーボード

図4-1のような、様々なセラピストの反応を「キー」とする、一台のキーボードを想像していただきたい。この例えを最後まで用いるために、対人間圧力の領域を四つのオクターブに分けて考える。楽器のキーボードとまったく同じように、一オクターブの八番目の音符は次のオクターブの一番目と同じである。つまり、総体的な物差しの分節には明確な区分けはないということである。同様に、無数のグラデーションとバリエーションが存在することを思い起こす必要がある。キーボードの黒鍵は、このようなことを表現している。

各オクターブはほぼ同じ量の影響力を発揮する反応によって構成されている。したがって、キーボードの最初の四分の一はセラピストが主に傾聴している状態を示す。二つめは導く努力の段階であり、三つめは指示の段階である。そして、最も強い圧力はセラピストがクライエントから何らかの変化を求める段階である。このような用語は限定的というよりむしろ象徴的である。したがって、特定のオクターブの反応がいずれもこの記述に当てはまるわけではない。

言語的と非言語的

最初の章でおわかりのとおり、私の提案のほとんどはセラピーの言語的側面について取り上げている。言語的側面はコミュニケーションについて一冊の本に書く際に非常に役立つ。しかし、次のことを明確に理解する必要がある。非言語的コミュニケーションは実際の会話で非常に不可欠なものである。注意深いセラピストは、自分自身のボディランゲージ――顔の表情、ジェスチャー、姿勢、口調――がクライエントに力強く語りかけていることを知っており、同じ経路でクライエントのコミュニケーションを鋭く観察している。

様々なセラピストの反応に通常みられる圧力について具体的に話そうという場合、非言語の重要性に関して触れることは特別な意義がある。実際に臨床で使用する場合、どの反応も物差しのあらゆる点に属する形で表されると考えられる。語られる言葉の非言語的伴奏がしばしば、発揮される圧力の量を変えることがある。たとえば、沈黙という最も低い「キー」が時に非常に強い圧力をもたらす。

ＣＡ：先生、もう絶望的な気分です。先生は本当に頼りになるのですが、（セラピーを）もう続けることができません。今すぐどうすべきか教えてください。お願いです！

ＴＡ：（無言、無表情で）

このようなことが取り乱しているクライエントにふさわしい反応であるのは稀であるが、ここでのポイントは、沈黙、すなわち反応に対するあからさまな拒絶がそれ自体で強力な対人間圧力の反応となるということである。対人間圧力の物差しの主な特徴を表4-1にまとめた。以下に、考えられる反応とその使用について説明するため、それぞれのオクターブを検討していこう。オクターブごとに、反応例は徐々にその圧力が増していく形で示されている。

第一オクターブ：傾聴する

サイコセラピストの最も基本的なスキルは、生産的な傾聴である。そのほかにセラピストが行うこともすべて、同時に多くのレベルで聴くという発達した能力が土台となっていなければならない。そのような傾聴は、受動的な記録以上のものである。つまりそれは、直観、反映、培われた感情移入に加えて、多くの感覚様式を含むダイナミック（動的）な注意力なのである。

対人間圧力のこのオクターブで特徴なのは反応の形態であり、ここでは文字通りの内容は、クライエントに向けられる、言うべきことをできるかぎり言うためにこの療法という機会を利用するようにという強力なメッセージに対して、二義的なものとなる。

このオクターブの全体的な特徴

《セラピストの暗黙のメッセージ》　「あなたが言わなければならないことに関心があります。それを十分理

表４-１　対人間圧力の物差しの概要

第１オクターブ：傾聴する
- 機能：クライエントに自由に話させる，クライエントに話し続けるよう促す，セラピストの解釈等なくクライエントの話にそっていく。
- 例：クライエントの体験について詳細を得る，情緒的カタルシスに耳を傾ける，クライエント自身の人生に対する視点やクライエントが投影している対象について知る。

第２オクターブ：導く
- 機能：クライエントの話に方向性とサポートを与える，話の流れを追う，ほかの側面をもたらす。
- 例：状況や関係性，問題に対するクライエントの理解を探る，新たな側面を学んだり，フィードバックを得る心構えを築く。

第３オクターブ：教示する
- 機能：合理的／客観的サポートをもちながら情報や方向性を伝える。
- 例：課題，アドバイス，コーチング，変化した人生のシナリオを説明する。

第４オクターブ：求める
- 機能：セラピストの人格的および情緒的才気によって，クライエントを何らかの方向へ変化させる。
- 例：主観的フィードバック，称賛，懲罰，応報，セラピストの視点を強く売り込む。

解する努力をしています。あなたの言っていることを受け入れます。そのとき、必ずしも同意したり反対したりしているわけではありません。さぁ、あなたの言葉で言ってごらんなさい」

《会話の量》　クライエントはセラピストよりも多く話すよう促される。クライエントは主に十分な自己表現ができるようサポートを求めており、会話の中に自分の考えや視点をめったにもちこんだりしない。

《主観性》　どのくらい主観的なものに入っていくかはたいていクライエントが決めるが、そのような要素が本当に現れたとき、セラピストはその要素に対して選択的に反応する（第Ⅲ部主題のガイダンス参照）。

《表立った説得》　セラピストは、クライエントの選択しながら前進する自由を強調して示しながら、表立った説得はしないようにする。

《セラピストの役割》　セラピストの仕事は、

クライエントの自己表現を促すこと、できるかぎり付き添うこと、クライエントの見解を心から受容していることを示すこと、作業のほかの点で役立つ可能性のあるクライエントの印象や情報を収集すること、である。

典型的な反応の仕方の例

《沈黙》セラピストは話さないが、そうすることで受容や理解を伝え、クライエントの自己表現を支援しようとしている。

《話のつなぎ》熱心に聞いているときに、話し手に対してかすかにサポートの意を伝える音声がある。「なるほど」「う〜ん」「わかりますよ」「はい（そうですね）」（質問に対する答えではなく）などである。

《言い換え》セラピストはクライエントが語ったばかりのことをクライエントに言い返す。このとき、クライエントの言葉と同じ意味の言葉（同義語）が用いられる場合が多いが、必ずしも同義語を用いる必要はない。このような反応は、特にクライエントが強い感情にとらわれたときに役立つが、おうむ返しであったり、月並みなものになったり、機械的になった場合は逆効果になる。

ここでは、読者が流れを把握できるよう、事例は人物と話の内容を同一のものにする。しかし、実践においてこのような反応レベルを使用することが望ましい、あるいは望ましくないということを示唆しているわけではない。

さて、ここで言い換えの適切な例を示そう。

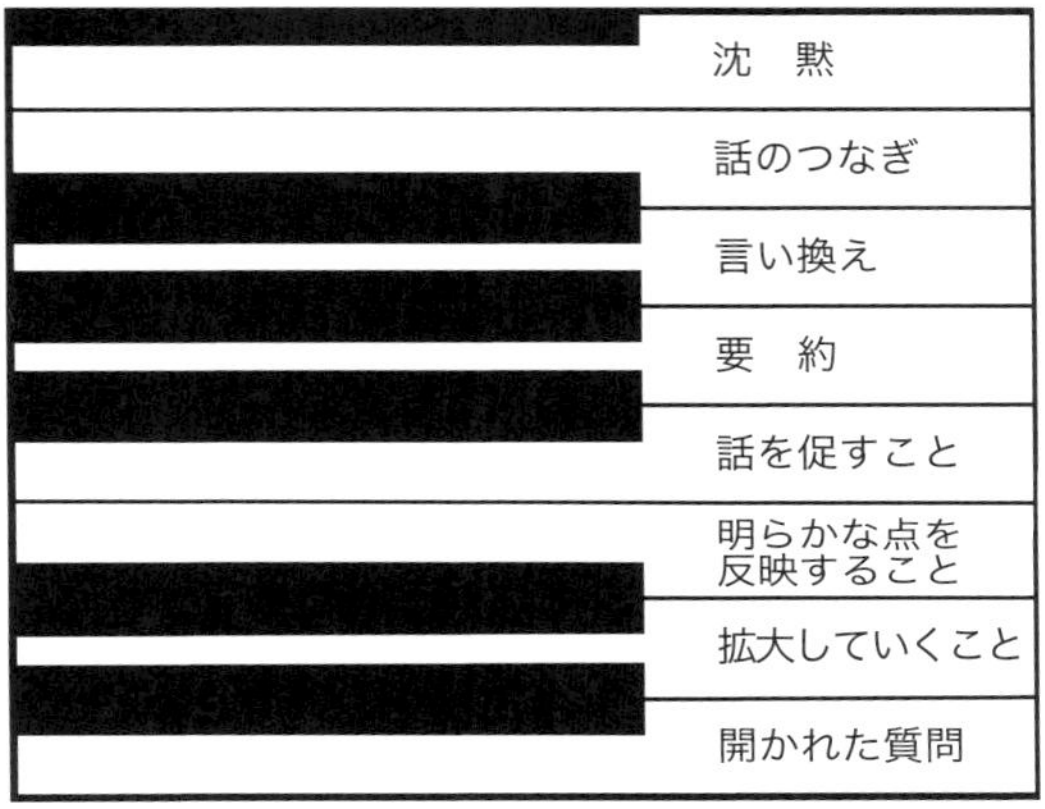

図４－２　対人間圧力の第１オクターブ（傾聴する）での典型的な反応例

場面４－２

C３：努力しました。神に誓って、私はできるかぎり努力しました。でも、何もなっていないように思えるのです（ため息をつき、頭を振る）。

T３：（理解している調子で）何もなっていないように思えるのですね。

C４：そうなんです。正直なところ、時々ひどく落ち込んで、まるで何もかも絶望的に感じるのです。

《要約》　セラピストはクライエントが表現したことから関連する考えをまとめ、理解を示すためにまとめたことをクライエントにフィードバックする。

T５：何度も努力したのですね、ジョイ。そして、どうやら彼についていけないように思ったのですね。あなたは家を出ようと考えたり、もうあきらめようと思ったりしたのですね。時々ひどい絶望感を抱くのですね。

C５：ええ、そうです。まったくそのとおりです。

セラピストは時に、コメントをまとめながらクライエントに教えたり、クライエントを解釈しようとする。時にはそうすることが確かに適切な場合もあるが、傾聴するという態勢から外れていることを認識する必要がある。それはさらなる圧力を加えることになる（そして、教示するという第三オクターブに変わる）。

《話を促すこと》　セラピストは特定の方向性に重点を置かず、クライエントに話を続けるよう促すという、総体的に支持的なコメントを行う。「その調子です。続けて…」「わかっていますよ。あなたが大きな声ではっきりと打ち明けてくれていますから」。

《明らかな点を反映すること》　セラピストが、これまで内在していたが、ここで表に現れてきたクライエントの気持ちや態度を明確な言葉にすること。この方法は、特に自分自身の感情や観方を認識するのが困難なクライエントに効果的である。無意識な事柄を明らかにしようとするこのやり方を用いる際にも、傾聴するという態勢から離れていることを認識する必要がある。このオクターブでは、クライエントがすぐに認識できるよう、示された経験を明白にする必要がある。

C6：昨夜、また彼に話してみましたが、彼はまったく譲歩する気がありません。私の話など聴いてくれませんし…（深くため息をつく）。でも、あきらめたくありません。だって…、その、時々私たちは…。

T6：今みたいに落胆していても、以前のことをまだ考えてしまうのですね。

《拡大していくこと》　セラピストはクライエントが会話に取り入れた事柄を指摘し、その話題や感情についてもっと話をするようクライエントを促す。セラピストが傾聴する態勢でいたいと思っている場合、新たな話題を取り入れることよりも、クライエントがすでに話した内容について注意する必要がある。

T7：時々「やけっぱち」な気分になると言いましたね、ジョイ。そのことについてもっと話してくれませんか？

《開かれた質問》　どこまで表出できるか、どこまで暗示できるかといった制限をほとんど感じずにクライエントが答えられる質問の仕方がある。たとえば次のとおりである。「あなたのことを理解するために私にとって重要なことは何だと思いますか？」「前回話し合った後であなたが考えてきたことを私に話してください」（正式な質問形式ではないが、実際には意図的に質問しているという形で誘導している）。

まとめ

傾聴する態勢とは、会話の主な推進力をクライエントに委ねるということであるが、一方で、セラピスト自身は励ましたり、受け入れたり、観察する努力に集中している。そのメリットは、視点をあまり曇らせることなく、クライエントが自分自身を表現したり、自分の世界を見たままにとらえることができる点であるため、この方法は深い療法上のワークの際に多くの点で効果がある。この方法が使われる最も一般的な機会は、以下の三つである。①セラピストがクライエントの背景、心配事、情緒的な事柄、似たような問題などの情報を求めているとき、②セラピストがこの時点までに何がなされてきたのかについて熟考したり、介入の効果を見たり、行動の流れを選択しようとしているとき、③セラピストが頻繁に介入することなく、クライエントが自分の内面的探求を行うことを身につけたとき。

第二オクターブ：導く

聴く態勢の重要性の多くは、このオクターブにも同様にある。しかし、ここでセラピストに交換条件が出される。つまり、クライエントの自発的な自己提示を失うという犠牲を払って、フォローアップ能力が高まるのである。ここでの尺度は柔軟性のあるものであるが、有能なセラピストなら、自分自身やクライエントの関心に対するコスト／利益の問題を調整できるはずである。

一般的に、でしゃばらず、親密さが深まるような、そのときどきのクライエントのニーズに応じた会話の導き方が理想的である。重要であるが見過ごされている問題や感情をセラピストが引き出さなければならない場面がしばしばあったり、おなじみの問題に新たな視点をもたらすのに必要な継続性を保ち続けられるようクライエントを援助するために、導く態勢を主にとることになる場面もある。

このオクターブの全体的な特徴

《セラピストの暗黙のメッセージ》「あなたを悩ませている問題や私に知ってほしい問題について話していただきたいと思います。あなたが会話をリードしますが、どのように話を進めていくのかについては時々私が提案させていただきます」

《会話の量》通常、クライエントがよく話している場合、セラピストは「たまに」から「頻繁に」までの範囲で会話に積極的になる。しかし、どのような形の介入であれ、介入が頻繁になると、圧力の度合いが増す傾

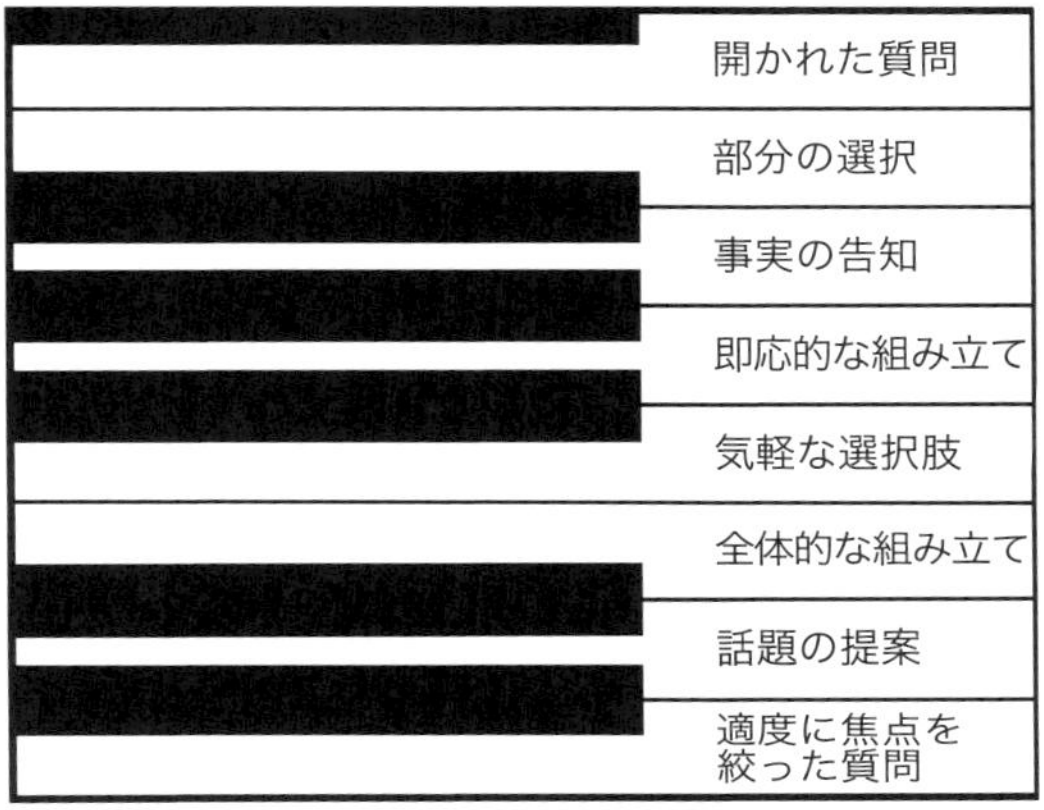

図4-3　対人間圧力の第2オクターブ（導く）での典型的な反応例

向にあることを認識しておく必要がある。

《主観性》　セラピストは内的経験を開示するようクライエントを促すことがあるが、セラピスト自身の自己表出は制限される。これは一方的な操作ではないが、クライエントのニーズや経験を優先しようとするものである。クライエントが自分自身について私情を離れて説明する状態から、もっと個人的、感情的になって自己開示する状態になれるようクライエントを援助するために、しばしば導きの態勢が用いられる。

《表立った説得》　影響を及ぼそうとするセラピストの努力は、クライエントがすでに提示したことと、比較的穏やかであるが、はっきりと結びついている。つまり、この態勢のままでとどまっているなら、その境界線から離れ、新たな影響因子をもたらすということはない。

《セラピストの役割》　セラピストはクライエントが言うことに心から関心をもっていることを伝え、クライエントの話を深めたり広げるために、導きのコメントを用いる。セラピストは注意が必要な事柄について何らかの全体的な方向づけをし、その方向性を促進しようとする。

典型的な反応の仕方の例

《開かれた質問》　傾聴のオクターブの最後で述べたものと同じ形態である。このレベルの典型的な質問は、「あなたがどうしてセラピーを受けようと思ったのか、その理由の全体像を話してください」「最近、あなたにとって物事がどのように起こっているのかについて、あなたはどのようにお考えですか？」

《部分の選択》　クライエントが話している内容について、さらに詳細が必要な部分をセラピストが選択する。これは、傾聴の態勢の「拡大していくこと」と同じことである。違う点は、導きの態勢では、クライエントが直接述べていない側面をセラピストが選び出す点である。

C８：彼には誰かに会いなさいって何年も勧めてきました。文字どおり何年もです。彼に助けが必要なことはわかっていますが、私には彼を助けることができません。

T８：最初どんな理由であなたは、彼には援助が必要だと思ったのですか？

《事実の告知》　セラピストは、クライエントが話している内容に関連のある情報を与えるが、その情報によってクライエントがどうすべきなのかを暗示することはない。

T９：時々、人は援助を求めようとする前に、思いつくかぎりのことをしてみる必要があります。

《即応的な組み立て》　反応を組み立てることとは、セラピストが会話自体の用い方を提案することである。即応的な組み立ては、提案がなされた時点で事態がどのようになっているのかということと関連している。

Ｃ10：いつも同じ。私たち、スタートはいいのだけれど、その後…ええ、昨日の夜…あぁ、どうでもいいわ。

Ｔ10：昨日の夜のことを話してください、さぁ、ジョイ。それまでほかのことは気にしないで。

《気軽な選択肢》　セラピストは、ほかのものよりもあるものを押しつけることなく、クライエントに選択肢を教える。これは誠実でオープンな誘いであり、セラピストが最も良いと信じている方向へクライエントを向かわせようと巧みに説き伏せることではない。

Ｔ11：私が見たところ、あなたはここで問題に取り組んでいる間、彼と一緒にいることもできれば、しばらく出ていって、それによっていくぶん緊張感が緩和されるのかどうか様子を窺うこともできるのではないかと思います。どちらがあなたにとって現実的なことですか？

《全体的な組み立て》　この組み立ては、療法上の作業に対する全般的なパターンを設定することである。つまり、全セッションあるいは長期的な作業に対するパターンである。

Ｔ12：あなたが何をすべきか決断しようとする際に抱いている考えについて、もっと私に話していただいれば、作業はおそらく最も良い地点までたどり着くことになるのではないでしょうか。それと同時に、私は聴く側になり、時折考えや提案を投じますが、これまでのように多くは話しません。そうすれば、あなたは自分の心の中を深く探り、自分の決断を可能なかぎり健全なものにすることができるでしょう。それでよろしいでしょうか?

《話題の提案》 クライエントが話し合いたいと思っている主題をセラピストが提案する。提案したことが役に立つ可能性もあるが、クライエントが賛成しない場合もあれば、クライエントに選択肢があればほかの話題にする場合もあることは明らかである。

T13:ジョイ、今あなたに役立つと思われることは、あなたの言う、あなたを悩ませていることすべての中から何か一つだけを取り上げ、それについてできるかぎり探ることです。あなたは、別居を試してみるとか、一緒に旅行をするとか、結婚カウンセラーに診てもうらとか、いくつかの可能性について述べましたね。今、最も検討する必要のあることはどれですか?

セラピストが一連の可能な話題について述べていることに注目せよ。

《適度に焦点を絞った質問》 適切な反応というものには、何らかの制限が加えられる。そのような制限は、どんな質問があがるかによって、明示的になったり暗示的になったりする。「あなたが幼い頃、あなたの姉妹はどんな感じでしたか?」「このような不安感が繰り返される原因について、あなたはどのように考えていますか?」。このような反応を傾聴のオクターブの開かれた質問や、第三オクターブの一番最後にある、より限定的な質問、すなわち「あなたと妹のヘレンさんはどのように暮らしていたのですか？」と比較してみよ。

まとめ

傾聴の態勢と比較すると、導きの態勢では、セラピストがもっとあからさまに積極的な役割をとっているが、会話の流れに対する主な責任は依然、クライエントにある。このオクターブでは、セラピストはクライエントが表出した内容を取捨選択しているが、セラピストが判断した内容は、行き着くところまで行けば、最も実り多きものになる。クライエントの集中力を妨げることなく、会話を何度もコントロールすることは可能である。クライエントに大きな自己認識をもたらすために、優しく、しかししっかりと導くという技は、真に有能なセラピストの証である。

第三オクターブ：教示する

日常会話の場合、「教示する（instructing）」という言葉は、二者間の対照的な関係において用いられる。私たちが「学生を教示する」と言う場合、それは学生に教えるという意味であるが、「労働者を教示する」という言い方もあり、この場合、実行するよう命ずる権限をもって指示することを意味する。どちらの例であれ、セラピストが客観的あるいは合理的な基点で教示しているのなら、両者の意味は対人間圧力のこの態勢を考える上で適切である。このオクターブの影響力は客観的な（ある意味では機械的な）言葉で推し量られる。さらに人間的で主観的な影響因子は第四オクターブで機能する。

このオクターブの全体的な特徴

《セラピストの暗黙のメッセージ》「私たちがこれまでに話し合ってきたことに影響している何らかの客観的で重要な点について考えていただきたいと思います。それらは考える必要のあるものなのです」（客観的という言葉に注目せよ）

《会話の量》教示のオクターブでは、会話の量がかなり幅広い範囲に及ぶ。というのも、セラピストの関与の仕方が、相対的に情報入力の少ない時期が混在した状態になる傾向があるためである（おそらく第一および第二オクターブにまで落ちてしまう）。個人的な考え方と理論的な方向性によって、専門家が教示を活用する方法には様々な形がある。

《主観性》セラピスト自身の介入は主に客観性に支えられているが、セラピストがクライエントから何かを引き出そうとする際、セラピストはクライエントの主観性に関与することが多い。

T14：ジョイ、自分自身に理由づけしてうつ状態に対処しようとしてきたけれど、うまくいかないことがもうおわかりになったはずです。けれど、あなたはまた同じやり方に戻ろうとしています。今回は自分の気持ちに入り込むことにもっと重点を置いてみませんか？

《表立った説得》（描写したとおり）セラピストは明らかに自分が話す内容と話し方に力を注いでいる。理性と客観的な情報によって、別の方法では生じない感情と思考、あるいは言葉と行動をクライエントにもたらすことになる。

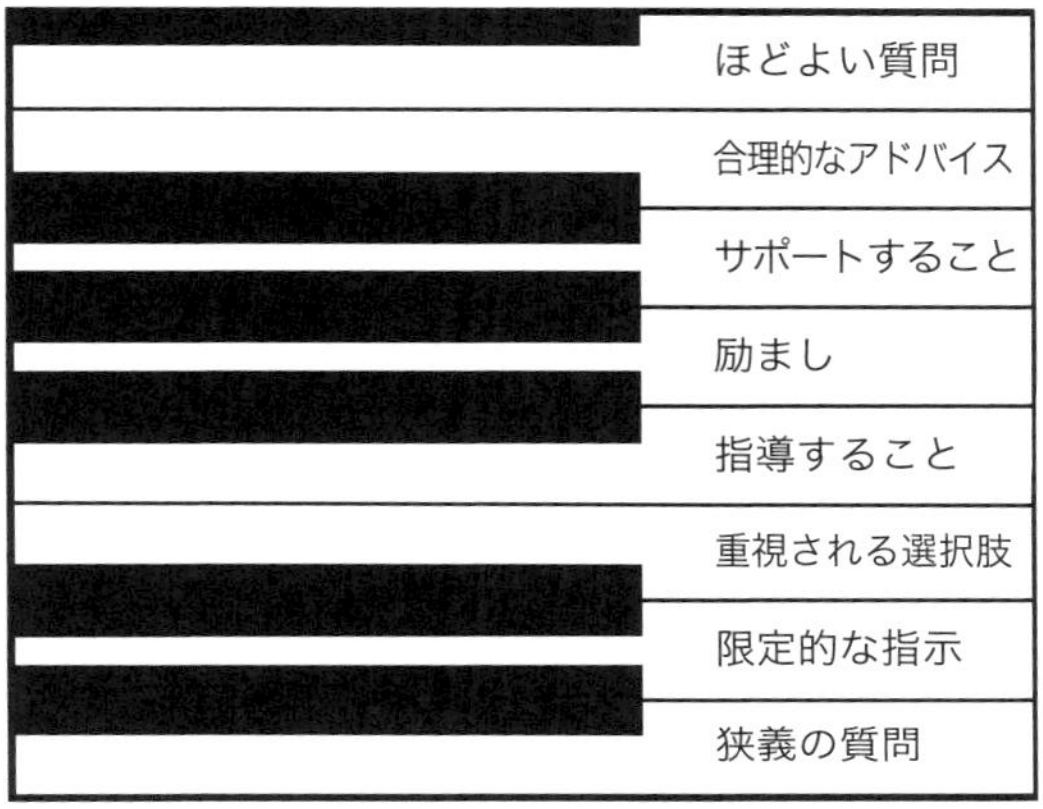

図４-４　対人間圧力の第３オクターブ（教示する）での典型的な反応例

《セラピストの役割》　この態勢でいる間、セラピストは教授し、方向づけをし、知識や地位の権限を行使している。クライエントの理解と協力を求めることは、少なくとも、単に人と人との関係を超えて、しばしばセラピストの専門的な役割を潜在させることになる。

典型的な反応の例

《ほどよい質問》　これはもちろん、導きのオクターブの最も高い部分である。「ご両親はあなたにどんな性教育をなさいましたか？」「今少し時間をとってから、離婚するというあなたの決意を私に知らせてください」

《合理的なアドバイス》　セラピストは、アドバイスや指示に説得力をもたせるため、常識や専門的な情報、クライエントの特別な知識に訴える。

T15：ジョイ、あなたが怒っていて、何かで仕返ししたいと思っていることはわかりますが、そんなことをするたびに後悔してきたことを思い出してください。あなたのことをわかっているので、ま、お互いにわかり合っていますが、だから、行動に移す前に冷静になるほうがいいと思うのです。

T16：統計ではかなり恐ろしい結果が出ています。つまり、十代の結婚が失敗する確率はかなり高いのです。あなたは娘さんが聴いて理解できるような形でそのことを伝える必要があると思います。あなたにはそれができますか？

《サポートすること》 セラピストは、傾聴や導きの態勢における比較的中立な立場から離れて、ある問題に対する判断を明確に示す。しかし、そのようなサポートは客観的で合理的なものであって、人間的で情緒的なものではない。

T17：この問題に直面して、あなたにとっては大変な時期でしたね、ジョイ。けれど、今あなたはそうすることで本当に進歩しているように見えますよ。自分の感情をイメージすることが、自分が何をしたいかを決断するためのよりよい基盤になっていることをすでにわかっていらっしゃいますね。

《励まし》 セラピストがクライエントを励ますことが適切であると思う程度は様々である。このようなことに一律のルールを定めるのは賢明ではない。クライエントが心から受け入れることができる状態であれば、客観的あるいは合理的な基盤のもとでの励ましはかなり有効なものになる。(以下の事例のように)サポートがクライエントの示す力に基づていて、セラピストへの依存を招かない場合、特に励ましは有効である。もちろん、励ましが時期尚早であれば、相手を見下したようないたわり方になったり、あるいは相手を混乱させるものにすらなる場合がある。

C18：死ぬほど努力したのに、何にもなっていない気がします。しばらくはうまくいっているように見えても、すぐに何もかもひどい状態になり、スタート地点からやり直すことになるのです（もとの木阿弥なのです）。

T18：物事がうまく行かないときに努力し続けるのは難しいことですね。けれど、あなたは自分がスタート地点に戻ってしまっているわけではないことを認識する必要があります。先月のことを思い出してください。ほぼ一年ほどうまくいなかったのに、努力することで、家に関するすべての問題に対処することができたではありませんか。今月は金銭的なことで少し前進しているように見えますよ。後退もありましたが、全体的に見ると、今もあなたは進歩していますよ。

《指導すること》　セラピストは、クライエントが情報やスキル（技量）、新たな視点、のちに役立つ判断材料を習得できるよう援助しようとする。この場合、その材料を直接与えることもあれば、間接的なコーチングの形をとることもある。また、指導は別の形をとることもある。つまり、セラピーの原則は、誰かによる指導をまったく回避することから、指導がセラピーの中心的な作業の一つとなるという見方まで幅広いからである。

T19：今あなたにとってつらいことは、そのプログラムに入っていく上で必要なことを知らないということです。あなたがただ推測して、確信がもてないかぎり、憂うつになるのは当然です。私たちは誰でも、自分にとって重要なことがお先真っ暗という状況は好きではないはずです。

T20：私が知るところでは、あなたがそこに入るためには三つのことが必要です。まず、そのための資格がなければいけませんが、あなたにはすでにその資格がありますね。そして、少なくとも三年の実務経験が必要です。それを満たしているかどうかはあなたにもわたしにもわかりません。それから組織の経験あるメンバーからの推薦が必要です。あなたはその推薦は得られるとおっしゃいましたね。私が見たところ、あなたは二つめの条件について考えたほうがいいようですね。

《重視される選択肢》　クライエントに複数の可能性があることを認識した場合、セラピストはとりわけ一つを奨励する。セラピストは推奨した選択肢に対して、「少し」から「ほとんど決定的に」までの間で調整しながら圧力をかける。（しかし、セラピストが個人的な価値観や緊急性を持ち込んだ場合、その対応は第四、すなわち要求のオクターブで行われる）

T21：ヘレン、あなたは自分がどのように混乱したり不安になったりするのか、また、どのように問題に直面することを避けるのかを知っています。一緒に取り組んできて、あなたは何度となく不安や混乱を利用してきましたが、今、あなたは問題を把握する方法や解決する方法も心得ているはずです。あなたは今、一人で、取るべき道を決断するときなのです。いずれは道を選ばなければならないのですよ。

《限定的な指示》　セラピストは何らかの行動を求めるために指示や課題、情報をクライエントに与える。セラピストが医師である場合、処方箋を出すという形で指示がなされる。そのほかの適切な訓練を受けたセラピストであれば、何らかの理学療法の形をとる場合もある。セラピストの役割や専門的な立場から、指導内容を裏づけることになる。

T22：今、私たちに必要なことは、あなたがこの問題に関係している人全員の意見を集めることです。一人一人にあたって、あなたがしていることを伝え、その人の意見を尋ねてください。その情報が得られたら、ここに持って帰り、次の段階について二人で考えましょう。

《狭義の質問》セラピストは、何らかの答えが適切となる質問の範囲を厳密に定めている。「そのイベントに参加しますか？」「あなたの顔の表情は著しく変わりましたね。何があったのでしょうか？」。動揺しているクライエントに対して、セラピーの時間が終わる頃に「ここを出てどちらへ行かれるのですか？　そこで何をする必要があるのでしょうか？」。最後の二つの例で示しているように、狭義の具体的な質問は、クライエントを落ち着かせるために、また情緒的な落ち込みに対処する方法をクライエントが計画できるようにするために用いられる。

まとめ

教示の態勢には大きな多様性があり、セラピーのコミュニティにおいて、見解に大きな衝突が見られる領域である。これはクライエントに強い影響力を及ぼす可能性がある。筆者の意見では、感受性とスキルがあれば、クライエントの進歩に大きく貢献するものであるが、ぎこちなく過度になされれば、セラピーの効果の深みと持続性を確実に損なうことになる。

第四オクターブ：求める

強力な圧力を劇的に用いることで有名な（自信のある？）セラピストが数名ほどいるが、おそらく多くのサイコセラピストは、全体的な対人間圧力のスケールにおけるこのオクターブを用いたり、重視したり、理解することはほとんどない。それは主に、セラピストが一般的にクライエントとの人間的で、相互に尊敬し合う関係を高く評価しているためであり、情緒的な力をもたらすことを支配的で、非人間的で、自己中心的なこととみなしているためである。また、このような考え方は、クライエントからの怒りや拒絶を引き出すことに対する恐怖心の表れでもある。（筆者は確かにそのように理解している）。高度な対人間圧力を用いることに対する一般的な誤解があるため、情緒的な対人間圧力は懲罰的あるいは敵愾的な非難と結びつけられている。もちろん、そのように使われることもあるが、以下に例を示すように、そのような傾向だけに限られるというわけではない。

つまり、価値判断も恐怖心もどちらも根拠が曖昧であるということである。ほとんどのクライエントは、セラピストの説得力や関与を期待し、尊重している。さらに、クライエントは相互に尊敬し合い、自らの成長や幸福に対する明白な関心のなかでそれらを受け入れるとき、自分自身の力を見出すことで、強力に励まされ、支援されるのである。

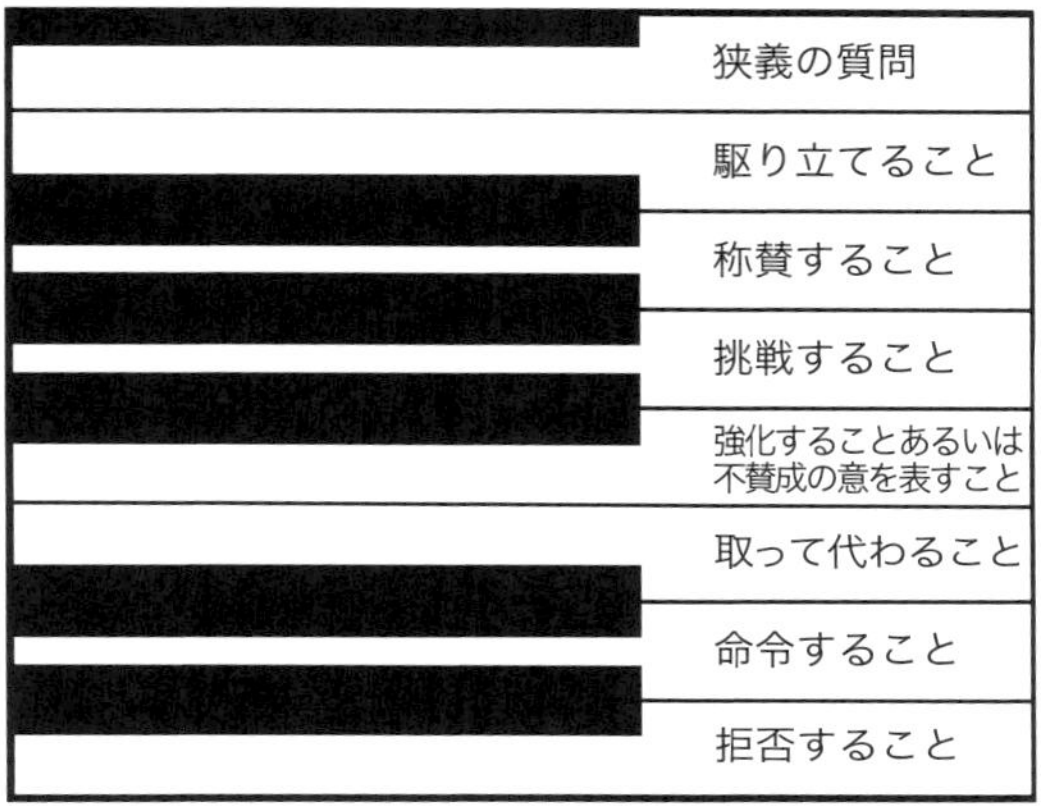

図４－５　対人間圧力の第４オクターブ（求める）での典型的な反応例

求める態勢に大きく頼りきったセラピーは、私の見解からすると、まったくセラピーと言えるものではないが、その態勢をとる危険を冒さないセラピーは締まりのない、無力なものになりやすい。有能なセラピストは、クライエントのニーズやタイミング、形式に対する感受性と、とりわけ自らの尊厳やコミットメントへの支持によって、対人間圧力の全キーボードを操作できなければならない。

このオクターブの全体的な特徴

《セラピストの潜在的なメッセージ》　「私はあなたを説得しようと思います。必要であり可能であれば、私が重要だと信じている形にあなたを強制的に変わらせようと思います。そのために、私はできるかぎりの力を注ぎ込むつもりです。私はそれを、あなたにとって最大の利益をもたらすものであると信じて行っているのだということを、あなたにもわかっていただければと思います。しかし、あなたが何を信じようが、私は努力する決意でいます」。（力をほのめかすのが適切なのは、このオクターブの最後のほうだけである）

《会話の量》　セラピストが面接のほとんどの時間を占領する場合から、時折（しかしかなり熱のこもった）介入をする場合まで、幅広く多様である。

《主観性》　セラピストは、自分の思いや感情、価値観や判断をオープンに、しかし慎重に伝える。セラピストはそうすることの責任をとる心構えができており、有意義な形でそれらを駆使する。実際、この態勢の本質は、まさにセラピストの主観性を操作することにある。極端な場合、クライエントの気持ちや展望をどん底の状態にする可能性もある。

《表立った説得》　このオクターブにおいて、これは明らかに駆け引きと呼ばれるものである。「表立った(overt)」という言葉に注意していただきたい。セラピストが自らの価値観や感情、判断を、それらが客観的なものであるような振りをして用いた場合、クライエントは背信行為に出る可能性がある。この態勢を用いるには、セラピストが自分自身の主観性を行動に取り入れる責任を進んで受け入れる必要がある。

《セラピストの役割》　権威を行使すること、明確な指示を与えること、制限を設けること、結果を強要すること、セラピスト自らの感情を表出させること——これらはセラピストがかなり重要だと判断したときに用いる最終手段である。

典型的な反応の仕方の例

《狭義の質問》　適切な反応としての許容範囲がかなり狭くなる質問には、明らかに要求的な影響力がある。その影響力は、唐突で脈絡に欠ける質問であれば大きくなるが、クライエントが話していることから意味を拾い出して発せられた質問であれば小さくなる。「その状況で何を決断されたのですか?」「いつ借りを返してくれるのでしょうか？」「どれほどあなたが苦しめられたかを知って、私はあなたがその状況から抜け出すことを考えたのかどうか不思議に思います」

《駆り立てること》　感情的で個人的な訴えは、セラピストが指示したとおりにクライエントを行動させるために用いられる。そのような訴えは主観的な懇願を伝えるものであり、教示の態勢に典型的な客観的で合理的なものによって補われるであろう。

T23：その状態に対して、何らかの医療的なケアを受けることがいかに重要であるかをあなたは知っていますよね、ジョイ。私は個人的に、あなたがそれをあまり長く放っておかないことを望んでいます。

《称賛すること》　セラピストがクライエントの言動をほめること。ここでの重要な要素は、セラピスト個人の注意力である。

T24：これ以上深刻なことはないと聞いて、ほっとしたと言わなくてはいけないね。あなたがそう思えるようになって、私も嬉しいですよ。

T25：このことに関して、あなたが再びただの惨めな犠牲者になる代わりに、責任を負うようになったと聞いて嬉しいよ。

《挑戦すること》　セラピストの見方に反発したり、異議を唱えるクライエントに向き合うこと。クライエントが以前述べたことが挑戦の材料となることもあれば、外的な原因からそれが生じることもある。

T26：あなたのそのくだらない話を繰り返し何度も聞くことに飽き飽きしています。どうしてあなたもそのことに飽きないのですか？

C27：彼女がそうしていたとき、私はただ突っ立っていました。ほかに私に何ができたでしょう？　私は無力でした。

T27：あなたはすぐ目の前にある葛藤に立ち向かうより、むしろ無力なままでいたいといった感じですね。

T28：あなたは彼女とのことで何かを変えるようなきっかけが欲しいと何度も話してくれましたね。けれど、あなたはまた、なんだか後戻りしてしまいましたね。

《強化することあるいは不賛成の意を表すこと》　セラピストが権威や価値判断、そのほかの強力なサポートを行使して、クライエントの見解や行動、視点などに対して賛成したり、反対したりすること。

C29：私はそのことについて考えられるかぎりのことを話しました。もう話すことはありません。全部話しました。

T29：ヘレン、話せることに終わりなどありません。ただ、あなたが自分自身のことにどのくらい関与していくのかということに終わりがあるのでしょう。私はあなたの心の中にこれ以上何もないなんて信じませんよ。

T30：あなたは本当によく、このすべてのことを探ってきましたね。今、あなたが一種の空っぽな状態にあるとしても不思議ではありませんよ。まだ辿りつかなくてはいけないことがあることは私もあなたも知っていますが、今日はもういいでしょう。今は数分ほど気を楽にしてみましょう。

《取って代わること》　セラピストが権威を行使して、全体的にあるいは特定の部分に責任を負うこと。クライエントを精神病院に収容させて、クライエントや他者を保護する総体的な場合もあれば、クライエントに無駄なことに固執しないよう伝えたり、要求や行動に対して懲罰の方針を定める限定的な場合もある。

C31：今日また戻ってみたけれど、やはりまた言い逃れをされただけでした。あの人たちは私をにっちもさっちもいかなくさせて、それで私は気が滅入ってしまうんです。

T31：私にできることを教えてください。この下にマネジャーがいますから、彼に電話をして、私たちがすぐに何らかの行動に出られるかどうか確かめてみましょう。

《命令すること》　セラピストが一方的にクライエントに指示を与えること。抗議や話し合いの可能性はまったく示されない。

T32：あなたには自殺の恐れがあり、それを考え直すことも拒んでいますね。だから私は、あなたが警察のお世話になることなくこのオフィスから出ていけないだろうと、真剣に言っているのです。あなたにとってそれ以外の唯一の選択肢は、話し合いを再開する前に、私ときちんと約束をして、あなたが自分自身に対して何の行動も起こさないということを私に確信させてくれることです。

《拒否すること》　セラピストがクライエントを一人の人間として否認するという形で、一方的にクライエントから離れること。

これは療法の形態ではないが、スケールを完成させるためだけにここに示した。私が出会った数少ない例では、ある程度の療法上の協力関係が築かれ、別のセラピストとの信頼関係に入っていく際のクライエントとそのクライエントの能力に対するトラウマがかなり深刻なものになった場合に、この拒否行動がなされる。それでも、一度築いた療法上の関係は終わらせる必要があることを認識しなければならない。絆がまだ新しく、深く結びついていない場合、教示レベルの圧力で拒否することが可能となる。一方、十分関係が深まったが、何らかの理由（例：セラピストが病気になったとか、どこか遠くへ引っ越したなど）で関係の終焉を早める必要がある場合、クライエントがその終焉を個人的な拒絶だと感じないように、ほかのレベルで多くの作業を行う必要がある。

まとめ

このオクターブは、セラピストの装具の重要な部分である。新米セラピストがそれを器用に、快適に、効果的に用いることを習得できるよう援助されることはめったにない。長期にわたる人生変容のセラピーでは、ほとんどの場合、セラピストの力量と価値観を取り入れることが必要になる場面がある。そのような地点であまりに穏やかになりすぎると、反療法的になり、作業を深める機会を失うことになる。

療法の実践における対人間圧力の使用法

スケールにあるすべてのオクターブを用いること

瞬時の作業が必要なときに、セラピストが対人間圧力のすべてのレベルを使えることが、効果的なセラピーに必要なことは明らかである。キーボードを手当たり次第に行ったり来たりするよりも、一定の間、一つの態勢を操作しているほうが賢明である。セラピーの流れの初期に典型的なセッションでは、次のようなパターンが見られる。

始まり……………傾聴する
つなぎ……………手短に導く
最初の作業場面………主に傾聴し、少々導く
つなぎ……………かなり簡潔に導く
二回目の作業場面……傾聴し、少し多めに導く
つなぎ……………簡潔に教示する

終わり……………導く

もちろん、この筋書きだけで通すことは愚行である。つまり、あらかじめ流れが構想された面接などありえない。しかし、ここで示していることは、セラピストが一つの態勢で面接全体を進めることはめったにないということである。さらに、どの単一の場面であれ、セラピストは、ことごとくその場面の主要な態勢で応答しようとはしないはずである。つまり、典型的になればなるほど、ほとんど主要な態勢で応答されるが、ほかのオクターブによる応答もちらほら取り入れられるのである。

クライエント側の圧力の使い方

一方の人間がもう一方の人間に話しかけているときは必ず、対人間圧力が用いられる。このことは、セラピストの面接室内での秘密の現象というわけではない。したがって、ほかの場面での会話を観察することは価値があり、新米セラピストはそういった見識をもつことでうまく圧力をかけられるようになる。このような認識をもつことは、クライエントの圧力の用い方に注意すべきであるという認識にもつながる。クライエントの他者との関わり方、クライエントは自分がどのくらい力をもっていると感じているのか、クライエントの社会的有効性の程度といったことの判断は、対人間圧力のパターンに気づくことから得られる。

次に、クライエントが対人間圧力を駆使してセラピストに影響を及ぼそうとする、最もおなじみの例の特徴を簡潔に示す。ここでは余すところなく記載されているわけではないが、そのような努力の一般的な流れを示している。

《クライエントが応答に耳を傾ける》　これは話のつなぎ（「ああ」「そうですね」「ええ」）やセラピストの言ったこと、そのほとんどが説教的なセラピーであるが、その全体的な言い換えに限定される傾向がある。

《クライエントが応答を導く》　クライエントはアドバイスや励まし、保証を求めたり、対処すべき話題を提案するが、その話題が確定するのを遅らせたり、セラピストが述べたことを本人に簡潔にさせたり、詳細にさせたりする。

《クライエントが応答を教示する》　クライエントは情報を提供したり、自分の観点を裏づけるデータや意見を提示したりする。クライエントはセラピストに、クライエントとしての権利であることを伝えるような形で、自らのニーズや要求を話す。クライエントが推し進めていることの妥当性や一般的な容認度を強調するのである。

《クライエントが応答を求める》　ここでの特徴は、クライエントの感情やニーズにかなり重点が置かれるところである。したがって、個人的で急務になりがちである。以下に典型例をあげる。

C33：この頃、とてもみじめです。気分を楽にしてくれませんか？（すすり泣く）誰も助けてくれなければ、私はこれ以上何もできないでしょう。

C34：ちくしょう、あんたはそこに座って、私から金を集めているだけじゃないか！　あんたはその金に見合ったことを何一つしてないよ。なぁ頼むから、その偉そうな椅子から降りて、何をすべきか言ってくれないかね？

C35：前回あなたが言ったことで、私はものの見方がすっかり変わりました。それが私にとってどれほど意味があったか、言葉にすることもできません。あなたには物事を見るすばらしい目があり、私にもそのように見ることができるようにと援助してくれるので、私はあなたの支援を得られたことをとても幸運に思っているのです。あなたをおだてているわけではないですよ、本当に。それで、今日も、母親との全体的な状況に関して、同じことをしていただきたいのです。そのことで何をすべきか新しいアイディアをいただきたいのですよ。私はあなたがそのように援助できると知っているのですから。

注意の言葉

セラピストにとって、クライエントの圧力の使い方に気づけるようになることがいかに重要であるかを述べたが、セラピストが自分自身の取り組みに際してある程度の観察力を身につけ、圧力のスケールを使いこなせるようになるまでは、クライエントの圧力の観察は控えておくことをお勧めする。そうなる前に、セラピーを進めながら圧力の観察を行おうとすることは、混乱を招いたり、真のセラピストの存在を失わせることになる。

サイコセラピストの道程

私が初めてクライエントにセラピーを行った経験と、カール・ロジャースの*Counseling and Psychotherapy*（カウンセリングと心理療法）と題した、私にとっては新しい世界を開くことになった本との出会いは同時期であった。本と経験が組み合わさって、私はこれまで未知であった人間の経験という一つの領域に早く気づくことができた。私はその名前を知らなかったが、それが通常目にしたり語られることのない人間の事柄であり、ちょうど効果的で友好的な会話が行われた後のジョーンズ一等兵の興奮状態（第三章参照）のように、予期せぬ効果をもたらす可能性のあるものだと感じた。

セラピーの「非指示的（nondirective）」アプローチに関するロジャースの最初の主張は、他のセラピストたちが指示的、すなわち独裁的であるとほのめかし、かなり論争的であった。独裁制に対する戦争のさなかにこの主張がなされたため、攻撃されたと感じた人々からすぐさま反撃を受けることとなった。その後、ロジャースはその敵対的な名称を破棄し、彼の考え方を「クライエント中心型の（client-centered）」という、いくぶん刺激に欠ける名称で呼ぶことにした。もちろん、この名称でも、ロジャースの信条にあわない人たちを「カウンセラー（またはセラピスト）中心型」であるとほのめかしているが、論争への熱は冷め、この名称が存続することとなった。

ストーンは、一方の端にロジャースが、もう一方の端には彼の声高な反対者が位置づけられる指示性の連続体の存在を示唆した最初の一人であった。クライエントにセラピーを行う経験を重ねていくにつれ、ストーンの見方はまさに私自身が観察したことと一致するようになった。

私は、人間の尊厳と自律を重視するロジャース派に執着していたが（今も執着しているが）、そしてクライエント中心型の応答をし続けているが、臨床実践から、ほかの治療手段が必要なクライエントもいるということを学んだ。私が引き受けるクライエントの範囲が広がるにつれ（特に、大学程度以下の知識があまりない人たちが含まれるようになるにつれ）、私は基本的に内省的なロジャース派の姿勢が、ある種の人たちにはあまり影響を及ぼさないことに気づいた。また、最も高潔なクライエント中心型のセラピストでさえ、自分たちのセラピーに際してほかの側面（考え方）を取り入れていることを知った。（私は、昔のロジャース派というものはもはやないと確信している。ロジャースの名誉のために言っておくが、彼自身も絶えず初期の形を超えて成長していたのだ）

このような経験から、自分たちの会話にもっと親密さを出すことで、クライエントが主観性に深く入っていく援助ができると、私は信じるようになった。しかし、どのような形態で親密さを出すかが非常に重要で、それはたえず進化している。

今から思えば、それは最初、父性的で、クライエントのケアに過度にのめり込むという形態をとった。時間や支払い、予約に制限を設けることは非人間的に思われ、一日中、寛容になっていた。しかし悲しい経験によって、このような流れでは真の治療とは言えないことを思い知らされ、しばしばかなりの依存状態、不可能な要求が増えることとなった。それは時間的にも、金銭的にも、希望という点においても、コストのかかる教訓であったが、価値のあるものでもあった。そして私は、制限を設けることが重要であり、治療的であり、人間的であり、私のセラピストとしての存続に不可欠なものであることを認識するようになった。制限に伴い、より有能な、お手本となる聞き手となる必要性が出てくる。反応の範囲を、最も受容的なものから最も要求的なものまで認識できるようなったのは、面接室で何千時間という時間を費やしたからである。

私は、ＵＣＬＡ（カリフォルニア大学ロサンゼルス校）で教えていた頃、面接のスキルを研究するためにいくつもの補助金を得ていた。研究アシスタントと私が調べていた最初のスキルの一つが、この対人間圧力（当時、私はこれを「指揮（leading）」と呼んでいた）のスケールであった。私たちは明確に五十七種類の圧力を識別できることを発見し、しばらくの間、それを「ハインズ」スケールとして考えた。

日々、面接室で過ごし、新米セラピストを教えたり、指導していくなかで、私はこのスケールを芸術的に使いこなすことの重要性を知った。クライエントが自分の人生に向き合えるよう、また自分の内的経験にもっと入り込んでいけるようにするために、いかにこのスケールが役立つかがわかったのである。

私が最初にこのスケールに取り組んだ頃、「内的経験（inner experiencing）」とは、主に意識的な考えや感情を報告することを意味していた。その後、私がこの領域の側面をさらに理解するようになるにつれ、ハインズスケールのさらなる重要性が明らかになったのである。

第Ⅲ部

主題のガイダンス

第5章 話題の対応

自分の感受性とスキルを磨こうと思うのなら、自分の仕事に必要な要点と過程を明確にするための言葉が必要である。本書で提示されている用語は本質的な法則の発見というわけではないが、役に立つヒントではある。このような便利な参考概念を、私は「対応性（paralleling）」と呼んでいる。

話題の対応とは、話し手――セラピストもしくはクライエント――が相手が直前に話したことと本質的に同じ主題を扱う度合いに、単に比較し注目することである。以下の章で示すように、対応性とは、単に話し合われている明白な内容に注目するということよりも、もっと広い概念であるが、このような見解を理解し、発展させる上で重要かつ強力な出発点である。

この章では、話題の対応の四つのレベルを示す。その四つとは、同じ話題にとどまること、話題を次の論理的な段階へ展開させること、直前の反応の主な主旨を完全に放棄するのではなく、そらすこと、主題をまったく変えてしまうこと、である。

経験のないサイコセラピストが最も頻繁におかす失敗は、話されている内容に関わりすぎるあまり、そこで生じている実際の核心部分を見逃してしまうことである。いくぶん経験があり、先のような失敗について認識しているセラピストが最も多く起こす失敗は、話の内容に関心をもたず、注意せずに話を進めさせ、そこで起こっていることの多くを見逃してしまうことである。自分はうまくできそうにないですって？　できますとも。しかし、幸いにも、私たちは勝利するためにこの作業の渦中にいるわけではない。芸は競うものではない。それは継続的な成長なのである。芸術家が技を習得したと思うやいなや、本人の成長は止まり、芸術家であることもやめることになる。真の芸術とは、知られていることの隅のほう——危険な居場所、作業をするには刺激的な場所、主観的に生きるには継続的に不安定な場所といったところ——でしか見出されない。

この章と次の三つの章で、セラピストが話の内容に注目することと、それを支える会話の過程に対する認識とのバランスがとれるよう、技術的に援助できる視点について教示する。

「対応性」の概念

対応性とは、療法上の会話の中で取り上げられる内容についての一つの考え方である。それにより、内容を十分に理解するための視点、そして、クライエントの意図やクライエントとセラピストとの関係の健全さ、予測される話の流れなどについてのヒントを作り出すような面接によって話を展開するための視点が得られる。

暗示を与えることにどのくらい注目すべきか

主題の指標について話しているとき、私たちが主に、といっても絶対にというわけではないが、注目するのは、二人の話し手によってオープンに、明確に話された内容である。ここでの私の考えはルールに則ったものではなく、対応性について考える際、何を考慮すべきか・すべきでないのかを狭義的に定義しているわけではない。クライエントが経験している内在的なものがかなり明らかである場合、もちろんその要素を考慮すべきである。経験が示すものは、文字どおり明確にすることから微妙に推理することまで、いくつかのレベルにわたって観察法を用いるだけの価値がある。私たちがスケールの末端まで（クライエントに）働きかけているとき、対応性は最も役立つものとなる。そのほかの面（例：第九章にある客観性から主観性）は、内在的なものにより多く注目する場合に便利なものである。

言葉に発せられない意味が含まれたり、察せられる場合もあり、セラピーの作業にとって実に重要となる場合もある。しかし、ここでは意味が明らかな場合、つまりクライエントが泣いたり笑ったり怒ったりなど、内的な経験を完全に表出している場合（とはいえ、そうであると断定できないが）のみを取り上げる。もっと微妙な面については後の章で取り上げることとする。いくぶん逆説的であるが、対応性という視点から観察しようとする上での制限によって、応答での言いまわしがクライエント‐セラピストのやりとりの比較的微妙な要素にどのくらい影響を及ぼすのかを検討することができるのである。

私たちは主題の進展について話すとき、二人の参加者の類似点と相違点を扱う上で導入される系統的な概念を用いる。つまり、互いにどのくらいうまく「対応」しているか、ということである。ここで、このような過程を説明するために、セラピーでの会話の場面を示そう。

場面5-1

クライエント（C）：ハリー・フォーダイス、セラピスト（T）：ドロシー・テイラー

C1：ビルとは十五年のつきあいで、これまでいろんなことがあった。けれど、信頼できるヤツと言えば、やっぱり彼だよ。

T1：ビルはあなたが頼れる唯一の人なのですね。

C2：まさに！　つまり、おわかりのとおり、僕にはたくさんの友達がいて、なかにはすごくいい飲み仲間もいる。でも、ビルはそいつらとは違って、それ以上の人間なんだ。

T2：彼はただの良き友達というわけではなく、なんと言うか、あなたにとって特別な存在なのですね。

C3：そうです。彼のような友達がもっといたら、と思うよ。職場の人たちもそんな感じで…つまり、彼らはいい人で、本当に友好的で完璧な人もいるけれど、彼らはちょっと…、わからないけれど、私の性には合わないんですよね。

T3：職場の人たちは全般的にいいけれど、あなたが心から打ち解けられるような人たちではない、と思うのですね。

C4：ええ、そうです。彼らのうちの誰かとハンティングやキャンプに一緒に行きたいなどとは思えない。（間）おそらく新入りの秘書以外は（笑）。だけど、彼女のだんなに邪魔されるだろうけれど。

T４：（微笑んで）ええ、たぶんそうなるでしょうね。あなたの奥様はその考えにどう反応されるでしょうか？

C５：（笑いながら）首をつかまれちゃうだろうね、きっと。だけど、私は間違いをおかさないし、遊びまわるような人間でもない。妻は私には申し分のない女性ですよ。

T５：そう、わかりました。では、職場の人に考えを戻しましょう。あなたはまだ上司のことについて何もおっしゃっていませんが、どんな人たちなのでしょうか？

C６：ああ、彼らもいい人たちですよ。バド・スペンサーってのは、私がだいたいいつも報告をする相手なのだけど、すばらしい男ですよ。自分の仕事がわかっているし、誰に対しても公平であるよう努めている。

T６：スペンサーはいい人ということですが、どういうわけか、あなたは彼について熱のこもらない話し方をしていますが。

C７：ええ、そのとおり。彼に悪いところはない。それはわかっている。だけど彼は、私が本当に近しい間柄になれるような人間ではないんだ。

T７：どうしてそのように思うのですか？

C８：まぁ、正直に言えば、私にもわからない。私たち二人が一緒に地獄へ行くなんて想像できないからね。なんだか、彼は私の好みからすると少々お堅いんだよね。

T８：あなたはたまに羽目をはずせる相手が好きなので、彼はそういうタイプじゃない、ということですね。

C９：そのとおり。私がやっかいな問題を引き起こしているといった感じに思わないでほしいな。ただ、一週間の仕事が終わって一息つこうとしているところで、ちょっと気を引き締められるみたいな感じなのさ。わかるだろ？

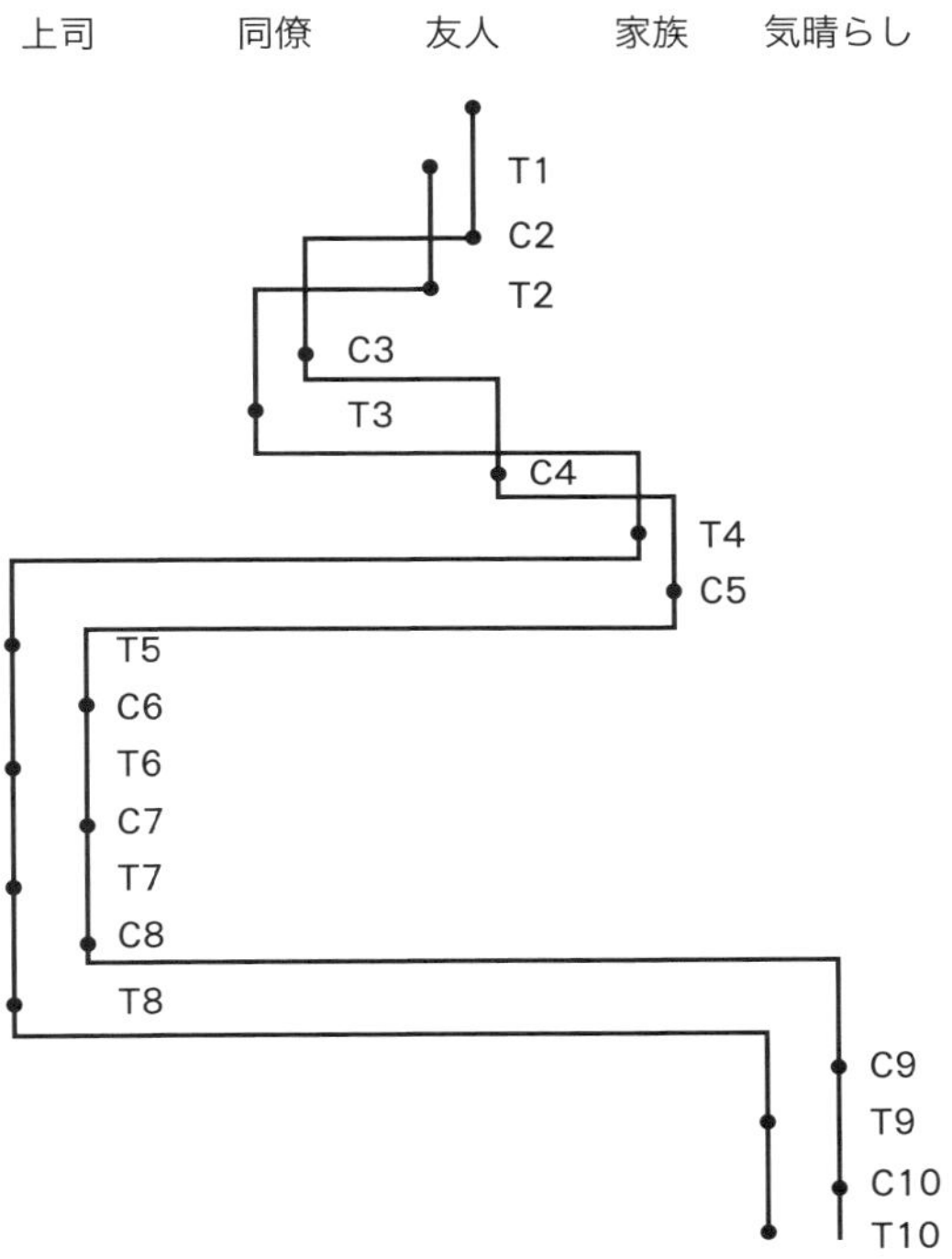

図5-1　対応の概念の例

T9：わかったかどうか確かではありませんので、もう少し話してください。

C10：う～ん、だからね、町外れのパブへ行って、仲間とちょっと一杯やるんだ。少しカードゲームをしたり、車の話とかをしたりもするさ。ほんのちょっとしたことさ。

T10：あなたは、自分がそんなに大きく羽目をはずしていないことを強調しているわけですね。

図5-1は、会話の参加者たちが互いにどのように対応したり、しなかったりするのかを図式化してい

る。クライエントの反応から次の反応へ、セラピストの反応から次の反応へとつながっている線を見ると、両者の最初の反応が並んだままであるのがわかる。二つの線はずっと平行（対応）している。その後、クライエントは主題を「友人」から「同僚」へと変える（C３）。セラピストはその新しい話題についていく（T３）。これを私たちはセラピストがクライエントに対応している状態と言っている。次に（C４）、クライエントは主題を「友人」に戻すが、このときセラピストはクライエントの話の流れを軽く了承しながら、焦点をクライエントの妻のほう（つまり「家族」）へもっていく（T４）。そしてクライエントがセラピストに対応するが（C５）、今度はセラピストが「上司」へ注意を変え（T５）、それぞれ三つの反応でこの話題に対応する。最後に、クライエントは自分の好きな「気晴らし」の仕方といった話を持ち出し（C９）、セラピストはその話題についていく。

さて、「対応性」という言葉が、幾何学的に平行する反応パターンの範囲を示すために用いられることがおわかりになったであろう。ちょうど、私たちが乗り物の「スピード」と言う場合、時速一マイルにも満たないノロノロしたものから、ジェット機の超音速速度のものまでを意味するように、あるいは、私たちがクライエントが「信用問題」を提示していると言う場合、実質的には信用の欠如について考えているように、対応性という場合、その名称は文字どおり連続体の片方だけを指すのではなく、連続体の全体を指すために用いられるのである。

《先の対話はよいセラピーであったか？》　クライエントがなぜここにいるのか、この対話が第一回目の面接であったのか、十五回目であったのか、一一六回目であったのかわからないため、また、責任のある判断を下す上で知っておく必要のあるものがほかにも多くあるため、私にはよいセラピーであったかどうかはわからない。この対話が初めてのクライエントとの面接で、クライエントがまだセラピーを受けた経験がなく、ここにいることに不安を感じている場合、セラピストが面接の終わりで比較的強く推し進めているとはいえ（T10）、この対話はうまく行っているように思われる。もしこれが同じクライエントとの十五回目の面接であるなら、いまだに接触維持の段階（第二章参照）であることに少々落胆するだろう。この例では、私のやり方であれば、少なくともクライエントの取り組みを標準レベルにまで押し上げられるようにするために、秘書やクライエントの妻を引き合いにして（C4、5）冗談を言ったりすることはない。

「対応性」の意味について

私が「対応性」という用語を用いるのは、一方の話し手――セラピストもしくはクライエント――が会話の中で先の話し手とほぼ同じ話し方で、どのくらい話の内容を文章化しているのかを示す場合である。彼らが同じような話し方で、同じ内容について話している場合、「対応している」あるいは「互いに対応的である」と言える。また、あまり同調していない場合、そのような会話はほとんど対応していないと言える。

先に述べたように、対応とは、療法での面接の概して好ましい態度とか好ましくない態度を指すわけではない。それは単に、二人の話者の作業を遂行する方法を深く理解するために検討される側面にすぎない。いくつかの点で、主にセラピストにとって対応性を維持することが役に立つ場合がある。たとえば、作業の初めの頃で、クライエントの問題に対する見方や提示の仕方にできるかぎり立ち入らないようにしようとする場合である。また、別の点で、セラピストが著しく対応性から離れたいと思う場合がある。それは、クライエントが黙り込んで繰り返し反発し、それを絶ち切る必要がある場合である。

明らかに、会話の目的が異なれば類似性の度合いも変える必要があるが、同様に、セラピストはどのくらい自分と相手が調和しているのか、対応性が自分たちの目的にどのくらいかなっているのかを知ることが重要である。

《セラピストに対応しているクライエント》　注意深いセラピストであれば、二つの方法で対応性の側面を用いる。①すでに説明したように、作業のニーズにあわせて自らの情報入力を調整する。②それと同時に、クライエントの参加度を観察し、セラピストのパターンと言語的に一致している度合いの増減に注意を向ける。実践では、この有効な行動はどちらも本人の前意識に大きく委ねられ、大きな変化が生じたり求められる場合にのみ焦点をあわせて意識することになる。

《対応性へ注目すること》　対応性のパターンに気づくことによってしばしば、それらが別の形で現れる前に、会話でのターニングポイントを感じ取ることができる。このようなクライエントの参加の傾向を早期に知らせる手がかりによって、セラピストの直観は促され、表面に現れていないが慎重に考慮する必要のあるもののヒントを得ることができる。たとえば、クライエントの引きこもったり抵抗したりする衝動の予兆は、クライエントの対応的な参加が減ってくることによって示される。逆に、反抗的なクライエントがセラピストの話に大いに同調して話すようになってきている場合、しばしば対立が軽減される予兆となる。

対応性を慎重に用いることによって、セラピストは望ましい方向へ会話を誘導しながら低姿勢を保つことができる。これは、特に深く関わっているクライエント（「臨界状況」のレベル）との関係で、内的な焦点を混乱させたくないと思っている場合に役立つ。このようなとき、対応性の側面を微妙に調整することによって、クライエントの関与を保ちながら、療法のプロセスに大きな影響を及ぼすことができる。

話題の対応

会話におけるハンドルさばき

経験のない者にとって，会話の明確な内容は唯一の重要な要素である。しかし，成熟するにつれ，会話の内容が決して些細なものではないが，たった一つの重要な側面ではないということを認識する。意味とは，コミュニケーション全般にとって，またとりわけ心理療法にとって，究極の通貨（流通物）である。意味には内容とプロセス，そして目的が必要であり，本質的なメッセージを保持するためにそれらがうまく微妙に交じり合わされるのである。

おおざっぱに譬えると，セラピーでの面接における話題の対応は，車のハンドルに似ている。つまり，車をどこへ動かすかを誘導する直接的な方法であり，ハンドルも会話の内容も，私たちが行こうとしている場所へ連れていくエネルギー源にはならないし，そのためには両者にはほかの作用が必要となる。運転がもっとうまくなれば，ほかの要素——スピード，ブレーキ，道路の傾斜面——などを使って，効果的に円滑に導く能力が高まる。セラピストとしての経験をさらに重ねれば，同様にほかの側面（本書で述べている要素）を用いて，効果的に円滑に療法を進められる。これを十分認識したら，次はハンドルと話題の対応性の核心的な価値を認識する必要がある。

この操縦機能を，この章の初めにあげたクライエント（場面5－1）に戻って説明しよう。あの場面は，セラピーの初期段階の典型例である。それでは，その数か月後のセラピーを見てみよう。

場面5-2

クライエント：ハリー・フォーダイス、セラピスト：ドロシー・テイラー

【面接が始まって二十分が経過した。ハリーは今、十六歳の娘に対する怒り、不満、絶望が繰り返される感情の渦中にいる】

C11：ドロシー、うちの娘は私をやっかいな壁に突き当てようとしているんだよ。彼女はやさしく話しかける人間なら誰でもすぐに信用してしまうのに、私を信用しない。私が彼女に話しかけよう、冷静になろうとしても、彼女はまったく相手にしないんだ。あの子を懲らしめたくなるが、妻はこう言うんだ。もし私が彼女を懲らしめれば、彼女は児童虐待されたと通報するだろう、と。なんてこった！　どうすればいいんだ？　ただそばに突っ立って、娘のマリファナ漬けの荒廃した生活を見ているだけだなんて。ほかにどうすればいいのだ。

（ここで、セラピストの応答として次の四つが考えられる）

T11A：娘さんが深刻な問題に巻き込まれたり、人を信用しすぎて傷つくのではないかと、ものすごく心配されているのですね？

T11B：ほかにどうしようと考えたのでしょうか？　つまり、彼女に折檻するという以外に。

T11C：娘さんはこれまで、人を信じすぎて実際に嫌な経験でもしたことがありますか？

T11D：ほかのお子さんとは何か問題はありましたか？

おわかりのとおり、この四つのセラピストの反応は、直接に対応しているところ（T11A）から話題を大き

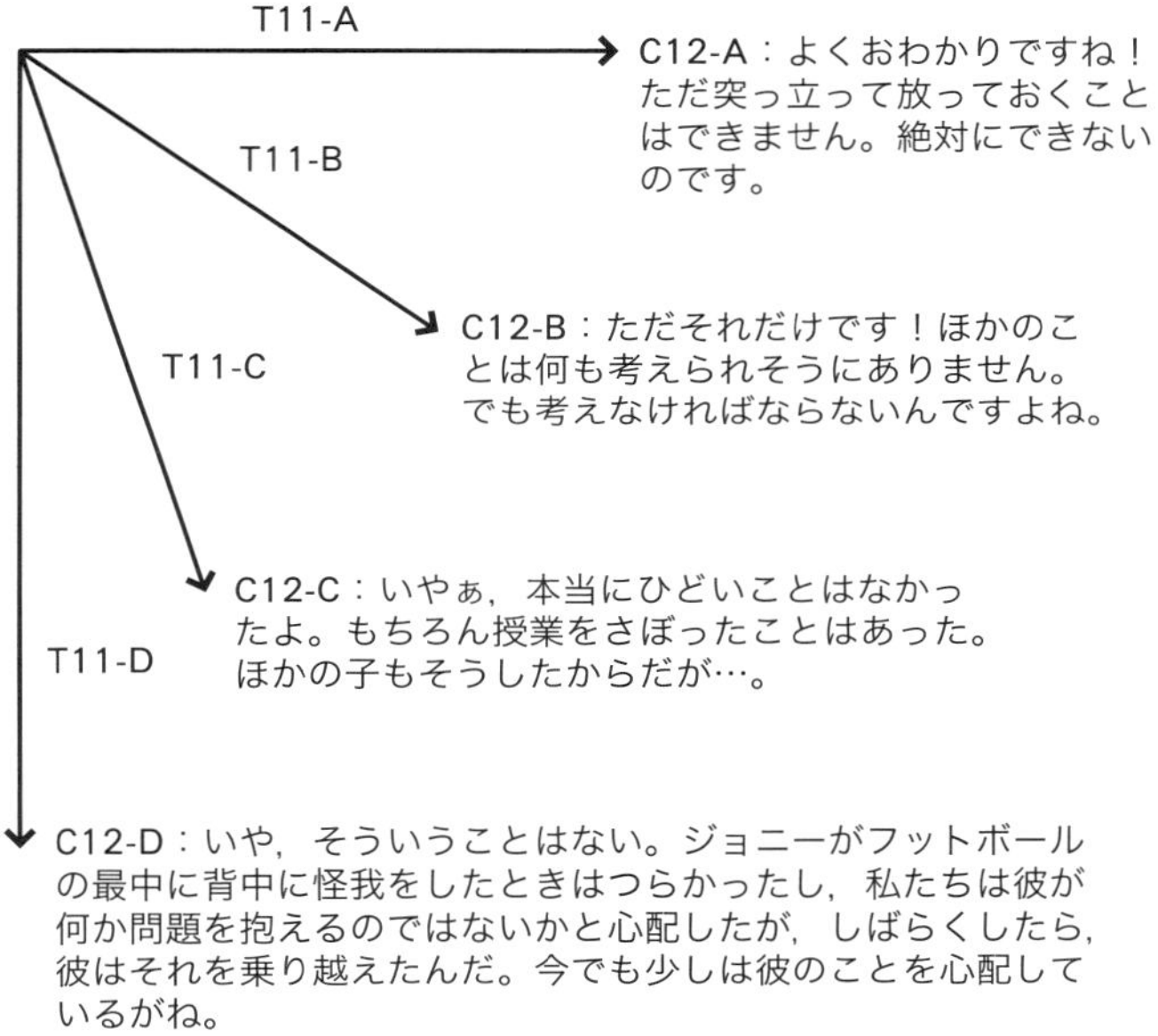
T11-A
C12-A：よくおわかりですね！ただ突っ立って放っておくことはできません。絶対にできないのです。
T11-B
C12-B：ただそれだけです！ほかのことは何も考えられそうにありません。でも考えなければならないんですよね。
T11-C
C12-C：いやぁ，本当にひどいことはなかったよ。もちろん授業をさぼったことはあった。ほかの子もそうしたからだが…。
T11-D
C12-D：いや，そういうことはない。ジョニーがフットボールの最中に背中に怪我をしたときはつらかったし，私たちは彼が何か問題を抱えるのではないかと心配したが，しばらくしたら，彼はそれを乗り越えたんだ。今でも少しは彼のことを心配しているがね。

図5-2　話題の対応の4つのレベルを表し，4つのセラピストの介入それぞれに対する患者の考えられる反応を対比させている

く変えているところ（T11D）まで範囲が広い。図5-2はそれを図解したものであり、会話の方向性に及ぶ可能性のある影響を示している。

表5-1はこの四つのレベルを明確にしたものであり、この章の最初に抜粋した面接からほかの例をあげている。

《注意》 声の抑揚や言葉遣いを変えてこれらの反応を読みあげれば、レベルを変えることになるということを認識することが重要である。確実に、読者はほかの位置づけが考えられることを見出すだろう。もっとも、当然、可能性が無限にあるのに、位置づけを四つのレベルでのみ認識することは便利であるが、まったく恣意的である。このような格づけは、私たちの感覚を磨く上で価値のある、生きた指針であ

表５－１　対話題の対応の４つのレベル（数字は場面５－１の反応を参照）

対応：T11A　話し手は，その前の話し手が中心的に述べた話題とほぼ同じ領域にいる。
その他の例：C（なし）。T1，2，8，10。

発展：T11B　話し手は，その前の話し手が中心的に述べた話題と相対的に同じ領域にいるが，論理的に次のステップとなる新たな要素を取り入れて，話題を発展させている。
その他の例：C2，5，6，7，8，10。T6，7，9。

分岐：T11C　話し手は，先の話し手が中心的に述べた話題にいくぶん注目しているが，焦点や強調点を変えた素地を作っている。このような変化は会話を思いもよらない方向へもっていく可能性がある。
その他の例：C3，4，9。T4，5。

変化：T11D　話し手は，その前の話し手が中心的に述べた話題をまったく無視，あるいはその話題にほとんど注視を払っていない。話題を大きく移行させている。
その他の例：なし

るが、明確で客観的な尺度として用いるものではない。

《話題の対応と会話のレベル》 クライエントは明らかに深く巻き込まれており（「臨界期」レベル：C11）、同様に、図５－２に示されているように、明らかに四つのセラピストの反応は、クライエントの没頭状態をどのくらい妨げようとするものなのか、という観点から計られている。大きな例外はもちろんあるが、一般的に、クライエントの没頭状態は対応性を維持することで促進される。にもかかわらず、深層心理療法では重要な、ときには決定的でさえある接点があり、そこではセラピストの責任は対応性を破ることにある。これについては、後のページでさらに述べることとしよう。

療法での面接への適応

以下にあげた例は、療法での典型的な面接を再現したものである。ここでは、療法でのおびただしい数の問題点と手順を、適度な量で示すために簡約化している。セラピストは必要以上に能動的になるため、この例は理想的な療法での作業ではない。しかし、対応性についてさらに知る上での参考になる資料である。

場面５‐３

クライエント：ダレル・ベネディクト、セラピスト：ジーン・マーシャル

Ｃ１：また起こったんですよ。あの同じイヤなことが。

Ｔ１：うーん。【対応】

Ｃ２：私が以前に話した新しい女性のことは覚えていますよね？　図書館にいたブロンドの髪の。【発展】

Ｔ２：覚えていますよ。【対応】

Ｃ３：それで、勇気を奮い起こしたんだ。彼女に近づいて、ちょっと話をして、ついにはコーヒーでも飲みに行こうと誘ったんだ。【発展】

Ｔ３：ふん、ふん。【対応】

Ｃ４：彼女はいいよと言ってくれたので、喫茶店へ行きました。コーヒーとケーキ、タバコとおしゃべり。何もかもいい感じで、うまくいった。と思うでしょ？　とんでもない、うまくなんかいきやしない。どうして彼女は私について来たんだ？　なぜ？　私をなめていたんだ。イイ気分にさせてやったのに。【分岐】

Ｔ４：怒っているのですね。彼女に対して、あるいは何かや誰かに対して。【分岐】

Ｃ５：そう。怒っているさ。だけど、本当は彼女に対して怒っているわけではなく…。たぶん自分自身に対してだろうね。どうして私は図々しいのだろう？　どうして望みをかけてしまうのだろう？　まったくバカな

奴だよ。私は愚かな奴だよ。【変化】

T5：望みをかけようとすると、傷つくことになるのですね。【対応】

C6：そうです。以前と同様の流れになるわけです。何度も何度も。望みをかけることにも疲れたし、挑戦することにも疲れました。そして、誰かといい関係になりたいと思うことにも疲れましたよ。何もかも地獄さ。【分岐】

T6：何もかもあきらめたいと思っているのですね。【発展】

C7：そうです。いや、本当はそうではなく、違う形になればいいなと思いますよ。一度でいいのです。たった一度だけで。こういう人を見つけたいんだ、つまり…。【分岐】

T7：どういう人かしら…。【対応】

C8：(エネルギーがなくなって、うつむく)。わかりません。どっちみち、そんなこと考えて何になる？　そんなこと起こりっこないさ。変わらないさ。【変化】

T8：今までどおりのことが起こり続けるような気がするのですね。【変化】

C9：ここに来るようになって、もう三か月になりますが、自分は何も変わっていないのです。これからは別の方向性へ行ったほうがよいと思いませんか？【分岐】

T9：私たちが進歩していないように感じるのですね？【対応】

C10：そうです。そうではないですか？　何か変わったことはありますか？【分岐】

T10：あなたの人生なのですよ。だから、大切なのはあなたの見方なのです。【分岐】

C11：わかっていますよ。私には何も起こっていないように思えます。

Ｔ11：それで。【対応】

Ｃ12：だから（我慢できない様子で）、とにかくあなたには何がわかりますか？【分岐】

Ｔ12：あなたがどれくらい事態を変えたいと思っているのかがわかりますし、どれくらいそれらが何にも変わっていないと思っているのかもわかります。【発展】

Ｃ13：それで、変わったってわけ？（挑戦的に）【発展】

Ｔ13：ダレル、あなたがここへセラピーを受けに来ているときは、あなたは自分にとって大事なことにもっと打ち込めていると思いますよ。確かに、あなたが感じられるほど、ここ以外の場所ですぐに効果は現れませんが、重要な第一歩なんですよ。【分岐】

Ｃ14：わかったよ。私にとって大切なことにもっと打ち込めってことだね。だけど、私にとって大切なことというのは、ここではなく、ここ以外の場所で事態が変わるってことなのです。【発展】

Ｔ14：あなたは事態を変えたい、そう言い続けているわね。では、その事態って何ですか？【分岐】

Ｃ15：あなたはご存知のはずですよ。【変化】

Ｔ15：それは言い逃れよ、ダレル。どういうつもりなの？（力を込めて）あなたは何を変えたいのですか？【変化】

Ｃ16：だから、自分が女性と長続きする関係がもてないように思えること。それと、彼女たちはみな、最初は私のことを好きになるのに、その後すぐに、忙しすぎて会えないと言うこと。誰もが私に対する関心をなくすから、自分にひどい口臭があるんじゃないかと思ったり、まるで自分が火星から来た生物のように感じたりするのさ。（間）あなたとは違うのに…違うのに…私は彼女たちにお金を払って…。【発展】

Ｔ16：自分と一緒にいてもらうために、あなたは私にお金を払う必要があるのですか？【対応】

C17：ああ、わかっているじゃないですか。（穏やかに恨みがましく）私がお金を払わなければ、あなただって私には会わなかったでしょうに。【対応】

T17：だから？【対応】

C18：じゃぁ、会いますか？

T18：率直に言えば、わからないわ。実際に私たちがいる状況とはまったく違うわ。状況が違えば、そのときどう思うか、考えてみなければいけなかったでしょうね。【発展】

C19：それも言い逃れですよ。【分岐】

T19：そうですね、ある意味ではね。だけど、これは「事態」から焦点をそらしたり、私が何をするか・しないかに目を向けたりする代わりに、あなたの中で何が起こっているのかをあなた自身に直視してもらうことでもあります。【分岐】

C20：あなたは、私があなたについて話すことをすべてに言い逃れをするんですよね。【分岐】

T20：そのように思えるのですね、ダレル。あなたにとって自分自身のことを見るのはつらいことです。自分以外のことに何度も何度も目を向ける必要があるのでしょう。けれど、それによって、あなたは他人との関係に無力を感じることになるのですよ。【分岐】

C21：（吐き捨てるように）ああ、わかっていますとも！【対応】

T21：今日、あなたは私に事態を変えさせたい、自分が思っている以上のことを私から求めたいという思いから、私に対してイライラしていますね。けれど、そういった感情を直接表出することはあなたには大変なことでしょう。【発展】

C22：本当にあなたに対して怒っているわけではないですよ。【発展】
T22：自分の感情をもっともなことだと感じるには、「本当に怒る」必要があるのですか？【分岐】
C23：それが、正当だと思える唯一の方法なのかもしれません。【対応】
T23：それでは、他人に服従するか、関係を終える心構えをするかのどちらかになります。それはどちらも嫌な選択だと思います。【分岐】
C24：（反射的に）ええ、確かにそうです。【対応】

セラピストによる話題の対応の使い方

この二人が作業を共にした三か月間、クライエントは、社交性はないものの、その時点で主観的に、感情的に最も差し迫った事柄を表出しながら、面接を進めるようになった。今日の面接でも彼は感情を露見させたが、セラピストはそれを穏やかに、高い対応性という形（T４と５）で受け止めている。セラピストはダレルが基本的には同じテーマであるが、話題をコロコロ変えながらすばやく話をしていることに着目している。それはつまり、今のところ話された内容がクライエントにとっての本当の問題ではないということである。

この間、セラピストはダレルがどのくらい自分の問題に直面し、真摯になっているかを把握しようとしている。この面接でセラピストは制限時間にならないよう時間を確保しながら問題を消化しようとしているが、このような場面は、ほとんどの場合において長引いてしまうものである。

ここで明らかなことはクライエントの怒りであり、無礼で抗議のようですらある。そしてその怒りは外での他者との関係における力の置き方に向けられている（特にC４）。彼が図書館で出会った女性と何が起こったのかを言っていないことが重要である。おそらく、セラピストもほのめかしているように（T４）、その女性がクライエントの最も気にかけていることではない（C５）からであろう。

次に、ダレルは自己非難を軽く表出しているが（C５と６）、これは実際には自分自身の責任を負うことの代わりとしてなされている。このことは探る価値があるが、クライエントは自分の不幸な経験を内省するほどには事態に関わっていないように思われる。クライエントが自分の苦悩の源について話す際、それがいかに非人間的で、形式的なことであるかに注目されたい（C７。その後、クライエントは指示語を用いている）。セラピストは対応性を保ちながら、クライエントに話を続けさせている（T５から８まで）。セラピストがもっと能動的な役割をとる前に、クライエントがちゃんと聞いてもらえていると思えることが重要である。

やがてクライエントはこの面接で、自分の情緒的エネルギーの真の焦点に到達しつつある（C９）。クライエントがセラピストを非難したいと思っているのか、面接の過程の中でこのような感情が意識されてきたのかはわからない。重要なことは、このような防衛状態が主観的なものとなっていくにつれ、クライエントが話題に対応するようになってきていることである。おそらくこのセラピストは、クライエントが不平を言いたいと思うようなタイプの女性なのかもしれない。

セラピストはこの場面の最終段階で、よりアクティブになっている。彼女は何度も「分岐」的な反応を用いて（T10、13、14、19、20、22、23）、ダレルが自分の感情に目を向けるよう促している。このようなやり方は、羊の群れのまわりを駆け回って、力ずくで柵の中へ追い込もうとしている牧羊犬を思い出させる。その効果は彼の二十三回目の反応を見れば歴然としている。つまり、ダレルは十七回目の反応まで一度も対応していないが、残る七回のうち四回の反応が対応している。反対にジーンは、最初の十一回の反応のうち、八回がクライエントの反応に対応しているが、次の十一回では二回しか対応していない。これは、ここで出る必要があると感じたときに出るというやり方で会話を操ろうとしている、セラピストの多大な努力が顕著になっているのである。

話題の対応についてのまとめ

クライエントから申し出された話題に対して、セラピストがどこまで同じ話題にとどまっているのか、また、セラピストの話す内容に対して、クライエントがどこまで同じ内容にとどまっているのかといった事柄は、心理療法的な面接の流れを観察したり、その流れに影響を及ぼしたりする上で、有用なものである。主題はクライエントが意識している問題である場合が多く、そのため、いつもセラピストはその点に注目する必要がある。しかし、取り上げられている話題によって、クライエントのもっと深く内在している主観性の別の側面を識別したり、そういった側面に影響を及ぼしたりする手段を得ることもできる。

サイコセラピストの道程

心理学の最初の課程には失望したが、大学院課程では幸運だった（ジョージ・ピーボディ・カレッジとオハイオ州立大学）。大学院課程は主に慈悲深く献身的な教師らによって指導されていた。彼らは学生に気を配り、人に対する思いやりをもっていた。しかしほとんど例外なく、彼らは私たちの研究分野を、白いネズミであろうが、大学の二年生であろうが、人間であろうが、研究する対象を客観化させることに関係があるとみなしていた。つまり、これが科学の方法であり、真実を知る行程であり、知識の視覚化であった。

私が最初に受けた大学院課程の一つは統計学であり、その「苦難の道」こそ、現実への王道との評判であった［訳注：苦難の道（via dolorosa）とは、キリストが十字架を背負って歩いた道のこと］。そして最初の講義は、「存在するものなら何であれ、形をもって存在する」という言葉から始まった。この格言によれば、人生にとって重要なもののほとんどが非存在的なものとなってしまうではないか！と異を唱えるものは誰一人いなかった。このことはその時代ではあたりまえのことであった。喜ばしいことに今日では、そのような格言は真に歪んだ化石のようなものと認識されつつある。

心理学者として私が受けた教育は、その時代に典型的なものであった（一九四〇‐四八）。そこでは、発達、思考、知覚、学習、記憶といった基礎的な心理学的プロセスに重点が置かれていた。また、社会心理学や異常心理学、研究方法（もちろん統計学に重点が置かれていた）、心理テスト（唯一の標準的な尺度として。陸軍病院で私は、新しい投影検査法――ロールシャッハ、主題統覚検査とベンダー・ゲシュタルト――を加えた）なども含まれていた。

児童心理学の授業で、少しばかりカウンセリングについて述べられたが、心理療法という言葉は一度も口にされたことがなかったように思われる。もし述べられていたとしても、ヨーロッパの心理分析家が行った不思議なことととして捉えられていたはずである。カウンセリングとは主に、理にかなったアドバイスをすることであり、生活環境への適応を支援することであり、努めて客観的になることであった。

ほとんど半世紀近く前の、あの時代を振り返ると、驚くことに私も教師たちも、私たちが片目でしか物事を見ていないということにまったく気がつかなかった。経験の内的世界について間接的に言及することも確かに時折あった。私が時々学校のカフェテリアで食事を共にした教授は、かつてこう述べた。「ブーゲンタール、人はカフェテリアでどのように食べるものを選ぶのか、と題した論文を書いてみてはどうだろう。私が観察したところ、人はまず全然欲しいと思っていない、たとえば、サラダとかから食べ始めるんだよ。そして、ひどいもんだとわかる。それで、次にサラダの代わりのものを選ぶんだ。それは私たちが通常なら回避するような肉だ。そこから坂道を下るように、新しいものを選んでいくんだ。まぁ、むしろいただけないものが山盛りになったトレイでは、とてもじゃないが好きなものなどないが」。その教授は冗談を言っていた。そのような内的な選択過程についての研究というアイディアが冗談の一部であった。それはどのように客観視できるだろうか？　残念ながらそれは…（さぁ、恐ろしい言葉を言ってごらん）…主観性ではないだろうか？　何を重要視できるのか？　どのように標準的な間違いを算出できるのか？

十九世紀は、科学的思考が優勢であった。客観性は主観性という罪からの唯一の救いであり、主観性は絶望的な湿地帯のようなものであり、そこでは感傷性と幻想が、身につけたいかなる真の知識をも破壊してしまうのであった。手ごろだが気まぐれな伝統である「パーシモニーの法」（『オッカムの剃刀』や『ロイド・モーガンの大砲』でも有名な法）が、神聖なる命令という地位にまで昇りつめた。多様性と複雑さを兼ね揃えた自然という放蕩者がいるにもかかわらず！（どうしてあんなに多くの種類の花が必要なのだ？）。擬人法の恐ろしさは、つまり主題をまるで人間のように考えるという恐ろしさは、新米に説教をするベテラン心理学者のお気に入りの訓戒話であった。

もちろん、私たちの教師たちの存命中に数々の驚異をもたらした科学の視点が、彼らにとって真実を明らかにするもののように見えたことは無理からぬことである。私も生涯のうちで、その種の科学の力が数多くの世界を変えているのを目の当たりにしてきた。自動車やラジオ、電話、電気、テレビ、飛行機、冷蔵庫、音声や映像を記録する機械などの一般的な使用や宇宙探索である。さらに、ＤＮＡの発見、原子核の分割、小児麻痺（ポリオ）の克服、大衆によるコンピュータの使用、ホログラムの発展などは、この影響力の比較的顕著な産物である。

私の博士論文は、自己と非自己、そしてそれらの相互作用を明らかに方向づける態度を判断するために、逐語的な心理療法記録にある数千の思考単位を検討することであった。その後、この「明瞭な分析」の方法を拡大して、さらに二つの論文を出した。それは、私が分析した記録の対象者の内的な経験を客観的に調べる方法として提案したものであった。三つの研究はいずれも、統計学的要素でいっぱいであった。それらの研究を今振り返ってみると、「それ以上のもの」を得るために当時有力だった科学の概念をめいっぱい使おうとしていたこと、そして明確なことをかなり深く掘り下げるにはあまりにも未熟であったことに気づく。

話題の対応性とは、この章で示したように、これまでの明らかな分析努力から直接派生したものである。実際、それは便利な道具であるが、私たちを主観性の入口まで連れて行ってくれるだけである。ほかの乗り物や私たちのかけがえのない直観が、もっと深い探検の媒介なのである。

第6章 感情の対応

話し合いながら、私たちは重要なことに注意したり、大事なことを伝えようとしたりする。そのためには、取り上げている話題を知るだけでは不十分である。重要なことを識別したり、態度を表したり、意図を明確にしたり、そのほかの療法的な面接に必要な作業を行ったりするためには、様々な手段が必要であり、そのような手段が存在する。そのような手段は、特にセラピーでは重要であり、クライエントの感情や情緒に対して多大な注意を向けるためのものである。

クライエントの話を聞きながら、セラピストはどのように返答するのかをすばやく判断しなければならない。すぐに評価すべき多くの事柄から二つだけ例を挙げると、どのくらい同じ話題を取り上げるのか、クライエントの感情についてすでに提示されていることに重点を置くべきかどうか、などがある。このような敏速で主に直観（と前意識）的なプロセスを促進させるには、閾下能力を発達させることである。閾下能力とは、重要な側面においてセラピストとその相手がどのくらい対応のパターンにそうのかという点に関して、その時点で何が起こっているのかに気づく能力のことである。そうすることが常に望ましいわけでは決してないが、起こっていることやその時点でどのような選択肢があるのかといったことに気づくことは常に望ましいことである。

この章では、クライエントの感情に対して、クライエントと同じくらい重視する点、クライエント自身よりも重視する点、あるいはクライエントほど重視しない点について述べる。

まずクライエントの自己表現から始めよう。自己表現は初回面接の中盤で生じている。ここで私たちは、セラピストがどのようにクライエントに反応しているのか、諷刺的に思い描くであろう。

場面６－１

Ｃ１：私はずっと運がよかったのです。少なくとも今の仕事においては…つまり、自分がしたいことなら何でもできる仕事を見つけた、という意味では。今働いているところの男性と私は同じ視点で物事を見ていて、そのことがとても嬉しいのです。以前、別のところで働いていましたが、そのような男性はまったくいませんでした。

Ｔ１：(話を遮って) 今、働いていらっしゃる会社の名前は？

Ｃ２：んん？　ああ、ジョーンズ&ブルーム・エンジニアリングです。といっても、私はドン・デイビスのもとで働いているのです。彼はブルーム氏の義理息子で、とても頭がいいのです。彼なら仕事を得るために、経営者と血縁関係にいる必要はありませんわ。だって、お得意さんは先輩たちよりもドンに連絡をしてきて、依頼するくらいなのですから。それが何か？

T2：いいえ。そこで働いてどのくらいになりますか？

C3：ええと、二年半くらいかしら。そうねぇ…、卒業した後の秋から始めて…。

この場面で間違っていることは何だろうか？　そう、多くのことが間違っている。最初に、臨床家は一体全体なぜそこにいるのだろうか？　このセラピストと思われる人物が行っていることはすべて、事務員でも紙とペンだけの質問表でも、かなり簡単にできることである。この質問者がクライエントについて単純な事実以外の何かを見つけ出したいと思うのなら、もっとクライエントの話に耳を傾け、もっと反応を示すことから始めるほうがよい。つまり、クライエントを観察するという意味からも、クライエントから話を引き出すという意味からも、感情への対応に注意を向ける必要がある。(クライエントの動機をチェックしているのだと臨床家が言い訳した場合、それは、人間を理解する方法に関して馬鹿げた考えをもっているだけでなく、真の療法的な協調関係の発展に与えるダメージにまったく気づいていないからである)

感情の場所

感情と観念の相互作用

かなり単純化すると、人が話す内容には気分的（情緒的）なものと観念的（認知的）なものとがあることがわかる。それぞれの総合的な分量には、もちろん幅があるが、どちらかがまったく欠如しているということはない。図6‐1にこの概念を表した。

まったく情緒抜きにしようとすると、たいてい、「今日は三月八日です」といった事実をそっけないものにしてしまう。このような簡素なアナウンスでも、イントネーションや身振り、顔の表情などで、明らかに隠れた感情、たとえば「なんとまぁ、もうこんなに月日が経ってしまったよ！」とか「ああ、よかった。締切りまでまだ二週間ほどあるよ」といった感じを出すことができる。同様に、まったく感情的な声明を考え出すことも難しい。「痛い！（Ouch!）」という言葉も、話者が何らかの痛みに驚いたというメッセージ以上のことはほとんど何も伝えていない。とはいえこれも、「やったぁ！（Yippie!）」とはまったく異なる言葉である。

感情の対応の重要性

感情に対応するということは、一方の話し手がもう一方の話し手と同じくらいクライエントの気持ちに注意を向けることを意味する。この定義において二つのことが重要である。つまりここで関心がもたれるのはクライエントの感情であり、すべての対応の形式がそうであるように、たえず直前の反応と比較されることである。

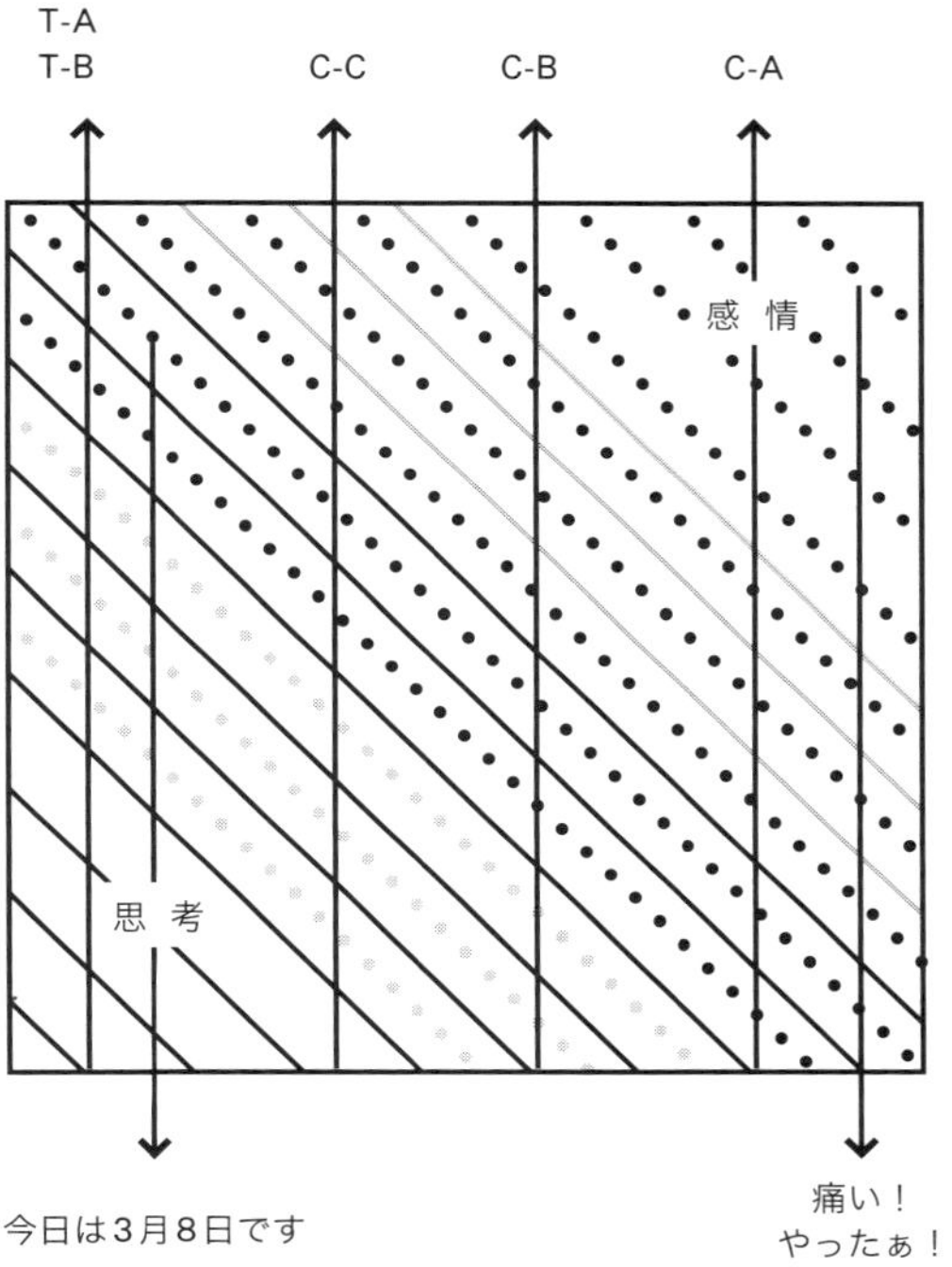

図6-1　人が話すどのような内容にも思考と感情の両方が存在する

先に諷刺された面接の臨床家は、相手を理解したり、相手に影響を及ぼす第一歩が、その相手の気持ちに共感することであるということを知らないようである。図6-1の上のほうに、セラピストがいかに事実的・観念的なものに重点を置き（TAおよびTB）、クライエントが気持ちを表出できないようにしているか（そして、しばしばクライエントを自意識過剰にしているか）を示した。クライエントの三つの反応（CA、CB、CC）は、クライエントの主観性を強く表出する状態（右側）からまったく感情を交えない状態へと移行している。

誰かと話していて、その相手を純粋に理解しようとしているとき、私は情緒的にその人に影響を及ぼしているもの、つまり相手が打ち明けたことや、私たちがじかに相互作用するなかで示されるものに注意を向けるよう意識を調整している。私は相手が私たちの会話にどのように適応しているのかを見ている。落ち着かない様子なのか、夢中になっているのか、意図的に私を観察しているのか、私のことを気にも止めていないのか、賛同を求めているのか、挑戦的なのか？ 相手が自らの経験や考えを話しているとき、私はそれを傾聴している。相手は何が好きで何が嫌いなのか、何を求めているのか、何を恐れているのか？ 相手が自らの生活に引きずり込んだのは、どんな人物なのか、また、それらの人物はその人の意識的な価値観にどのくらい合っているのか？

すべてにおいて、私はもちろん相手の話している内容に留意するが、どのように話しているのかにも留意している。感情を示している言葉、つまり「とても楽しい」「本当に嫌だ」「負けたことがくやしい」「(夢のように) すばらしい奴だよ」といったものは、顔の表情、ジェスチャー、ボディ・ランゲージ、涙や笑い、不完全な考え、そしてそれ以外の多くの、クライエントが経験している不思議だが重要な内的世界を解く微妙で明白な手がかりなどと比較可能な要素を提供してくれる。

情緒と心理療法

心理療法における情緒は、手術における血液と同じようなものである。どちらも作業を進める上で不可避なものであり、どちらも浄化機能として重要な役割を果たし、治癒を促進するものである。どちらも専門家の手によって扱う必要があり、そして、どちらも手順においての要点ではない。

我々アメリカの中流文化に属する者、とりわけ男性は、情緒面に対して相反する見方を抱いている。つまり、なんとなく女性的、すなわち「柔らかい」ものと思い込んで、情緒というものを避けたり、省略したり、否定したりすることが多い。また、この集団（親たち？）とはしばしば逆の反応をする人たちは、化学的な増幅剤を探してまでも、感じている状態を賞揚したり、増強したりしてきた。現在、明らかに抑制的な方向への揺り返しが生じている（さらに次の世代で？）。

サイコセラピストたちも決して流行の振子と無縁ではない。私たちは情緒が重要であることを知っている。事実、「あなたはどう思いますか？」という質問はあまりに陳腐になったため、気恥ずかしく感じたり、その価値が損われたりしている。しかし、私たちは依然として、自分たちの努力のある部分を情緒と関連づけられていない場合が多い。私たちはあたかもそれ自体よいものと考えて情緒を引き出そうとしているが、その一方で、クライエントの問題の背景にある認知的なものを探し出し、それが現れている症状をいくぶん緩和するものだと期待しながら、「問題を解決」しようとし続けている。

たいていの人に関しては、情緒を引き出すことは比較的容易である。すべてとは言わないが、たいていの成人は、わずかばかりの思いやりと忍耐があれば利用できるであろう、痛みや失望、孤独、自責、実存的な不安といった感情を少なくともいくぶんかはためこんでいる。しかし、「そのような感情が押し出されてきたとき、それからどうするのですか？」という質問はめったになされない。

感情はプロセスの重要な一部ではあるが、それが目的ではないと述べた。私が思うに、その目的とは、活動している意識を増幅すること、すなわちありきたりな言葉でいうなら、自分自身の存在、自分自身の強みや選択肢、自分自身の限界に対する意識を高めることである。そのような意識を高めるに際して、私たちはクライエントがどのように生活や意識を構築していくのか、そのために潜在している可能性はどれくらいかに気づくよう援助する必要がある。意識していくプロセスでは、必然的に、恐怖や痛み、呵責、後悔、希望、理解、満足といった強い感情が引き出されたり、伴われたりする。

クライエントの人生やセラピーのプロセスに対する感情的な行動を観察することによって、探求が必要な領域や、成長を支えたり促したりする認知構造、ストレス時にうまく利用できる意欲の源などが明らかになる。クライエントの情緒面に多かれ少なかれ注意を払うセラピストは、継続して上手に動機づけたり、意図的に感情に溺れたりすることがないようクライエントを援助したりしながら、感情の流れを調整するために多くのことができるはずである。

気持ちに注意を払うこと

どれほど容易に自分の感情について話したり表現したりすることができるかは、人によって様々である。観念的なことに執着し、「感情の表出」を避ける人もいれば、いつも自分の気持ちを溢れさせている人もいる。セラピストの仕事は、セラピーを受けようと思うほどの人生問題に関連した気持ちを、相手が表出できるよう支援することである。

療法での大きな作業を展開させていくなかでは、クライエントと同じくらいクライエントの気持ちに注意を払うことによって、新しい関係を始めるのがよい。そうすることでセラピストは、クライエントの主観的な態度を認識し、クライエントがどのくらい本当の問題を表出しているのかを把握することができる。その時のクライエントの準備状態をどの程度と評価するかによって、セラピストは、もっと感情的なことに言及したり、クライエントの話にある感情的な要素を直接取り上げたりする。このような段階を踏めば、作業の中に主観性や感情をもっと取り入れるよう相手を援助することができる。どんな感情が表出されていようとも、その感情に主に、つまり集中的に注意を向けることが望ましい場合がある。次の対話例はその点を描写したものである。

場面6-2

クライエント：シンディ・ブルー、セラピスト：ボブ・マックスウエル

C1：もしかすると、まったく別の仕事をしたほうがよいのではないかと考えています。でも、ご存知のとおり、最近では職場を転々とするのは賢明ではありません。

T1：あなたは自分の仕事に満足したいようですね、でも…。【気持ちの強調】

（セラピストは主に気持ちに重点を置き、他の要素——転職、職場市場——にはあまり注意を払っていない。文章を途中で止めることで、セラピストはクライエントが話を前に進められるようにしている。クライエントはより感情的なことを口にしそうである）

C2：そうです。つまり、仕事自体はいいのですが、私自身が満足できないのです。四か月経って、あれこれわかってくると、毎日が同じことの繰り返しなんだと気がついたのです。【対応】

T2：ある意味、それでよいのだけれど、別の意味では変わり映えがしなくてうんざりなのですね。【対応】

C3：そうなんです。そう、ここのところずっと気が休まらなくて、うんざりしていました。もう少し生き生きとするような何か他のことを見つけたいのです。時々、何もかも投げ出してしまおうと思ってしまうのです。【気持ちの強調】

（クライエントの思考と感情とのバランス（C2）に対応せず、感情面にはっきりと重点を置くことで、

セラピストはシンディがいかに飽き飽きしていたかを口に出させることができた。これが、衝動のコントロールや無視していた自己認識といった深い課題へと続く可能性もある。いずれにせよ、ここではセラピストとクライエントが協力関係を固め、もっと効果的に作業をする準備ができつつある）

感情の両極

異なった種類の問題を呈するクライエントがいる。彼らは感情でいっぱいになっているように見え、セラピストはそのほとばしる感情の原因や問題点を見極めるのに苦労することがある。一般的には、以下に例を示す三つのパターンのいずれかに区別して考えるのがよい。

「状況による（感情の）爆発」は、感情の放出が引き起こされた最近の出来事によって生じる。ベティは上司に怒鳴られることに不満を言うようになった。そして怒り出した。彼女はいくぶん怒りを吹き出させる必要があった。そうすることで、落ち着いて、その出来事と療法で取り上げられている問題との関連性を考えることができたのである。

常に感情を表出するという「ライフスタイル」に直面することがある。ロイは、情緒的な爆発を起こす上での刺激をほとんど必要としなかった。今日は、同僚の配慮のなさやレストラン値段の高さ、ここに来るまでの交通渋滞が原因であった。前回の面接では、アパートのすきま風、昼食のしなびたサンドウィッチ、スモッグであった。ロイとの最も大変な作業は、情緒的なヘドロの層を薄くし、彼にとって本当に重要なことを見つけることである。ロイは気づいていないが、彼の絶え間なく続く感情はおそらく、自分自身やセラピストに気づかれないよう無意識に作り上げられたものかもしれない。

「深層精神病理」は感情の吐露の三つめの形態と考えられる。このようなクライエントの場合、感情が内的刺激や自閉的なもののように状況と関連していないことが早々にわかる。弱い自我境界とうまくいかない依存希求が、無価値感や孤立感といった深い感情と組み合わさって、外的環境と調和しない雰囲気や情緒を引き起こすのである。

セラピストに対応するクライエント

ここまでは、セラピストが相手の反応に対応したままでいるのか、離れるのかをどのように選択するのかに注目してきた。一方、クライエントが自らの気持ちを処理するために、どのくらいセラピストに対応するのかを認識することも、それと同じくらい重要である。ここで、セラピストの意見に対する三つの異なる反応の例を挙げよう。それらの気持ちへの対応がいかに多様であるかに注目されたい。

場面6-2（続き）

T5：仕事に対してあなたが不満を言っているとき、退屈さと同じくらい一種の憤りを述べているように聞こえるのですが。

C5A：（興奮して）そうです。とても怒っているのです。私はボスからあれこれ言われるのはイヤだと、本人に言ったのです。オフィスでも言いましたし、みんなが会議で集まった際にも伝えました。それがどうなったと思います？　何も起こりませんでした。何ひとつ。【気持ちの強調】

C5B：ええ、そうだと思います。もううんざりしています。だけど、こんなにも長い間、変化を求めてやって

きたけれど、何も変わらなかったことにも怒りを覚えているのだと思います。【対応】

C５C：（訴えかける調子で）悪い状況にあって、その状況を変えるためにできることをやっても何も変わらなかったとき、悲しむことは――あるいは怒ったりすることは――間違っているのでしょうか？　だとしたら、私には他に何ができるのでしょうか？【観念の協調】

二つめの反応（C５B）は、クライエントの気持ちにいくぶん注意しながらも、それと同じくらい根拠を引き出そうとしているセラピストの反応に対応している。最初の反応（C５A）も根拠を述べているが、それほど多くのエネルギーを伴っていない。反対に、最後の反応（C５C）は気持ちを認知しているが、表現することよりも正当化することに努力が注がれている。

このようなパターンは繰り返し生じ、クライエントの人生のあり方や、クライエントにとって重要なことについての仮説を立てる上での材料となる。一つの反応だけで仮説を立てることは、明らかに無謀である。つまり、情報を蓄積していくことで、信用できる推測が可能となるのである。

《クライエントの対応に注意を向けることの重要性》　クライエントの対応に注意を向けることの重要性を知るために、C５AとC５Cを対比させてみよう。最初の例では、クライエントが憤慨しても当然であると思っている感情を突出させるために、セラピストの中に無条件の「許可」を求めているだけであることがわかる。それとはまったく異なり、C５Cでは、自分の気持ちが正当であることを証明する必要があると思っており、まさにそのような状況になっている。後者は、自分の内的経験をストレートに表出することをためらって、非難されることを気にしている人間であり、自己責任型であるように思われる。（このような幾度となく繰り返されるパターンから生じる直感を説明するにあたり、仮説を立てるには時間をかけるべきという私自身のルールをおかしてしまったようだ）

内　省

自分の気持ちに対する思いは、自分の生活にとって重要なことを知る手がかりになる場合がある。たとえば、生活にうまく適応しているか、どのように自分自身を経験しているのか、どのように他者と関わっているのかといったことである。感情とそれに付随して現れるもの――気分、欲望、不安、希望、恐怖、愛情、敵意――は、人生観を彩るものである。確かに、それらは経験から派生するものであるが、同様に経験を決定づけるものでもある。知覚に大きく影響する期待感はそれ自体、感情面での過去の経験や予想にかなり強く色づけされている。最終的に、感情は回避するより抑えられることになるが、これは、何事においても非感情的・合理的でいようとする人たちには見過ごされてしまうポイントである。感情的にならないでいようとすることは、逆説的に、いかによく思おうとしているか、その感情をいかに強く抱いているかを露呈することになる。

サイコセラピストの道程

わりに早いうちに、私は自分の生活においても職業上の会話においても「客観性」を保持しようというスタンスから、共に取り組む人たちの、また時に自分自身の気持ちの放出を大切にするスタンスへと移り変わった。そして今、そのどちらの考え方もそれなりに大切であると考えている。私生活においても職業生活においても、目的と意味はそれぞれ、どのような会話での行動が望ましいかを認識するための規範である。（表向きに）無表情で理知的に装うことは簡単であるし、また、ほとんどの話し好きな相手に対して、気持ちの放出を促すことも大して難しいことではない。私たち全員にとっての課題は、自分自身の内に踏み込むことであり（また、そうするよう会話相手を支援することであり）、そうすることによって、自分や相手が話そうとする理由を推し進めるような感情に触れたり、そのような感情をうまく表出したりすることができる。

博士論文のテーマとして面白いのは、仮にまだ誰も手をつけていないことが条件だが、人の気持ちや感情に対する人間の態度の歴史ではないだろうか。しかし、この論題が神秘主義に属するのか、あるいは心理学、社会学、人類学、生物学、倫理学、性科学に属するのか、はたまた化学や魔術に属するのかはわからない。確かに、心理学には広範囲な視点がある。たとえば、「感情：無秩序な反応」（！）と題した章のある心理学入門の教科書から、六〇年代のモットー「いいと感じたら、そうしよう」を学問的にしたものまである。

私の世代の視点から見ると、人生の感情面に関する私の進路は、目だって風変わりであった。極めて若い頃、私は仲間の多くと同じように、映画から自分の理想像を得ていた。私がかなりあこがれた俳優は、今ではもうほとんど思い出されることはないが、クライブ・ブルックである。立派なイギリス人である彼は、何にも動じない風情であった。執事が彼のところへやって来て、こう言ったとする。「旦那様、奥様は八百屋と一緒に駆け落ちなさいました。また、抵当に入っている旦那様の地所が差し押さえられました。その上、大国同士が核戦争を始めました。それから、旦那様、お召しになっていらっしゃるガウンに火がついてしまいましたが」。ブルック家の事情を一通り聞いてかすかに嫌な顔をするが、気忙しく左手の指先を右手の指先に置いて、彼は次のように答えるだろう。「よくわかったよ、ジャーヴィス。ところで、〝タイムズ〟を持ってきてくれないかね」。

そのわずか数年後に、私は初めて精神病院を訪れ、まさにクライブ・ブルックが演じたような物事に動じない人々を目の当たりにした。彼らは「精神分裂病患者」［訳注：現在では、統合失調症患者にあたる］と呼ばれていた。カウンセリングを始めて、心理療法へ移行するようになってから、自らの気持ちに触れるようクライエントを援助した際、私はある種の力の感覚と、ヒーリング（癒し）の手段を手にしているという確信を得た。ジョーンズ一等兵との不運な出来事や多くの問題にもかかわらず、私は方向転換を図り、カタルシスが情緒的および精神的健康への鍵であるという信念を持つにいたった。セラピーでの仕事とは、明白なことであろうが、抑圧された感情に触れ、それを解き放つよう促すことである。ジョーンズ一等兵のケースでは確かにいくぶん効果があり、確かにそれが私の迷いを覚ますプロセスの始まりとなった。それでも、六〇年代および七〇年代初頭はエンカウンターグループの最盛期であり、カタルシス様式の修正版へ後退するのは容易であった。つまり、単に感情の放出が望ましいということではない。重要なのは、快くその感情を受け入れてくれる人々や、いずれ同じような経験に遭遇する人々がいるところで感情の放出が行われることなのである。

なるほど、こういったことにはわずかな真実があるが、どれほどわずかであるかを十分理解するには、さらに十年の年月が必要であった。今でも、私がどのくらい正確にそのことを理解しているかは疑問である。それはまるで、永遠の進化へ向かう長い道のりにある中継駅にポツンと佇んでいるようなものである。

私は今、このように考えている。感情が主観性への明白でわかりやすい道のりを設定していると。私たちの気持ちは、合理性や客観的な物差し、意図的なものによってすぐに測定できるわけではなく、明らかに深淵から湧きあがってくるものなのである。それは混乱と奮闘であり、自分自身に対してさえも、完璧に言葉にしたり説明できるものではない。かなりお馴染みの、典型的なセラピストの質問である「どう思われますか？」は、確かに正道である。問題は、このフレーズがあまりに使い古されてきたことであり、このフレーズを使っている人がその背後にある全領域への入口を間違えることがたびたびあるということである。

その領域とは何か？ ここまでのページの中で、私は様々な形でそれに名前をつけ、それを明確にしたり指摘したりしてきた。それはまるで、繊細な人差し指ではなく、左肘の丸みを使って、あるいは右側の臀部を使って指し示さざるを得ないような感じであった。

主観性、無意識、深い中心部――これらは何らかものを指し示す言葉であるが、捉えどころがないほど広がって曖昧になっている。（つまり、「月を指し示している指は月ではない」といった状態である）。それでも、これらの言葉やそのほかの用語、そして私が探し求めているものにぴったり合っていると思われる概念には十分な共通性がある。

サイコセラピストとして、私は、長期にわたる仕事、クライエントの内的な生き方に関連した仕事、人間としての我々の存在の本質を探求する仕事、私たちが誰彼なく自分たちの内に感じている、眠っている可能性を揺り起こすような仕事、そして、時には本当に大きな人生変容をもたらす仕事といったものに携わってきた。それは、私が追い求めている領域に関連する仕事である。

何年もかかって、私はその探求の助けとなるものを数多く得てきた。そして、その得てきたものの多くを途中で置き去りにしてきた。標準化テスト、投影技術、催眠療法、エンプティ・チェア、ロールプレイ、誘導による空想、精神に影響を及ぼす薬物などはすべて便利であり、場合によっては私も時折使っているが、それらは有効ではあるが、限界もある。それらは、それぞれの方法において興味がそそられると同時に価値があり、私が療法を施した人々にちょっとした効果を与えた。しかし最終的に、それらは彼らを私の研究対象、調査対象、技術そのものの対象にしてしまったのである。

私はこう思うようになった。本当の主観性を探求するためのこのような補助手段はすべて、野生動物の静止画像のようなものであり、あるいはせいぜい動物園で動物を見るようなものだと。それらは探求の対象を見せてくれる。しかしそこには、生き生きとした魂、最も中心的で最も意味のある個性を有する行動というものが欠けているのである。

そしてまた私は、こう思うようになった。本当の主観性を中心に据え、高い動機を持つ仲間とによってのみ、私の探求は有効に、そしてその時点で可能なかぎり十分に前進することができるのだと。

第7章 フレームの対応

日常会話でも療法時の会話でもお馴染みの表現は、「問題の核心に触れてみましょう」「総括的にどんな見通しをつけていらっしゃいますか?」である。ここで「フレーム（構造）の対応」と呼んでいるものがいかに重要であるかは、私たちの誰もがわかっているはずである。セラピストがクライエントに経験をもっと具体的に述べるよう求めることはよくあり、さらにもっと頻回に、しかし暗黙に、クライエントに経験を一般化するよう求めることもある。

私たちは多くの方法で思考と言葉を組み立てるが、人生変容の作業に際して特に重要となるものは、直感的なものを一般的なものへ、抽象的なものを応用へと変える能力に関連する。クライエントは繰り返し体験を述べ、結局どういうことになるのかがわかるまで、なぜか制限を設けないように思われる。あるいは、あまりに曖昧な説明をするために、セラピストがいったいその言葉にどんな意味が込められているのかがわからなくなることもある。

フレームの対応は、このような面を観察することの重要性を私たちに気づかせてくれる。ここではフレームの対応の明らかな利点を示し、その意味合いをいくつか述べ、クライエントが意識的あるいは無意識的に欺いているのではないかとセラピストが疑った場合に、どのように対応すべきかを示そう。

以下のような場面を想像せよ：

天気のよいある秋の午後。土曜の朝の雑事が済んだ――思った以上に順調に。遠くであなたのお気に入りのチームが年に一度の大きなゲームで最強のライバルと闘っていて、テレビがその模様を映し出している。ピーナッツとビールやソーダを用意して、お気に入りの安楽椅子に座り、無関心な家族には邪魔をしたら容赦しないと伝え、クッションの位置を直す…。あ〜、至福のときだ！

テレビに向かうと、ちょうどよいタイミング。少なくとも二分半は続くコマーシャルが終わるところである。そして、影が差している側の上のほうから、スタジアムのすばらしい眺めが映し出される。あなたの目には向かい側のスタンドが映り、フィールド全体には試合前の準備に余念のない小さな人影が広がっている。スタジアムと化したリビングルームにも、期待と興奮が渦巻く。

さぁ、チームが位置についた。あなたのチームがボールを蹴る。小さな人影の長いラインから一つの影が離れた。明らかにキッカーだ。そして、別の小さな人影がボールを受けようと散らばる。あなたのチームの小さな人影も動き出し、相手チームは反応する。小さな影の二つの塊が混ざり始めたそのとき…！

「小さな人影だと?!」。あなたは、画面にはいまだに向かい側のスタンドとフィールド全体のすばらしい眺めが映し出されていることに気がつく。確かに、フィールドのミニチュアたちはうごめき、何かをしているが、それを説明するのは難しい。アナウンサーが説明しようと努力してはいるが…。

そのまま試合は続く。あるいは十分ほどそのような状況が続いて——ビールの泡はなくなり、ピーナッツがしょっぱくなり——あなたはうんざりしてテレビのスイッチを切ってしまう。テレビ自体のフレームは何も変わらず、いつものとおり大きな画面である。ふ〜。

では、次のサイズで想像してみよう。

同じ日に、同じ大きなゲーム、そして同じセッティング——椅子、飲み物、ピーナッツ、そして期待感。同じテレビのスイッチを、ちょうど開始時間につける。しかし、何かが違う。あなたの目に映る画面は、フットボールをかなりクローズアップして映し出したものである。突然、誰かのシューズが襲いかかり、あなたの目は空中で形を崩しながら飛んでいくボールを追いかける。スタンドは黒っぽくぼんやりして見える。いきなり二つの手がボールをわしづかみにし、汗のにじむウエアに引き寄せる。そのボールは小刻みに上下に揺れ、やがて絡み合う腕や足などの人体の中に紛れ込んでしまう。

そんなふうに画面が続く——望遠レンズによるかなりのクローズアップばかり。あなたが絶えられずにそんな画面を消してしまうまでには、十分もあれば充分であろう。

それで、何がいけなかったのか？　極めて単純なことである。どちらもコミュニケーションの仕方と同様、ゲームへの導き方が悪かったのである。失敗の理由は、行動を伝えられるようなフレーム（構図）に変わらなかったため、あなたの目が意味をもってその行動を追うことができなかったことである。その点が重要である。つまり、客観的な行動を忠実に放送するにあたっては、（構図が）大きすぎても小さすぎても、意味を喚起するには不十分なのである。

あなたが満足して観戦できるようにするために必要なのは、意味を感じ取りながら、ズームレンズが使われることである。最初にスタンドとフィールドを広いアングルで撮り、続いて中間的なフレームでボールとキッカーを捉え、次にフィールドの動きを見せるためにカメラを引き、今度はボールをキャッチしたところを近づいて撮る。タックルする選手たちが近づいてきたところを少しカメラを引いて撮影し、再びタックルしたところをクローズアップする、といった具合に。そうすれば、あなたはゲームを捉えることができ、あるいはゲームがあなたを捉え、あなたは夢中になり、満足し、めいっぱい意味を感じ取ることができるはずである。スタジアムから千マイル離れたリビングルームにあるあなたの椅子では、フィールドから五十ヤード離れたボックスシート以上に、選手たちの動きをうまく眺めることができるのである。

フレームの対応：ズームレンズにて

言われたことの枠組みを捉える過程は、ズームレンズによる会話から始まる。ちょうどフットボールの試合の中継がそのような光学機器によって効果的になるように、私たちの会話も、一つの話題に対して全体的に、あるいは特定部分をうまく捉えることによって得られるものは計り知れない。自分たちの仕事にとってそれが力強い助けになることにほとんど気づいていないセラピストもいる。従来の会話の習慣では、広いアングルからの全体像か、細部にとらわれた望遠的なものかに頼りすぎる傾向にある。もちろん、多くのセラピストは主に中間的な枠組みで調整し、ある程度のバランスを保てるような実践を行っているが、そのようなセラピストは、厳選された広い視点によって捉えられる事柄や、細かい視点によって得られる効果を見失っているようである。

ズームレンズを作動させる

心理療法の巨匠たちは、フレームの対応が自分たちの目的にそった便利な道具であることを知っている。その使い方を具体的に示したお馴染みの治療状況の例は以下のとおりである。

- 状況や背景を話すよう求めたり、具体的な例を話すよう促すことによって、クライエントの「不平」を広く理解する。
- クライエントが曖昧にし続けているが、彼を感情的にさせている出来事について具体的に話すよう促すことによって、情緒的に大きく（セラピーに）関与させる。
- クライエントに障害（行動を阻害させているもの）を過去のものとして封じ込めようとさせるよりも、それと親しくさせることによって妨害行為や抵抗行為を明らかにする。
- あまり意識していないが個人的に重要なことについてもっと知るために、重要なライフイベントが何かを検討する。

- 面接やそれ以外の場面でのクライエントに対する提案や指示が本当に理解されているか、また、それに従う動機があるかを確かめる。
- クライエントが意識的にせよそうでないにせよ、情報を隠したり歪めようとする衝動を抱いているのかどうかという問題について調べる。

これらの例はいずれも、セラピストが単独のフレームで満足せず、全体性と具体性とのいくつかのレベルでもって、話の内容を捉えるよう助言したものである。またいずれも、クライエントには単独の反応で表されるものよりも多くの情報や主観的なもの（例：態度、感情、無意識の言葉など）が潜んでいる可能性を前提にしている。フレームを変えるというズームレンズの効果によって、クライエントはそのような情報を得たり、引き出したりすることができるようになる。

場面７-１

クライエント（C）：ダレル・ベネディクト、セラピスト（T）：ジーン・マーシャル

C31：ここ数か月、ずっとこのような心配をし続けてきましたが、やっと少し楽になりました。こうなるまで、ずいぶん大変でしたよ。

T31：次から次へと出てくる心配事に、かなりの負担を感じているのですね。【対応】

C32：そう、心配事によって元気がなくなり、いっときの安息も与えられないようでした。【対応】

T32A：あなたにつきまとって離れないという思いについて、もっと話してくれませんか。【縮小】
C33A：一種の不安というか、くよくよと考えるというか。何か悪いことが起こるのではないか、あるいはもう起きてしまっているのではないかと思うのです。
T33A：どういった類いのこと？
C34A：えっと、まるで…う〜んっと…癌のような恐ろしい病気にかかってしまったとか、エイズとか…あるいは、仕事を失うとか、何か暗礁に乗り上げてしまうとか。【縮小】
（注：このようなわずかなやりとりは、実際の面接の中では少なくともこの十倍の長さのものの一部にしかすぎないであろう。これは、この種の不満がどのように展開するのか、その概要を示すために引用した）

しばしば有効であるため、セラピストはクライエントに対応しながら（セラピーを）始める（T31）。そして徐々に（T32A）、セラピストはC31の曖昧で総体的なレベルから少しフレームを縮小させる。次の反応で（T33A）、セラピストは問題となっている思考をさらに探りながら、かなりフレームを狭める。その結果、「エイズ」という言葉を引き出し、これがまた別の探求の方向性になると思われる。
《フレームを大きくすること》　フレームを拡大することによって作業しやすくなることがある。そのため、広い画像がほかでは見られないような（話の）つながりを披露してくれる。このことを説明するために、最初の数回は同じ反応を用い、その後セラピストが（フレームを）広げる様子を示そう（T32B）。

場面７‐１Ｂ

Ｃ31Ｂ：ここ数か月、ずっとこのような心配をし続けてきましたが、やっと少し楽になりました。こうなるまで、ずいぶん大変でしたよ。

Ｔ31Ｂ：次から次へと出てくる心配事に、かなりの負担を感じているのですね。【対応】

Ｃ32Ｂ：そう、心配事によって元気がなくなり、いっときの安息も与えられないようでした。【対応】

Ｔ32Ｂ：このような状況について、またそのような思いや心配、あなたを困らせているものについて、どのように考えてきましたか？【拡大】

Ｃ33Ｂ：う〜ん、わからないなぁ。（考えて）そういったことが始まったのは、去年の感謝祭のころだったと思うけれど、はっきりとはしないなぁ。【縮小】

Ｔ33Ｂ：そのころ、何かほかにあなたの生活の中で起こっていたことを思い出せませんか？【拡大】

Ｃ34Ｂ：考えられるかぎりでは、とりたてて変わったことはなかったよ。いや、あったとは思えないね。【対応】

Ｔ34Ｂ：そう急ぐことはないわ、ダレル。もう少し時間をかけて考えてみて。去年の秋や冬になる頃、あなたの周りはどうなっていましたか？　感謝祭はどうでしたか？　何か思い出せることはないかしら？【拡大】

Ｔ35Ｂ：（少し間をとった後）いや、ないね、特別なことは何も。僕と妻は、妻の両親と感謝祭を過ごして、とても楽しかった…んじゃないかな。それから、クリスマスでは、僕たちは僕の兄とその家族と一緒に過ごし…まぁ、そういうのはいつものちょっとした決まりでね。【縮小】

ここでも、セラピストが対応して（セラピーを）始めているが（Ｔ31）、その後、かなり全体的にクライエントの考えについて尋ねることによって、フレームを広げつつある（T32B）。反応（C33B）は漠然としているが、この時点でクライエントが差し出すものはどんなものでも、探る価値のある無意識の根拠であるはずだと思いながら、セラピストは再びフレームを広げている（T33B）。クライエントの反応（C34B）は明らかに袋小路である。賢明なことに、セラピストは原因となっている内的な部分の探求が欠けていることに気づき、クライエントに別の見方をするよう促している（T34B）。それがもっと詳細になり、追う価値のあるものがいくつか引き出されている（おそらく親戚間の緊張が見られる――「〜なんじゃないかな」という表現に注意）。

相手の経験を深く理解しようとする場合のいかなる会話においても、フレーミングという方法は効果的で、（感情を）喚起する道具である。この道具はセラピストだけでなく、クライエントにも十分使えるものであり、クライエント自身の内的意味をより理解するために役立つことが多い。

（注意：多くのやりとりを簡略化するため、ここで挙げた例には、それぞれから三つないし四つの反応しか引用していない。そのため、セラピストが犯人探しをしているような態度で手がかりを探っているように見えてしまうという問題がある。私の意見では、それが心理療法の最高のやり方ではない。むしろ私は、クライエントの自己探求と自己発見を促すべきだと思っている）

内的探求を促すためのフレーミングの使用例

場面７－２

クライエント：ハル・スティンマン、セラピスト：ジェームズ・ブーゲンタール

【以下の抜粋は、クライエントが内的探求を拒んでいることに気づくよう数か月間セラピーを行った後の面接である。この面接が、これまでの最高の山場というわけではないが、一つの一里塚ではある。クライエントは客観性をこよなく重んじる心理学研究者で、セラピストがより深い内省へ導いていくことについていけないと思っている。彼がセラピーを受けに来ているのは、十代の息子に何度も癇癪を起こしてしまったからであった】

T１：いま、何を考えていますか？

C１：ああ、ちょうど…ちょうどね、あなたが何か私に言うのではないかと思っていました。【縮小】

T２：そうではなくて、私が知りたいのは、あなたが自分自身のことでどのように考えていらっしゃるかということです。【対応】

C２：そう、アリスのことがとても心配ですね。彼女は今新しい男と何度もデートしていて、もう処女ではないんじゃないかという気がします。つまり、私は決して上品な父親ではないが、彼女には自分を大切にする方法を知ってもらいたいと思っています。私は何かしてやらなければと思うのだが、どうすればよいのかわからない。彼女は自分の思いどおりにやっているように見えます。アリスに何もかも教えてやったかどうかジェーンに尋ねたところ、ジェーンは、アリスはおそらく自分でわかるはずだと言うんだ。娘が十九歳にもなると、してやれることはそうそうないのだが、何かしてやらなければという気にはなると思うんですよねぇ…。【縮小】

T３：ハル、あなたは心配している「あなた」という人について話しています。それを一人称で言うのは難しいですか？（私が思うに、ハルは「アリスに対する心配事」という話題を準備してきたのだろう。だから、そっけなくてよそよそしく聞こえるのだ）【対応】

C3：ああ、そうですね。いや、一人称で話すことは難しくないですよ。私はアリスのことをとても心配しています。彼女はとてもいい子です。だから、私は彼女に傷ついてほしくないのです。ほら？　一人称ですよ。【縮小】

T4：そうです。では、どのように心配しているのか話してください、ハル。そういったことを声に出して、私に聞かせてもらえますか？【拡大】

C4：いいですよ。ええっと、私は娘を非常によい子だと思っています。実際、彼女はとても若いですよね。そして、私はどういうことであれ、娘が傷つくことには耐えられない。それから…娘は器量よしで、どの男も彼女をモノにしたいと思うだろう。まぁ、そんなところだよ。これが私の胸の内だよ。【対応】

T5：ハル、あなたは以前よりも心の中で起こっていることに触れるようになってきましたが、もっと多くのことがあるように思います。たとえば、どのように娘を育ててきたのか、セックスについて彼女に何を教えてきたのか、彼女が悩んでいるときどのくらい彼女はあなたに話そうと思うのか、彼女がセクシュアルな女性としてどのような雰囲気なのか、彼女を傷つけた人に対してあなたができることは何かなど、そういったことについてどのように考えていらっしゃるのでしょうか。【拡大】

C5：ああ、確かにそういったことすべてさ。そういったことを確かに考えていますよ。娘だって、いつでもどんなことでも、私たちに話しても大丈夫だとわかっていると思いますよ。そして、もちろん彼女を傷つけるような奴がいたら、とっちめてやりたいと思います。【縮小】

T6：ハル、私たちはまだ何か見落としていますよ。近づいているとは思いますがね。私が提示した考えはどれも、あなたを思考と感情の中に導くものかもしれません。それらは表題のようなものです。どれもが関連する多くの思考や感情を伴っています。今、あなたは質問にすぐさま答えるかのように二つの事柄を選びましたね。それは、あなたの心配事を探るための始まりであって、終わりではありません。【拡大】

C6：ジム、あなたが私を助けようとしてくれていることはわかるが、私は内省的なタイプではないんですよ。つまり、あなたのような分析的な人たちは何でもかんでもかじりつく。ある人たちにとっては、それがいい場合もあるだろう。だがね、確かではないが、私の場合、そういうことではないと思います。私は、もっとストレートに問題に対処する必要があるのです。【縮小】

T7：問題と口にするとき、あなたはどんな問題を頭に描いていますか？【縮小】

C7：ええっと、何でもだよ。【拡大】

T8：いいえ、一つだけ選んでください。もっとストレートに対処したいと思っている問題とは何ですか？（しつこく。私にとっての挑戦だ。直面しなくては）【縮小】

C8：ああ、ティムと話をすると冷静になれないというようなことだよ。最近は少しましになっていると思うが、今もいつ何時どうなるかわからないように思う。実際、何も変わっちゃいないんだ。【対応】

T9：わかりました。問題はそこだというわけです。【縮小】

C9：ああ、そうだね。私もあなたがどこに焦点をあてているのかわかりましたよ。問題は私で、あなたはそれをよ～くわかっている。私もそうだ。じゃあ、どうして私は冷静でいられないのですか？【縮小】

T10：ふむ。では、あなたの答えは？　ティムと話しているときに、どうして冷静でいられないのですか？【対応】

C10：あ～、くそっ！　ジム、わからないんだよ。【対応】

T11：その問題に真正面から立ち向かう方法は何ですか？（しつこく）【縮小】

C11：私がかっとなってしまう理由を見つけ、それを変えることだ。【対応】

T12：どうするのですか？【縮小】

C12：その理由を見つける努力だ。判断力をつける努力さ。【対応】

T13：わかりました。では、そうしましょう。いますぐ理由を見つけ、判断力をつけましょう。その方法を教えてください。【縮小】

C13：おい、それじゃあ、うまくいかないってわかっているでしょう。私もそう思うよ。何千回と努力してきたんだ。うまくいかないさ。（クスクス笑って）あなただって、うんざりするさ。【拡大】

T14：確かにそうでした。うまくできないことを、あなたがいかに認めようとしないかというもう一つの例ですね。しかしそれは認める必要があることで、今もそうなのですがね。【縮小】

C14：なぁ、わかるだろ？　私もその感じはわかるよ。つまり、袋小路に入ってしまったような気持ちから逃げ出したいと思っていることはわかっているよ。【対応】

このくだりからは、私がしつこく、合理性へ依存しすぎていたという失敗にクライエントを対峙させようとしていることがわかる。それが、T4、5、6での課題を設定するという形で現れている。この三回は拡大のフレームを使っている（そこでは合理主義的な要求が暗示されている）が、一連の長い縮小反応（次の八回中七回）に対する分岐点となっている。再び、「牧羊犬的」機能が見られる。明らかに、この記録の一部には、作業を前に進めようとしていることが示されている。それは、十四回のクライエントの反応中十二回、十三回のセラピストの反応中八回が、「話題の対応」の「発展」レベルでなされていることからわかる。このレベルは、療法上での関係がうまくいっていることを示すものである（何度も意見が対立したり、話題が変わっている記録とは対照的である）。

抑えている事柄を探る

一般的に、セラーピーでのクライエントは、求められている自分自身についてのどんな情報も、意識的に明らかにしようとするものである。しかし、クライエントがそのことに気づいていようがいまいが、例外は常にある。クライエントが抑えている事柄は、たいていクライエントが不愉快になったり、当惑したり、はずかしくなったりするような話題と関係がある。怒りや敵意、性的衝動や性行為、経済的な事柄、宗教的・スピリチュアルな信念、法にからむ問題などである。そして、たいていそうしたクライエントの不快感は、情緒的および主観的に重要なものである。

衝動ではなく抵抗に対処する

ここには、経験豊富なセラピストと熟練に欠けるセラピストとを明らかに分けるポイントがある。簡潔にいえば、課題はこういうことである。隠し立てしている事柄ではなく、洗いざらい告白することへの抵抗に目を向けよ。

隠さざるを得ないということは、新米セラピストの興味をそそるものであり、ドラコン流（例：催眠療法）から抗議されそうなものである。クライエントの心理学的な性質について学んだ多くのことは、そのような努力の中では見失われてしまう。多くの場合、背後に隠れているものを知るためにに出しぬこうとするよりも、隠さざるを得ないことに対処するほうが賢明である。

隠さざるを得ないことをよく調べてみると、隠されていた事柄がすぐに現れてくることが多い（そして、セラピストの好奇心がそがれることも多い）。さらに重要なことに、この障壁が取り除かれると、（クライエントがあまり意識せずに隠してきたために）これまで気づかなかったほかの部分が意識されるようになり、療法の表舞台に現れる可能性もある。

したがって、隠していることを意識させるというプロセスにももっともな理由がある。そこで、フレームの対応という側面が役に立つ。セラピストはかなり一般的なことからもっと具体的なものへと移りながら、その間、言葉にならないものの手がかりにも注意しながら、段階を追って負担となっているものに近づいていく。以下に、このプロセスを簡潔に示そう。

場面７‐３

クライエント：ハリー・フォーダイス、セラピスト：ドロシー・テイラー

Ｔ31：学校を卒業してから、ものすごい数の仕事に就いてきたのですね。

Ｃ31：ええ、山ほどぶち壊したけどね。自分に合った仕事が見つからなかったんだ。【対応】

Ｔ32：どんなふうに「ぶち壊し」てきたわけ？【縮小】

Ｃ32：あぁ、わかるでしょう、ありふれたことさ。自分の趣味に合わないところもあったし。【拡大】

Ｔ33：あなたの言っていることがよくわからないわ。「自分の趣味に合わない」って？【対応】

Ｃ33：だから、人間の種類だとか仕事の種類だとかが自分にまったく合わなかったんだよ。どういうことかわか

るでしょ。【縮小】

T34：まだ、はっきりしないわ。一つ例をあげてくれる？【縮小】

C34：ああ、いいよ。去年やった催し会場の仕事の場合だ。仕事自体はいいものだと思ったけれど、上司がアル中だったんだ。自分のやっていることがちゃんとわかっていなくて、ちゃんとしろだとか、もっと働けだとか、誰かれ構わず怒鳴っていたんだ。まったく、あいつは当て外れだったよ。【縮小】

T35：どんなふうにそこを辞めたの？【縮小】

C35：どういうこと？　もううんざりしたから、そんな状況から抜け出しただけだよ。嫌な話だろ。【拡大】

T36：ハリー、ありのままを話して。今まで仕事を解雇されたことはある？【縮小】

C36：続けたいと思った仕事を辞めなければいけなかったことなんか、一度もないよ。【拡大】

T37：クビになったことがないとは言っていないわね。【縮小】

C37：特定の仕事に自分が満足しているかどうかということと、俺が上司が求めているような男かどうかということとは、まったく別の話だと言っているんだ。自分がどんな場所で働きたいのか、俺なりの考えがあるんだよ。【拡大】

T38：それはわかったけれど、私が尋ねていることの答えにはなっていないわ。仕事を辞めさせられたことがあるかどうかという問いに率直に答えることは、あなたにとっては難しいことに違いないけれど。【縮小】

C38：いや、難しくないよ。重視していないだけさ。（間）いいよ、わかったよ。これまで二回解雇されたよ。ひどい仕事で、とにかく嫌で仕方なかったよ。【対応】

セラピストは、ハリーの逃避行動に対して応報的ではないがしつこくフィードバックし（T33、34、36、37、38）、また、何度もフレームを縮小しながらハリーが自分の不安に直面せざるを得なくさせ（T32、34、35、36、37、38）、そして、時期が熟したときは対決姿勢にひるまずに、会話をコントロールし続けている。一方、ハリーは自分自身を露呈することを避けるために、フレームを両極端に用いている。あるポイントでは（C34）、彼はある状況について具体的に述べているが（アルバイトを負担の多いものとして説明している）、別のポイントでは（C36および37）、かなり曖昧で必要以上に一般化している。

考　察

私たちは各自、自分にとって快適で馴染みのあるフレーミングのレベルをもっているため、また、相手をすばやく理解したい・相手から早く理解されたいと思っているため、合致した理解をしそこないやすい。先に挙げた例は、このような誤解の可能性を示したものであるが、こういったことは、どちらかが隠そうとしたり欺こうとする意図がなくても生じることがたびたびある。経験——落胆する場合もあるが——を重ねることによって、セラピストは、抽象概念を二つの異なるレベルで伝える場合、意味合いが異なることに敏感になり、また、異なるレベルにあるためにわかりにくくなっている意味合いの本当の違いもわかるようになる。本当に理解しているかを二回、三回とチェックするためには、重要な事柄をいくつかのレベルで言い換えることがよい訓練になる。

これは、持っているすべての技を必要とするプロセスである。尋ねなければならない質問項目や観察しなければならない事柄のリストなど、あり得ないからである。可能性は実際、無限にある。そしてそれは、どの方針を採るべきかを判断できる、その時その時にしかない。観察していることをどのように理解し、整理し、解釈し、用いるべきかを考えている時こそ、各自の感受性とスキルによりいっそう左右される状況なのである。

一般的な法則は次のとおりである。全体性・具体性の一つのレベルでしか情報を理解していない場合、その情報は誤解されている。

サイコセラピストの道程

私が文学修士号を取得したのは、一九四一年の夏、真珠湾攻撃の直前であった。当時、修士号は今の博士号以上に珍しいことだったので、私には多くの道が開かれていた。私の最初の専門職は全米農場安全局の仕事で、テネシーヒルの住民（おそらく「南部人」の元祖）の調査をすることであった。

若い心理学者、内科のインターン、看護学生、ソーシャルワーカーの大学院生、行政官関係の人といった連中が、テネシー州のジャクソンという小さな町に押しかけ、人里離れた地域から集められてきた人々を調査しながら、自分たちの様々な腕前を発揮していた。私たちが出会った人々の中には、長い年月、あるいは一度もその土地から出たことがないという人たちがいた。ジャクソン（人口一万人ほどだと記憶しているが）は、彼らにとって「都会」であった。

私たち心理学者は、誰が選んだとも知らない一連のテストを行った。その中には、（当時ですら）博物館行きになりそうな古いテストも含まれていた。ポーテュース迷路、ノックスキューブ、ファーガソン組立板、一九一六年版スタンフォード・ビネー知能検査のことは、今でも覚えている。

テネシーヒルの住民は、私たちに対しても、私たちの奇妙な要望に対しても辛抱強かった。「鉛筆の先をここに置いて、宙に浮かせたりほかの線と交差させたりしないで、できるだけ早くこの箱から出られる道を探しなさい」「私がこれらのブロックを叩く様子を見なさい。それから、ブロックを取って来て、同じようにしなさい」「これらの隙間がきちんと埋まるようピースを集めて、埋まるかどうか確かめなさい」「Mars（火星）、M-A-R-Sとは何ですか？」といったおかしな質問の数々。

ジグソーパズルのような組立て式の作業は、私たちの課題の中で最も興味を持たれたもののようであった。単語による答えは、私たちの関心を最も引いた。先に挙げた質問に対する非常に特徴的な答えは、「牛が牧場で泥んこになっているって意味かなぁ」(mires［泥まみれになる］を mahrs と発音している）というものであった。規定では、その答えは間違いであるが、彼らの文化では正しかった。私たちはもちろん規定に従った。私たちが規定に従わなかったとしても、そのような答えは客観的ではなかったはずである。

悲しいことに、人間について見識があると思われている私たちは、多くの点で客観的に彼らを見る傾向にあり、彼らを珍奇で風変わりだとみなす傾向にあった。私たちの誰一人として、彼らの視点から世界を見ようとする者はいなかった。彼らは研究対象でしかなかった。そして、彼らを研究していた私たちは、客観テストの望遠レンズしか使わなかった。このように、系統的な答えや表面的な動きで人々を一括していたため、私たちは実際には、彼らと向き合ったり、彼らについて学んだり、彼らのことを知ることはできなかったのである。このことは、客観的に学ぼうとしても、めったにできないのだという厳しい教訓である。縮小は破滅なのだ。

第8章 位置の対応

セラピストはクライエントの反応への対応を様々な形に変える感覚と、自分自身の対応の仕方を変えるスキルとを確立していくにつれ、このような視野を発揮したり強化するためのほかに考えられる方法がわかるようになる。この章では、このようなセラピーのツールの延長線上にある、注意の位置の対応について紹介する。

本書では、セラピーでの作業の主要部分はクライエントの主観性に置かれるべきであるということを繰り返し述べてきた。この章では、そのような努力がどのくらい成功するのかを推測する便利な方法を教えよう。その方法はもちろん、クライエントをもっと内面性へと深く入り込ませる方法でもある。

クライエントの内面にある知覚部分の位置に注意を払うことが、この目的を達成させる鍵である。クライエントが話をしているとき、クライエントの懸念の焦点は何であるか？　クライエントが意識的に描写している人は誰か？　クライエントの注意の位置が多くあると考えられる場合、私たちは以下の四つを明確にし、その四つの役割を考える。すなわち、クライエントの内面的な生き方、クライエントとセラピストとの関係性、クライエントの他者との対人関係、セラピスト、に焦点をあてるのである。

深層心理療法では、セラピストとクライエントが、クライエントの最近の内面的な生活に最も注目することが必要である。そうすることで、セラピストはクライエントの現象学的（知覚的）な領域をいくぶん感じ取り、その感覚を維持しようとする上で有利になる（現象学的な領域：気づきの内的な傾向とその特徴を保持している知覚的な構造）。気づきの傾向はその時々で異なった対象に向けられる。たとえば、世界全般、クライエントにとって重要な人、クライエントの主な活動、セラピスト、自分自身や自分のあり方に対するクライエントの内省的な気づき、などである。

熟練のセラピストとは、クライエントの気づきの内的傾向に対して継続的に直観を保っている人であり、クライエントの内的探求を促進するためにその直観を使うことができ、最高の効果をもたらすための介入をタイミングよく言葉にできる人のことである。そして、気づきの傾向の最も重要な側面の一つは、どの時点であれ、焦点の中心にある人たちに関係することなのである。

注意の位置という概念

セラピストとクライエントが口にする言葉はすべて、どちらかに対して、あるいはお互いの関係性や外の世界との関係性に対して注意を向けている。そうした注意の対象を示すために、私たちは「位置」という言葉を用いている。場面8-1は、クライエントの同じ言葉に対するセラピストの四つの異なる反応を表し、私たちのこの章での関心である四つの位置を示している。これらの例から、「位置」という言葉の意味が明らかになり、その重要性がわかるようになるはずである。

場面8-1

クライエント（C）：ベル・キャニオン、セラピスト（T）：チャールズ・スナイダー

C1：私の精神生活についてお話しようとすると、とても照れくさくなります。私にとっては大事なことですが、お話することに躊躇してしまうのです。【クライエント／セラピスト】

T1A：私には、何かあなたにそうしづらくさせるものがありますか？【セラピスト】

T1B：そう焦って自分を追い詰めないでください。でも、あなたがご自身の生活にとって大事なことを私に話してくれたら、私たちの作業に役立つでしょう。【クライエント／セラピスト】

T1C：他の人に話すときにも、このような問題がありますか？【クライエント／他者】

T1D：その大事なことに対処したいと思えば思うほど、言えなくなる自分がいるのですね。【クライエント】

セラピストの反応として考えられるこれら四つのものは、クライエントの注意をどこに向けるかによって明確に区別することできる。一つめ（T１A）はクライエントに、セラピストと、セラピストがクライエントに与える影響について考えるよう求めている。二つめ（T１B）もクライエントとセラピストの関係性について指摘しているが、ここでは強調点が異なる。つまり、一つめはセラピストの特性について考えるよう促しているが、二つめではクライエント自身の内的な体験に目を向けさせている。三つめ（T１C）はクライエントの他者との関係性を注意を向けさせ、最後（T１D）はクライエントに自分の心の中の葛藤に気づくよう求めている。

正しい注意の位置を選択すること

注意を向けるべき位置を明確にする方法はたくさんあるが、ここではその中から四つだけを考える。それらがどれ一つとして唯一の「正しい」位置でないことは明らかであるが、にもかかわらず、それぞれの話し手がどの点に注意の大部分を注いでいるのかを知ることには利点がある。同様に、一回につき一つのことに集中しようとするほうが通常望ましい。これを違う言い方で言えば、注意の位置があちこち変わるよりも、ある期間、比較的一定しているほうが、会話の療法的な効果は大きくなる傾向にある、ということである。

実践では、ここで私たちが使っている整ったカテゴリーに置き換えて、話されているテーマについて考える必要はない。このようなことは、私たちの気づきに敏感になったり訓練したりする上では役に立つが、クライエントと対峙している場合には、クライエントの知覚的空間の独特なパターンを見つけながら、この形式的な構成は潜在意識下に置く必要がある。

対人関係における位置づけ：クライエント／他者

この領域はクライエントとセラピストだけでなく、すべての人を含み、同様にセラピーの作業においてクライエントが関わる対象をも含む。つまりこの領域は、考えうる感情や利用できる態度が広範であるため、明らかに途方もなく幅広いものになる。ここで話すことは、その莫大なものをできるだけ細分化しようとすることではなく、クライエントの身近な人と比較的遠縁の人との区別、人とモノとの区別、現在の事柄と過去または未来の事柄との区別、そのほかの意味のある対比にセラピストが気づき、働きかけるということである。

純真なクライエントは、しばしば最初に「クライエント／他者」の対人関係に注意を向ける。彼らにとって、このことは相対的に客観的に操作しやすい事柄であるため、ほとんど不安にならない。また、セラピストとの直接的な対峙を避け、クライエントだけを唯一の情報源とすることができる。

このような明白な理由から、私はクライエントが我慢できるなら即座に、この領域から注意の場をそらすようにしている。この方針は私の隠されたサディズムから来るものではなく、精神内部の場に優先権を与えることによって、我々の作業に実益（時間とエネルギー）が生じるという考えから来るものである。クライエントがこの領域での作業に耐えることができる場合、最初、内的生活を管理するクライエントのパターンについて理解し、次いで、ほかの場においてそのパターンが繰り返されることが容易に見てとれることから収穫が得られる。

一例として、ベル（場面８‐１）は精神生活が自分にとって非常に大切であるが、大きな不安が広がっていることを認識するようになっていた。彼女は精神的な事柄に対してバランスがとれていたが、内心では、彼女がなんとなく気づいている不安材料に直面することを避けていた。このような逃避パターンが精神内部の場での作業から明らかになると、精神的な事柄についてセラピストに話すことへのためらいが、同じパターンで繰り返されることを彼女に理解させることは容易になる。つまり、セラピストとの会話が、同じような気の進まない話題に向かう傾向があるということにクライエントは気づくようになる。

クライエント／他者の対人関係の位置から始まり、その逃避パターンを見つけ、それから精神内部の反復を知るという過程には異論もあるだろう。確かにその可能性はあるが、しかしこのような過程にはいくつかの脱線もある。たとえば、クライエントが友人や聖職者と不安になっている事柄について話すことをどのように避けているのか、クライエントが特定の本や映画をどのように避けているのかなどということが、もっと一般的な事柄を認識する前に理解できる場合もある。

クライエントの視点をクライエント／他者の対人関係の位置へ向けさせるにあたって、通常、最も適した機会が三つある。

- クライエントにとってさらに不安となる領域へと作業を進める前の準備地帯、または移行地帯。新規のクライエントは、作業に適応する期間、セラピストとの関係を固める期間、慣行や自己探求の責任を受け入れる期間が必要となる場合がある。
- 自己習得したものを他の領域で試してみる、あるいは他の領域まで広げてみる試験的な場。クライエントがどのように自分のアイデンティティや世界観を形成しているのかという、重要で広範なパターンが明らかにされたり、少なくとも部分的に意識されるようになると、そのパターンがどのようにクライエントの生活における他者との関係の中で再生されるのかを探し出すことに価値が出てくる。

● 作業が過度にストレスとなっている場合の、休憩時間または冷却期間として使われる、ほとんど不安のない地帯。どのように行われるのかについては、場面８‐２を参照。

場面8‐2

クライエント：ベアトリス・ブロイルズ、セラピスト：バーベルト・ドレイク

C１：（涙を流しながら重い息遣い）あぁ、自分が何をしようとしているのかわからないわ。何もかも思いどおりにはいかず、それを変えようとすることもできないのよ。行きつくところまで来てしまった感じだわ。【クライエント】

T１：今は行き詰まってしまった感じで、それが怖いのですね。【クライエント】

C２：ええ、そうです。（泣きながら）もう我慢できないわ。できない。どうすればいいの？【クライエント】

T２：そこから抜け出る道を見つけることは大変だと思いますが、それこそが、私たちが一緒に取り組んでいることなのですよ。だから教えてください。以前にもこんな絶望的な気持ちになったことはありますか？【クライエント／セラピスト】

C３：いいえ、一度もないわ！（間を置く）つまり、こんなことはなかったわ。なぜ？【クライエント】

T３：そのような感じの気持ちになったとき、あなたのそばには誰がいましたか？【クライエント／他者】

C４：思い出せないわ。赤ちゃんが亡くなったとき、こんな感じだったと思うわ。今となってははっきりと思い

出せないけれど、そうだったと思います。夫はまったく頼りにならなくて、彼のほうが動転していましたが、私たちはお互いに慰めあったわ。彼の母親が唯一頼れる存在でした。それまでは彼女をそれほど評価していませんでしたけど。【クライエント／他者】

この簡略化した一節で、セラピストはクライエントが聞いてもらえている、理解してもらえていると思えるよう援助している（Ｔ２）一方で、セラピストの気づきを引き入れることで、クライエントを精神内部の苦悩から徐々に引き出そうとしている。クライエントがほかの時や状況を視野に入れて、最近の絶望感について内省し始めたとき（Ｃ３）、そこには何らかの動きがある。ほかの個人的体験は、かなり主観的に感じている現在のストレスより（Ｃ１）も、もっと認知的に、客観的にとらえられている傾向にある。この段階が移行期（Ｔ３）となり、ほかの人を引き入れ、その結果、最初の頃にクライエントが抱いていた孤立感を小さくするという効果をもたらすのである（Ｃ４）。

対人関係における位置づけ：クライエント／セラピスト

セラピストとの関係について話し合うことに対するクライエントの好みはかなり幅広い。そうすることに慣れており、自分自身をすぐに表出できるクライエントもいれば、まったく反対に、躊躇したり怖いと感じたりするクライエントもいる。さらに、真摯に関わらずに、あからさまにセラピストに要求したり、セラピストのせいにしたりするクライエントもいる。（感情の）転移があるという事実を探求することは難しいが、確かに、経験豊富なセラピストの中には、この用語を必要としないように思われる人もいる。

明らかに、セラピストとクライエントとの関係について話すときの声の調子は、その位置づけがクライエントを脅かす傾向にあるのかどうかを知る上で不可欠である。私たちは、支援したり理解しようとするときもあれば、誤解や対立、不和や怒りを露わにしたり探ったり、反対にセラピー以上の関係や親密さを求めながら、性的な感情を表出したり探ったりすることが必要になるときもある。クライエントがどのくらいこの領域で作業ができる状態にあるのか、という点は多様である。協調関係に直接対処することに満足し、安堵感をもつクライエントもいるが、多くのクライエントにとってはその逆である。つまりそのような人たちは、できたばかりの関係について話すということにかなりの恐怖心をもっているのである。

《親密なのか対立なのか》　このような恐怖心を経験している人はたいてい怖くなるものである。というのも、そのような人たちにとってはこれまで、二人の人間が直接対峙し自分たちの関係について率直に話し合うというのは、親密である場合か対立している場合のどちらかで、どちらも恐怖心をもたらす可能性のある場面だったからである。実際、一部の人たちにとっては、会話の相手に対する認識や気持ちを話し合うことは、マナー違反なのである。

そのため、セラピストに対して強く出ることによって恐怖心に対処しているクライエントもいる。彼らは面接料や日程、セラピストの冷淡さ、誤解などに不平不満を並べる〝不満屋〟かもしれない。また、彼らは主張や主導権の掌握に依存している人たちかもしれない。つまり、彼らにとってセラピストに依存することは、ほとんど耐えがたい恐怖心をもたらすのである。あるいは、彼らはかなりの依存状態にあり、セラピストから絶えずアドバイスや励まし、決断を望んでいるのかもしれない。言いかえれば、生活様式（ライフスタイル）全体がセラピストとの関係に費やされる可能性があり、結果的に費やされる必要が出てくるのである。この位置づけを効果的に使うポイントは、そのタイミングにある。

《精神内部の作業への準備》　クライエント／他者の対人関係の場で説明したように、できるだけ早いうちにクライエントの精神内部に深く働きかけることで多くのことが得られる。しかし、その原則も、クライエントが前述の例で示したように他の人をもてあそぶ人間であれば、ほとんど適用できない。そのような場合、本当に意味のある作業が精神内部で完了されるまでのしばらくの間、クライエント／セラピストの対人関係の場に働きかけることが常に必須となる。その方法を場面８‐３で示す。

場面８‐３

クライエント：フランク・コネリー、セラピスト：ジェームズ・ブーゲンタール

【フランクはある安宿のベルマンである。彼はヒッピーくずれで、髭をたくわえ、あまり風呂に入らず、世界に対して怒っている。この場面の最初で、フランクは自分が述べる事柄との個人的なつながりを一切否認しながら、外部にばかり目を向けている。その点を強調するために他者と表記している。「クライエント／他者」や「クライエント／セラピスト」として表記した反応は、フランクの心の中で起こっている事柄を大きく強調している。それらはクライエントと表記している】

Ｃ１：俺が図書館にいると、そいつが俺のところへやって来て、こう言ったんだ。「どうしてお前は風呂に入らないんだ、乞食野郎?」。だから、とっととうせろって言ってやったら、ヤツは顔を真っ赤にして、俺を逮捕させてやるって言うんだ。なんてこった。そういうヤツらばかりだよ。【クライエント／他者】

Ｔ１：で、その出来事についてどう思いましたか、フランク?【クライエント／他者】

C2：どう考えるべきなんだよ？（怒った調子で）そういうヤツらはどこかにブチ込むべきだよ。あいつはウロウロしちゃいけないんだよ。【クライエント／他者】

T2：ああ、わかるよ。でも、君にとってそれはどういうことなの？【クライエント／他者】

C3：どういう意味なんだ？　俺にとってそれがどういうことなのか？　言っただろ。ヤツはいかれていると思うんだよ。【クライエント／他者】

T3：なるほど彼はいかれているんだね。だから？【クライエント／他者】

C4：だからヤツは厄介者なんだよ。【クライエント／他者】

T4：わかった、彼は厄介者だ。それがどうした？　誰が困るのだ？【クライエント／他者】

C5：俺はまったく気にしていないよ。【クライエント】

T5：君は確かに気にしているよ。君が気にしていないと言っているそいつのことばかり、君はかれこれ十五分も話している。【クライエント／他者】

C6：あなたが俺に言ったとおりのことをしているだけさ。【クライエント／セラピスト】

T6：それはどんなこと？【クライエント／セラピスト】

C7：心に浮かぶことはなんでも話せってことだよ。それが俺のすべきことだとあなたは言ったんだよ。だけど、今俺がそうしたら、あなたは俺を叱りつける。正直なところ、俺は…【クライエント／セラピスト】

T7：フランク！　心に浮かぶことはなんでも話せとは、私は言いませんでした。全然違うよ…。君が気にかけていること、君の人生にとって大切なことを話せと言ったんだ。そういうことを言っている間は、思い浮かぶことをなんでも加えてもいい、とね。【クライエント／セラピスト】

C8：最初にそう言われたっけな。【セラピスト】

T8：わかった、わかった。今そう言ったことにしよう。では、今、自分の人生の中で、どんなことが心配になっていますか？【クライエント】

C9：そうだな。どうしてあなたはいつも俺に我慢できるようにみえるのかってことかな。【クライエント／セラピスト】

T9：フランク、君には困ったよ。それは君の中の何かと私の中の何かとを組み合せているに過ぎない。妙なことに、私は本当に君のことを気に入っているし、君の話を楽しんでいる。けれど、イライラしながら君をたしなめ続けることをそろそろ止めようと思っている。【クライエント／セラピスト】

C10：どうして俺があなたをそうさせているのかわからないよ。【クライエント／セラピスト】

T10：フランク、君はそれほどバカじゃないだろ。私の言っていることを少なくともある程度、わかっているはずだよ。少しの間、私が感情を抑制しなかったから、君は困惑しているんだよね。【クライエント／セラピスト】

C11：いったいどうして俺がそんなことをしたいと思うかね？【クライエント】

T11：人に不平を言ったり攻撃したりすること以外に、すべきことを君はわからないからだよ。【クライエント】

C12：俺が不平を言ったり攻撃するって、どこからそんなことが言えるんだよ。俺の言うことにいちいちアラを探すんだね。【クライエント／セラピスト】

T12：そのとおり。しかし、それを願っているのは君なんだよ、フランク。【クライエント／セラピスト】

C13：俺がそう願っているだって!?　どういうことだよ。どうして俺がそう思うんだよ。【クライエント】

T13：君の中の何かが他の人を挑発せざるを得ないんだよ。まさに君が今ここで私にしているようにだよ。そして、他の人にも君はそうしているんだよ。【クライエント／セラピスト】

C14：それが俺のいつもしていることか。じゃぁ、あなたが俺と同じように毎日、くずみたいなものを食べなければいけない状況だったら、あなたは…【クライエント】

T14：フランク、君は人生に対して何かをするよりも、グチをこぼしていたいんだね。【クライエント】

C15：そんなふうに言われると、心底気分が悪いよ。自分が思っていることをあなたに話すことになると思っていたから、惨めな気分だよ…【クライエント】

T15：ええ、わかりますよ。君は何度も繰り返し話してくれたからね。それに、大変満足して話してくれたから、わかります。だから今、私が君に言ったとおりのことを君はしただけなのに、私が不当な扱いをしたと思っているんだね。【クライエント／セラピスト】

C16：あなたに話すということにまったく関心がなかったと思う。どうせ同じことだからね。毎朝、憂うつな気分で目が覚めて、うんざりするような予感をしながら、そういったものをすべてここに持ってきて、あなたの前にドッサリと落とす…。【クライエント／セラピスト】

T16：君はこれまで、いかに人生がひどいものであるかという話ばかりしてきた。不平をこぼしながらそれを日常的に行い、人に嫌な思いをさせたり怒らせたりしている。君はそれに気づかないようにしているけれど、そのことをいくぶんかはわかっているのですよね。【クライエント】

C17：俺も不快な思いはしたくないよ。他の人が楽しく過ごしているところを見ていても、ちっとも面白くない。俺は独りぼっちで、年中同じバカみたいな単調な仕事をしているのにさ。【クライエント／セラピスト】

T17：惨めな気分ではないというのがどういう感じか、考えたことはありますか？【クライエント】

C18：そうできれば、大きな慰めになるよ（きっぱりと）。【クライエント】

T18：ダメだよ、フランク。君は頭で考えたことを話しているだけだ。感じてみようよ。不快な思いをしていなければ、悲しい思いや孤独感がなければ、どうなっているだろう？【クライエント】

C19：（しばらく黙って、そのことについて深く考える。それから突如、緊張した面持ちで怒ったように）俺が惨めな思いを放棄していたら、二度と幸せにはなれなかったよ。【クライエント】

逆説的なフランクの見方に私たちは笑うこともできる。しかし、彼の（感情的な）爆発は皮肉にも、世間での自分の位置づけを定めるために、また、欲求不満や失望の多い人生に自分が何がしかの力をもっていると感じるために、彼が怒りの状態に依存していることを彼自身認めていることになるのである。

この簡略化した場面の中でも、クライエント／他者の領域での徹底的な作業によって、いかにフランクがセラピストとのあり方を見つめることができるようになったか、そして今度はそれが、彼の精神内部の発見への突破口となったことがよくわかる。

精神内部での位置づけ

最も基本的で永続的な心理療法の作業とは、精神内部の領域を注意深く探ることから生じると私は確信していたが、いまやそれは明白なこととなっている。その領域における対人関係の重要性を否定することは無意味である。実際、心理学的な問題（精神病理）の根本原因と調査すべき事柄が精神内部の領域に存在するというケースもありうる。にもかかわらず、そのような問題はクライエントの内的生活の中に感覚的に組み込まれており、それらには療法的な注意が必要となっている。

精神内部の場での作業について話すことが、クライエント以外の人や物について言及しないことであると言っているのではない。そのような言及は頻繁にあるが、そこで問われ、描写され、反映される主な内容は、クライエントがどのようなアイデンティティを確立してきたのかということであり、クライエントが生きている世界の本質（「自己と世界」の概念または構築形態）なのである。

このような視点が重要なのは、多くの場合、セラピストは特に言われていることの内的な側面に注意を向けるためである。以下に例を示そう。

CA：母が亡くなってからというもの、悲しくて悲しくて…。母は私がどんな困難な状況にあっても安心させてくれる人でした。【クライエント／他者】

TA：今、いろんなことに直面して孤独感に陥っているのですね。【クライエント】

CB：あの人たちは私が言おうとしていることを理解していないようなのです。その代わり、彼らはいつも私が何をすべきかということについて話すのです。【クライエント／他者】

TB：どういうわけか、自分を本当に理解してもらうための方法が見つからないのですね？【クライエント】

CC：私がどうすべきか、どうしてあなたが言ってくれないのかわかりません。あなたは私よりもずっとたくさ

ん、このようなことに関する経験をお持ちなのに。【クライエント／セラピスト】

TC：あなたは自分自身で決断した経験がないように思っていらっしゃる、そういうことですね？【クライエント】

もちろん、このような反応はどれ一つ、単独では成り立たない。フランクとの作業（場面8－3）で示したように、私たちが自滅的になる、隠れているが全身に染み込んでいる癖を認識できるには、繰り返しやりとりをし、自分のあり方に常に対峙していくしかない。

セラピストの位置づけ

セラピストへの言及が頻繁になることもあるが、それらはクライエントの知覚領域がセラピストに対して本当に焦点を当てているということを反映しているのではない。むしろそれらは、一時の当てつけ、横道にそれた話、意図的な礼儀かもしれない。それらは、この位置によって意味されるものではない。ここでの私たちの関心は、クライエントが話している内容の枠組み、すなわちクライエントが懸念していることの前景となっているものである。セラピーの最初の段階が過ぎれば、多くのクライエントにとって、セラピストはその背景に消えていくものである。

早急な普遍化：注意の位置がセラピストに置かれていると言えるような状況は、たいてい四つしかない。

- クライエントの生き方が、セラピストの見方や判断、ニーズ、反応にとらわれてしまうというようなものであるため、自分自身の進むべき道に向かうためにその焦点を放棄する危険をおかせないでいるとき。

●セラピーを続けてきて、クライエントがある程度の自己理解と自己方向性を得て、（転移の要素を含みながら）一人の人間としてのセラピストについて、別の期待や関心をもって作業をする必要が出てきたとき。
●セラピストとクライエントが馴れ合いとなってセラピーが行き詰まってしまい、セラピストがその閉塞状況を打開する方法として自分の役割を顕示しようとするとき。
●協力関係を維持するために、あるいはセラピーの邪魔となっていたり邪魔になる可能性があるセラピスト自身の生活問題に対処するために、セラピストが自分自身のニーズを提示する必要があるとき。たとえば、セラピストが深刻な病気になっていたり、大きな手術を受ける場合。セラピストが別の町に引っ越したり、退職する予定がある場合。セラピストが、クライエントに知らせたほうがよい、あるいはセラピーに支障をもたらす可能性のある個人的な危機状況に陥っている場合（離婚、配偶者の死など）。

《セラピストへの専心》　上記の一つめでは、クライエントの精神力動的な流れは、セラピストに焦点をあてる方向に行っている。このような場合、まさにセラピーの主要な活動である自己探求へ向かおうとすることに抵抗がみられることがある。にもかかわらず、特にセラピーの初期段階で、セラピストに専心するクライエントには直接的なやり方で対応する必要がある。

そうする場合、セラピストは自分がどのように見られ、どのように対応されているのかにより一層注意し判断しながら、自分自身に対する内的かつ外的な言及に注目する。Ｔ１Ａ（場面８‐１、一九九頁）はこのようなことに真っ向から努力している例であり、協調関係が確立され、クライエントが自分たちの関係について大っぴらに話すという経験をもちいあわせている場合であれば、適切と言えるだろう。しかし、セラピーに不慣れで、あまり見識のないクライエントには不適切になる場合があり、そのような人はこの質問によって自意識が強くなってしまうかもしれない。そのようなクライエントの場合、ためらっている根拠を引き出すためには、場面8 - 4のように多くの段階を踏む必要があるだろう。

場面8 - 4

クライエント：ベル・キャニオン、セラピスト：チャールズ・スナイダー

C1：私の精神生活についてお話しようとすると、とても照れくさくなります。私にとって大事なことですが、お話することに躊躇してしまうのです。【クライエント／セラピスト】

T1：精神生活はあなたにとって大切なことですが、まだ…。【クライエント】

C2：そうなんです。(間) そのことについてお話できればよいのですが…でも、そうしようとすると、まるで喉が締めつけられるようになります。【クライエント】

T2：自分の精神生活について話したいけれど、話してみようとしても思いとどまってしまうのですね。【クライエント】

C3：どうしてなのか、わかりません。どうして…もしかすると怖いのかもしれません。【クライエント／セラピスト】

T3：精神生活について話すという点で、私のことを少しばかり怖いと思っていらっしゃるのですね。【クライエント／セラピスト】

C4：そんなふうに思ってはいけないということはわかっていますが、そう思ってしまうようです。つまり、あ

なたがどう思うだろうかと気になっているのです。【クライエント／セラピスト】

Ｔ４：私が思うことが、あなたがここで話したくても話せない障害になっているということですか？【クライエント／セラピスト】

Ｃ５：そうだと思います。たとえば、あなたも精神生活をお持ちなんでしょうか。【セラピスト】

Ｔ５：そのことについては別の機会にお話しましょう、ベル。でも、今は私に対してあなたが感じていることに目を向けるほうが重要です。私には、何かあなたにそうしづらくさせるものがありますか？【セラピスト】

これまでの例に漏れず、上記の場面も、多くのやりとりや数回の面接にまたがって行われたセラピーを簡略化したものである。ここでは、クライエントのためらいをセラピストが受け入れられること、また、ためらっていること自体がセラピーに取り組む上で適したテーマであるということがクライエントに示されている。同時に、セラピストはこのような障害に対処しようとする思いを高めるために、いくつかのことを行っている。たとえば、反応を不完全にすること（Ｔ１）で、少なくとも声を出さずに、巧みにクライエントにその反応を完結させている。その後の二つの反応（Ｔ２とＴ３）は、クライエントに精神内部の葛藤に気づかせようとするためのものであり、そうすることによって、セラピストと不和になるのではないかという（クライエントの）不安を抑えられるだろうという思いがある。次に（Ｔ４）、セラピストは自分自身に目を向けているが、それはクライエントの内的葛藤と（自分自身に対する見方と）を結びつけようとするためであり、セラピストに打ち明けることが葛藤の解消という望ましい結果に結びつくのだということを示すためである。

鍵となる質問（Ｔ５の最後の言葉）が、最初のほうの例（場面８‐１のＴ１Ａ）と同じであることに注目していただきたい。しかし今回は、クライエントの視点を一般的な照れからセラピストとの具体的な関係性へ向かわせることで、下地が用意されている（フレームの対応の縮小化）。クライエントにこの段階への心構えができていることが、セラピストに焦点を向けていることによって示されている（C５）。

《セラピストに焦点を向けるための別の機会》　ほかの三つの状況はそれぞれ、セラピストが何らかの自己開示をすることを選択する状況にいたる場合である。そのような状況に十分に対応するにはどうすればよいかは、本書の領域を越えるものである。しかし、大まかに示そう。

最初に最も重要なこととして、誠実であることが求められる。つまり、クライエントに与える情報に歪曲があってはならないということである。クライエントは現実を検証できるようになるために私たち（セラピスト）を信頼している。私たちの情報が本物でなければ、基本的にクライエントを裏切っていることになる。誠実さとは何も、関連のあることなら何でも話さなければならないという意味ではない。実際、話さないという義務もしばしばあるが、その場合の誠実さとは、口を閉ざしていることについてごまかさないということである。

あなたが興味をもっていることについてお話することはできますが、そのことについて私が知っていることをすべて話すわけではありません。すべてを話すことで信頼が崩れることもありますからね。（そのとき、またはそのような状況で、私が気楽に話している以上のことを話してしまう場合がありますからね）

落ち着いてはっきりと断言すれば、しばしばこの言葉は尊重される。クライエントが議論したり、甘言でだましたり、限界を克服しようと試みたりする必要がある場合、それはセラピーでの取り組みに際して適切なものとされる（また、一つの抵抗として扱われる可能性もある。第十章を参照）。

二つめに、セラピーに関係のある適切な反応をすぐに見せることは、問題が特定のクライエントとのセラピーからはずれてしまうよりも適切である。セラピストには自分のプライバシーをもつ権利がある。セラピストはクライエントに完全な自己開示を求めるが、セラピストも同じように自己開示する義務はない。

三つめに、反応としての開示、すなわちセラピーやその流れについての感想や考えを表出することはたいてい、個人的なセラピー以外の生活を詳細に話すよりも、ずっと適切なことである（また、クライエントがうまく探求できるようにもなる）。それはもちろん、セラピー以外の生活がセラピーの作業を妨害する場合は、妥当なことではなくなる。

四つめに、クライエントに対する敵意、憤慨、懲らしめたい気持ち、性的な感情、そそのかすような気持ち、競争心といったものに着手しなければいけないのは、クライエントが十分心構えをしている場合と、セラピストがクライエントから離れる時間を取り、できるかぎり自分自身のニーズや衝動、意図を見直した場合だけである。そのような感情が非常に強い場合、セラピストは問題が深まってしまう前に、スーパーヴァイザーやコンサルテーション（相談者）を確保したほうがよい。

まとめ

セラピストはクライエントの話を聞き、いつどのように反応するのかを選択しながら、表出されるもの以外の多くの側面に気をつけている。たとえば、感情の種類と大きさ、理論の質と方向性、自己描写、一般的な態度や価値観、セラピスト自身がどのようにとらえているかといったことなど。経験のある有能なセラピストであれば、一度に様々な知覚的・直観的レベルを駆使している。詳細にしたり系統的な形で完璧に分析するよりも、セラピストの注目を必要とする場合は確かに多くある。この章では、「注意の位置」と呼んできた集中的な気づきの四つの項目を明らかにした。それは、クライエントと他者との関係、クライエントとセラピストとの関係、セラピストに対するもの、クライエントの主観的な内的世界の四つである。

サイコセラピストの道程

私が聞いたところによると、ホピ族の伝統的な言葉には一人称単数を表すもの、「私を（me）」「私の（my）」「私のもの（mine）」「私は（I）」という言葉がないという。「私たちは（we）」「私たちを（us）」「私たちの（our）」しかないのだ。エーリッヒ・フロムは、個別性というものが人間の比較的新しい進歩であると指摘している。数千年もの間、それは少数階級の唯一の特権であったわけだ。おそらく彼らは、その特権が自分たちをほかの者と分けるものだということを知っていたが、人間的なものとしてではなく、常に危険な香りのするものと思っていたのであろう。

では、個別性が人類の新しい進歩の成果であるとするならば、個人の主観性とは何だろう。私たちは個人の主観性を気持ちや感情と同一視してはならない。そのような誤りについては第六章で述べた。人間はその歴史を通して、常に感情というものを持っていた。実際、人間の歴史は、国家や文化、大衆の生活で繰り広げられてきた感情の移ろいの歴史とみなすことができる。理性よりも感情のほうが人間性の歴史を物語っており、バーバラ・タクマンはそのことを冷静に記録している。生じたばかりの主観性は、もちろん常に私たちのものである。それは夢、伝説や神話、偉大な原形、あらゆる芸術的産物、科学的な創造、そして情事に見られるものであり、食事を用意するとか、部屋を片づけるとか、友達と話すとか、見知らぬ人に親切にするとか、ちょっとしたことに優しい心と手がもたらす控えめな美徳の中に見られるものである。

このような主観性の流れはいまだに外に向かっていて、私が今挙げたように、その産物に力点が置かれている。その最終結果は、実のところ単なる副産物といった場合が多いにもかかわらず、その源であるかのように重要視されている。偉大な創造精神が前進する過程でその可能性を枯渇させたということは、ほとんどないようだ。

ポイントは、再び、私たちが月をさす指を間違えているということである。主観性の産物が主観性なのではない。

では、主観性とは何なのか？

ここで私たちは推測し、定説を作り、詩的なものか哲学的なものに塗り替えることはできるが、具体的にすることはできない。もちろん、何もできない。具体的にすることは客観的なものにすることであり、主観性を客観的にすることは、その本質を損なうことなのである。

おそらく形而上学は史的推移を繰り返すのだろう［訳注：個体発生は系統発生を繰り返すのだろう、とも訳せる］。つまり、個人の進化は種の道を辿る、ということである。

個々のクライエントは、自分の外側で起こった出来事や圧力、人、環境について話したがるようである。クライエントはそのような影響を受けたものとして自分自身を説明しようとする。つまり、クライエントは自分を惨めにしていたり、人生に満足できなくなっている行程を自らが選んだという結論を拒んでいるのである。なんと不思議なことだろう！　なぜクライエントは自分の力を肯定しようとしないのか？　なぜクライエントは自分を（人生の）創造主ではなく、犠牲者なのだと主張し続けるのか？　クライエントにとって自らの殻を破って歩き出すよりも、助けを探し求めたり懇願したりすることがどのように望ましいことなのか？

文化は決定論を伝え、客観化することを強いて、罪や罪悪感、善と悪という尺度を保持してきた。そのため、クライエントは望みを叶えるために自由や選択肢、主観性といったものを犠牲にするのである。

この章では、深層心理療法の作業における究極の場面がどのような精神内部の位置であり、どのような自己との対峙、その人のアイデンティティやその人が作り出した世界であるのかを見てきた。しかし、どのようにクライエントが注意を外へ向けているのか、他者との関係や我々セラピストとの関係に向けているのかということをも見てきた。そして、さらに、どのようにクライエントが自分自身の核となるもの、自分自身の内部にあるもの、自分自身の主観性に入り込むことを拒んでいるのか、ということも見てきた。

このような抵抗は文化的なものだけではない。クライエントは自分自身の核となるものに取りかかれば、二度と馴染みの世界に馴染めなくなるということを、なんとなく感じているのである。主観的な自律性という権力を振りかざすことが、選択するという過酷な負担を負うことであり、自分自身の可能性を失うという罪を容赦なく背負うことであり、不確かさや曖昧さ、不完全さという予感を前にしながら常に生きていくことであると、クライエントは直観しているのである。

では、（自己に）直面すると、一体誰が期待から逃れられないのか？　それは拒むことのできない申し出というわけではないのである。文字どおり百万人が毎日のように拒んではいるが。しかし、それはいくぶん部分的に、いくぶん歪められたり歪んで表現されている。

　私たちは自分自身の核に近づこうとすると、自分が誰であり何であるのかという、やっかいで限られたイメージのもとで長く生きてきたことに気づく。私たちは皮膚という覆いによって自分自身をごまかしてきた。また、私たちは意識的な気づきという覆いが自分というものであると教えられてきた。さらに、私たちは自分の周りにある明確な客観的な囲い、すなわち時間、場所、環境と呼んでいる囲いが実は自分たちを含んでいるものであると考えてきた。

　それは奇妙な言葉であるが、おそらくあらゆる一般論と同じように的確なのであろう。つまり、私たちの本当のアイデンティティは、私たちが信じてきたもの以上に大きいということである。また、自分で課した限界の範囲よりも多くのものを含んでいるのである。私たちはある問題について考える場合、自分の自由な意識がその問題に生かせるものをすべて探ろうとするまでに、かなり頻繁に立ち止まってしまっているのである。また、私たちは別の人と関わる場合、言葉や体を制限し、時折かすかに感じ取っている深いつながりを見失ってしまっているのである。

第Ⅳ部

より深部へ

第9章 客観性 - 主観性の割合

対応性（第Ⅲ部）では微妙な視点と巧みな介入について示したが、それだけではクライエントを深く関与させるには不十分である。この章では、そのニーズをさらに満たす方法をご紹介しよう。

集中的な心理療法でクライエントがすることはたいてい、問題や不満、心配事や懸案となっている事柄を説明し理解しようとすることである。（筆者はそのような問題をすべて網羅する言葉として心配事［concern］を使うことにする）。クライエントが自分自身の人生に対する責任をどのくらい心から受け入れているのか、また主観的な力をどのくらい使えるようになっているのかによって、クライエントがどのくらい心理療法に努力しているのかがわかる。クライエントは様々な形で、自らの人生における問題点を打ち明けたり暴露したりする。この章ではそのような形を四つに分けて説明する。主として客観視する、客観視する傾向にある、主観的になる傾向にある、主として主観的である、の四つである。

セラピーで重要な仕事は、クライエントが治療を必要とする人生の問題にすぐさま自主的に取り組めるよう援助することである。通常、クライエントはそういった問題から距離をおき、自分が心から望んでいる変化をもたらすための創造力とエネルギーを失ってしまっている。客観性から主観性への側面は、このような頻回に見られるクライエントのパターンと関係があり、さらに、悩みにうまく取り組むために私たちに相談に来た相手をどのように援助できるのかということと関連する。

セラピストはこのスケールに馴染んできたら、そのスケールにはいくつかの価値があることがわかるだろう。つまり、クライエントがどのくらい心配事を把握しているのかを観察することで、クライエントがどのくらいセラピーに努力を注ぎ込んでいるのかが大まかにわかり、それはクライエントのセラピーへの関わりを深めるステップになる。

何千もの仕事の中で、セラピストは、どの問題がそれとなく、ある時点におけるクライエントの作業の焦点となっているのかに気づかなければならない。いくらかその感覚をつかみながら、セラピストは、次にクライエントがどのようにその問題に取り組んでいるのかに注意しなければならない。この章では、クライエントがこのような行動を実行する典型的なやり方を説明する。そのすべてを説明することはできないが、最も多く見られるものをいくつか紹介しよう。その際、それを四つに分類し、主として客観視するというところから客観性と主観性の二つの中間的パターンを説明し、最後に主として主観的になり、個々のパターンへと至るところまでを述べる。

そのような分類と代表的な形式については表9-1に示す。セラピストは表にあげた形式を機械的にクライエントの行動と照合するのではなく、その側面についての全体的な感覚を捉える必要がある。クライエントは自分の問題を系統的な方法でみてはいない。したがって、彼らは私たちのスキーマ（構造）にすぐに当てはまらないようなパターンを、自分勝手に追加し続ける。

では、クライエントが心配事について話す様々な方法についてみるために、初回面接から始めよう。

場面9-1

クライエント（C）：アンディ・キャンベル、セラピスト（T）：ブランチ・ネイサン

【場面：ネイサン氏のオフィス。時間：初回面接。セラピストとクライエントは会ったばかりで、互いに名乗り、挨拶をする。そして、ネイサンは尋ねた】

T1：今回、どのようなことでいらしたのですか？

C1：ええっと、援助を得なければならないと何度も思ったのですが、ぐずぐずしてしまっていて…。

T2：それで？

C2：なかなか機会がなかったんだと思います。何度も（援助が必要だと）思ったのですが…。それで彼女にどう思うか尋ねたら、彼女は援助を得るべきだと言いました。それで、かかりつけ医に話したら、彼はセラピストが役に立つときもあればそうでないときもあると言いました。それで、よくわからないのですが…。

T3：どうすべきか、よくわからなかったのですね？

表９-１　心配事を打ち明けるクライエントのパターン

心配事を客観視するパターン
- 命名する
- 詳述する
- 価値をつける

客観的になろうとするパターン
- 機能的に関連づける
- 因果的に，あるいは分析的に述べる
- 過去や人生における出来事について詳細に述べる

主観的になろうとするパターン
- 具体的に気づき，関連づける
- 夢や空想を述べる
- 情緒的に関連づける
- 時間を追って認識していく

主として主観的なパターン
- 自発的に空想する
- 自由に関連づける
- 心配事を探求する

C３：そうです。つまり、まるで…、それほど重要なことではないから、大事《おおごと》にはしたくなかったのですが、その一方で、私にとってはずっと問題でもあったのです。

T４：あなたにとっての問題が何なのか、よくわからないのですが。

C４：そうでした。すみません。それは私の躊躇なのです。つまり、私の問題とはためらってしまうことなのです。いつも物事に対してはっきりしないようなのです。誰だってそうなのだろうけれど…。たぶん自分が変わっているなんて思ってはいけないのでしょうが…。

T５：そうなんですか（期待をしながら）。

C５：はい。癖なのです。物事に対してはっきりしないという癖があるのです。つまり、早とちりしたくないのですよ、あなただってそうですよね。ただそうしたくなくて…ですが…とにかくそうしないとは思えないのです。よくわからないですねぇ。

T6：その躊躇することがあなたにとってどのような問題なのかについて、もう少し話してくれませんか？

C6：ええっと、何かについて決断しなくてはいけないときに問題になります。まるで、自分の中で気持ちが行ったり来たりしているようで、何が正しいのかまったくわからないのです。そして、そのような状態が長く続きます。もっと自分自身に確信を持ちたいのですが、持てないのです。実際、なんだか悪くなっているように思います。

T7：悪くなっているかもしれない。以前よりも今のほうが躊躇するのでしょうか？

C7：ええ、おそらく…けれど、よくわからないのですね。ときどきよくなっているようですが、すぐに決断しなくてはならなくなると、また混乱状態に戻ってしまいます。

T8：時々よくなって、また悪くなるときがあるのですか？

C8：そのとおりです。ええ、そんな感じだと思います。ああ、それで私は非常に腹立たしいんだ。そんなことは嫌ですね。自分がすごく優柔不断に思えて、なんてダメな奴なんだ！　だけど、現実はそうなんだ。何度も何度もそんな状況になっているように思えるのですよ。

アンディ・キャンベルは二つのレベルで自分の問題を述べている。つまり、彼はそのことについて語り、またそれを実演している。どうやら（確かではないが）彼は実演していることには気づかず、ブランチ・ネイサンはまだこの点について彼の注意を引こうとはしていない。しかし、どのように彼が不平を言葉にしているのかをみることは役立つだろう。

最初に（C４とC５）、彼は単に「私の躊躇（my hesitation）」と命名している。代名詞「私の（my）」によって、自分に問題があることを認めているものの、アンディは自分の不満を一つの独立したものとして取り扱っているように見える。自分がかかった病気を説明するように（「私の結核が問題なのです」）、つまり「異質なものが自分を悩ませているのです」というように話しているのである。

その問題が自分にどのように影響しているのかについてアンディが説明したのは（C６）、ネイサン氏からの受容や励ましの反応が数回行われた後である。それから彼は問題について全体的に説明し直し、その経過をざっと鑑み、それから状況が悪くなっているのではないかと推測している。

三つめの段階が訪れたのは、アンディが価値をつける形で反応し、躊躇のパターンに怒りを表出したときである（C８）。不快感はこの時点まではっきりしなかったが、ここに来て明らかになったわけである。そのため、心配事から生じる潜在的な行動化への適応がわかる（C８ではそれまでの反応よりも優柔不断さがない）。

心配事を客観視するパターン

人の主観性はその人の独自性の中枢、すなわちその人の個別性である。クライエントが自分の役割を自分自身の状況を観察する者として置き換えている場合、それはそのクライエントが自分自身や状況を客観視していることの証である。このような形で自分自身を客観視するということは、心配事に対して何もできなくなってしまうことを意味する。アンディ・キャンベルは、心配事を把握するために三つの方法を用いていた。それらはいずれも問題や自分自身を客観視していた。そこで、これからその三つについて述べ、さらに関連事項を提示することにしよう。

命名する

では、目隠しをされ、見知らぬ物体を手の上に乗せられることを想像してみよう。あなたはその物体を触ったり、ひっくり返したり、指で押したり、あるいは臭いをかいだり、頬にこすってみたりするかもしれない。興味深いことに、しばらくはその正体がわからないが、あなたは突如認識するのである。「これは石だ」と。不意に、あなたはその物体が石以外の何物でもないと気づくようになる。個人的に興味深いのは、知らないものがこのような形で分類されることによって平凡なものに変わるということである。あなたはそれ以上その物体に興味をもつことはなく、それを脇に置く。

同様に、クライエントの問題も分類別の名前をつけられる。たとえば、ためらい、無能、引っ込み思案、孤独、落ち込みなどである。命名する過程には、事を問題視し、距離をあける効果がある。同じ病気の人は同じように苦しむという観念は潜在的によくあるもので、苦しむ者は唯一の存在には見られないのである。

手に乗せた石の例では、ある人がただ漠然と不満を抱えてセラピーに訪れた際——たとえば、状況を網羅する名前も分類もない場合に、観察される重要な現象について述べている。この時点では、クライエントは自分を悩ませているものを表現しようと夢中になっていることが多く、実際に、自分の悩みに愛着を持っているようにみえることさえある。そして、誰かが受け入れられる名前（診断名）をつけると、クライエントと不満との関係が変わってくる。つまり、情緒的な関わりがなくなり、状況が悩んでいる本人から「離れ」、独立した存在になるようである（そして、セラピストの関心事になるのである）。

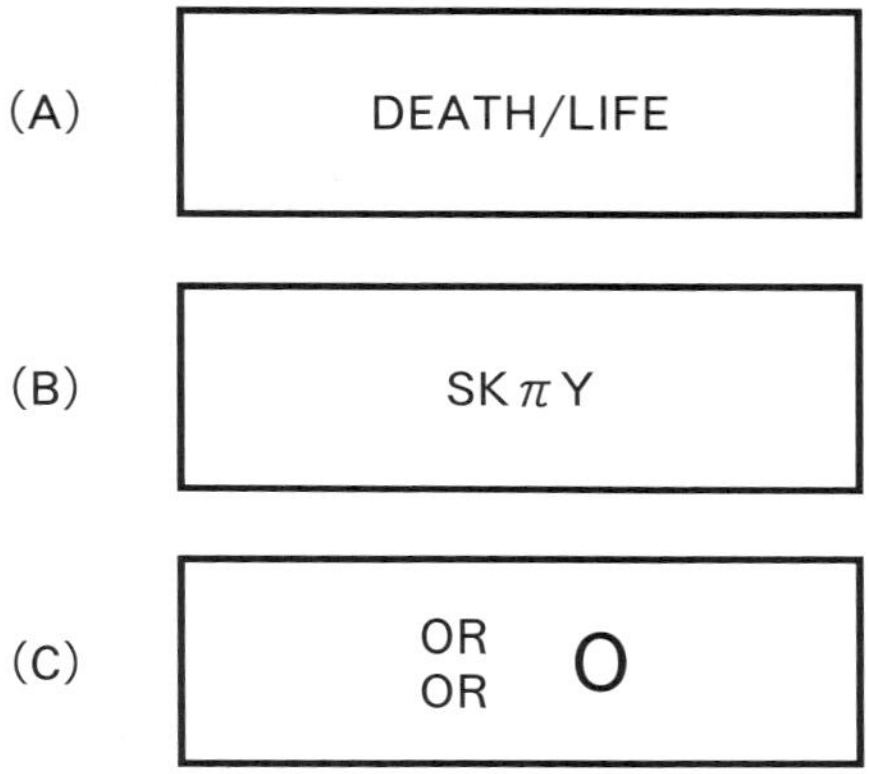

図9-1　客観視の効果を示した3つのパズル

ここに、この重要な過程を示す。図9-1は三つのパズルをイメージしている。この三枚の間には何も関連はないが、それぞれにはおなじみのフレーズを記している。最初（A）は「死後の生活」である。では、残り二枚を見て記されているものを判断してみよう。その判断をしてから次を読み進めていただきたい。

二つめ（B）のパズルの答えは、「空のパイ（Pie［π］in the sky）」である。すぐに答えがわからなかった場合、あなたは私の即答に対してあまり情緒的反応を示さないだろう。多くの人がその答えに失望したり不満を感じるはずである。そのような人たちは自分の力でパズルを解くほうが好きなのである。さらに、答えがそのような形で提示されようが、読者によって解かれようが、解答がわかった時点でパズルへの興味はなくなるものである。これが客観視の効果である。

三つめのパズル（C）の答えは、「一か八か（Double or nothing)」である。

詳述する

自分が調べた石にもう一度注意してみると、大きさの割に重いことに気づいたり、片方は丸くなっているが、もう片方がでこぼこであることに気づいたりするかもしれない。つまり、あなたはその特徴に気づくのである。それらはその石に備わっている特性とみなされるが、理性的な観察者なら誰もが同じ性質を発見することは明らかである。

クライエントが心配事に名前をつけることに飽きたら、次はそれを詳述する段階になる。石と同様に、問題はまるで生来の特徴を有する物体のように説明される。同じ問題を抱えているほかの人もその問題を同じように詳述することはそれとなくわかる。ここで重要なことは、問題を独自に、個人的に体験をしているという感覚がほとんどないことであり、それは先の事例で見たとおり、状況に影響を与える力を失っているということを意味する。

アンディがどのように心配事を説明しているのか、もう一度見てみよう。距離感と無力感がはっきりとわかる。

C６：ええっと、何かについて決断しなくてはいけないときに問題になります。まるで、自分の中で気持ちが行ったり来たりしているようで、何が正しいのかまったくわからないのです。そして、そのような状態が長く続きます。もっと自分自身に確信を持ちたいのですが、持てないのです。実際、なんだか悪くなっているように思います。

価値をつける

しばらくその石を手にしていると、次にその石が無用なものなのか、何か興味をそそるものなのかがわかるようになり、その石に対する好き嫌いを感じるようになる。一般的に石は「好ましい」か「つまらない」というものであり、他の人の思いは違うかもしれないと一瞬考えるが、そのような反応は通常、最初の段階ではみられない。

アンディ・キャンベルが自分のためらいについて、嫌悪し、そのせいで自分が優柔不断だと感じると述べるとき、明らかに彼はその問題に力を注ぎ、問題をあたかも自分から切り離されたもののようにみなしている。このような価値づけの反応によって、不満を客観視させる状態は続く。

事実を描写することの重要性

《セラピーの機会の利用》　これまで、アンディ・キャンベルやほかのクライエントたちが、現在抱えている問題をどのように説明しているのかに注目してきた。先の場面は、アンディが初めてネイサン氏と会話を交わしたときの主な行動である。何週間も何か月も彼はその話題を繰り返しているが、もちろん他の問題についても述べている。にもかかわらず、例外を除いて、ほとんどの時間、彼は自分の人生や安寧にとって重要と思われる事柄を取り上げている。そのような事柄は曖昧な場合が多いが、明確なものもある。アンディがどのようにその事柄を取り上げるのかは、彼が自分の人生を変えるためにセラピーの機会をどのように捉え、どのように利用しているのかを示す重要な指標である。

アンディのセラピストであるブランチ・ネイサンは、たびたび内心で熟慮し、時折アンディがセラピーを受けるということの核心に注目するように求めている。そして、ネイサンはアンディが取り上げた問題にどのくらい深く関わっているのか、その問題に対してどのくらい責任を持っているのか、そして彼が自分自身に資源（リソース）があると感じ、その資源を引き出そうとしているのかどうかに注目するようになる。

客観的になるパターン

場面９‐２

【時が経ち、アンディはセラピーの作業に関わるようになってきた。そして、彼はそれに気づくことなく、これまでとは違う形でセラピーの問題を把握するようになってきている】

Ｃ11：自分で物事がうまくいっていると思うときも時々ありますが、そう思えないときもあります。わからないのです。たとえば、昨日私は古い車を手放すかどうか決断しようとしていました。ジャネットはいまだに古いシボレーを運転する私を本当に馬鹿げていると言いますが、あの車はまだ走れると思うのです。私は機械的なことはもちろんわかりませんが…。

Ｔ11：あなたは私にそのことを話しながら、自分自身と討議しているようですね。

Ｃ12：ええ、まるっきりそうとは言えませんが、あなたのおっしゃることはわかります。どうして私はこんなことを続けてしまうのでしょうか？　たぶんはっきりした態度を取ることが怖いのかもしれません。たぶん、ジャネットか誰かほかの人に私の決断に対する責任をもってほしいのかもしれません。

注：再度、同じ架空のセラピーから抜粋した場面を用いた。内容を示唆するには便利であるが、実際のセラピーの作業がこのように系統的に進まなければならないと説明しているわけではない。

機能的に関連づける

手に小さな石を持ち続けている様子を想像してみると、その石をどのように使うのかというアイディアが浮かんできそうである。「これはペイパーウエイト（文鎮）にいいかもしれない」と。このように、もっと個人的で独自の反応がみられるようになる。たとえばほかにも、「この石を投げて何かにぶつけてみよう」と思う人もいるだろう。つまり、なんとなく個別的になる可能性があるということがわかる。

心配事の根底にある欲求について考察することは、客観性と主観性の中間に位置するが、どちらかと言えば、客観性のほうに近いものである。クライエントがどのくらい自分の不満を個人的なこととして受け入れられるのかは様々である。

場面９－３

Ｃ12：ええ、まるっきりそうとは言えませんが、あなたのおっしゃることはわかります。どうして私はこんなことを続けてしまうのでしょうか？　たぶんはっきりした態度を取ることが怖いのかもしれません。たぶん、ジャネットか誰かほかの人に私の決断に対する責任をもってほしいのかもしれません。

Ｔ12：あなたはそれを、なぜ決断に際して悩むのかということの理由と考えているのですね。

Ｃ13：わかりません。たぶん。どうしてほとんどの人がそのような問題を抱えるのでしょうか？　私よりも以前に、あなたはこのような問題を抱えた人を担当されたことがあるのでしょうね。

アンディはすぐさま客観性へと移っているが、そのような思索は人生においての力を求める動きにとって重要な場合もある。セラピストは、機能的な関連づけがどのくらい理論的になってきているのか、あるいは本当に認識されてきたのかに注目しようと思うだろう。このような判断の手がかりは、クライエントが行っているコミュニケーションのレベルや、(以下に示すように)同時に生じているほかの関連性の中にある。臨界期レベルで取り組む一方で、自分の不満の機能について認識を得たクライエントは、問題の意味に触れるようになる傾向がある。その一方で、思索が分離した場合は典型的な流れ、すなわち接触維持のレベルのままとなる。

クライエントが自分の心配事について距離をおきながら思索している場合、すなわち「たぶん〜です」「〜かもしれません」「〜かどうか迷っています」と言っている場合、私は次のように、そうすることの無意味さを教えるようにしている。

できるだけ「たぶん」という言葉は使わないでください。その言葉は流砂みたいなものですからね。あなたの生きた心が「たぶん」「たぶん」と言い始めると、あなたは可能性というものの中で自分を完全に見失ってしまい、どれが確固としていてどれがそうでないかもわからなくなってしまいますよ。

因果的に、あるいは分析的に関連づける

心配事の要素を見つけるために原因や企図について考えることは、多くの点で機能的な関連づけと似ている。

違いは、原因追求は普遍的な機能の探求とは異なり、クライエント独自の歴史を探求することにつながるというメリットがあることである。

また、原因追求に際して、合理的なアプローチには、自分自身のために自分の能力を使おうとする意図が含まれる。問題はもちろん、まるで原因が機械的な問題であるかのように、非人間的になってしまうことである。たとえば、パイプがつまってしまった流し台や、動かなくなってしまった車のように。合理的な分析や因果関係の理論はおもしろいが、軽率なセラピストにとっては罠になってしまう。そのようなセラピストは、情緒的あるいは行動的な変化が何も明確に現れない不毛の認知的公式化に陥ることがあるからである。

場面9 - 4

C14：決断する段になると、なぜ自分は人よりも面倒なことになるのかについて、散々考えてきました。少なくとも、自分はそういう人間であると思っています。あなたは何も言わないのですね？（間）まぁ、ともかく、そのことについて考えようとしてきました。そして思い出すのは、何かを決断する際は、いつも父が私の先頭に立っていたということです。

T14：どういう意味ですか？

C15：ええっと、ある時私は、どんなに違う枕を使いたいと思っているかを話していました。友達の家かどこかに泊まった後だと思います。とにかく、私はフォームラバー（気泡ゴム）が気に入らなくて、羽毛の枕が欲しいと言いました。違いを知っていることに少し誇らしい気分になっていました。すると父が、「どこから羽毛を取っているか、知っているかい？」と訊ねました。私はそのことについて学んだばかりだったので、とても嬉しくなりました。父に対する答えが準備できていたのですから。「アヒルだよ」と私は答えました。すると、父はニコニコしながら「じゃぁ、アヒルのどこの部分かな？」と聞きました。私はわからなくて、何もかもなくなってしまったように感じました。兄は笑い転げて、「アヒルのどの部分？ アヒルのどの部分？」と言い続けました。

T15：ひどくけなされたように感じたのですね。

C16：そうです。その時だけは父を憎みました。いや、本当に「憎んだ」わけではなく…、でもまぁ、たぶん、しばらく憎んでいたと思います。兄のことも憎みました。もちろん、その気持ちは乗り越えましたよ。それでも、そのせいで私がはっきり何かを言うことに躊躇するわけではないと思いますが。

この場面で典型的なのは、原因について考察している点と、問題を「解決」する糸口を見つけるための記憶や出来事を列挙している点である。父と兄によってばつの悪い思いをしたアンディの記憶は、その原因のひとつとして寄与していることを明確に指し示しているのであろうが、その出来事の回想そのものは、アンディの持続する優柔不断な態度に大きな変化をもたらすものではないようである。

過去や人生における出来事について詳細に述べる

アンディが父と兄との出来事を説明している際に、「このことが自分をこれだけ優柔不断にした原因なのか？」という問いが内在していることに注意するのは有益なことである。力は、この時点で説明をしているアンディの中ではなく、過去の出来事の中に内在している。今のアンディは出来事の（あるいは、父親の無神経さの）犠牲者のように見える。まるで、アンディは歩行障害を負っていて、その原因となった数年前に起きた自動車事故のことを思い返しているかのように。

このような因果的思考は、少なくともフロイトの時代にさかのぼる。フロイトもやがて「洞察だけでは不十分だ」という認識に至っている。しかし残念なことに、そのような思考はいまだに多くの心理療法関連の著述や実践に内在し、心理療法の通念となっている。クライエントに深く、そしていくぶん長く対応してきた者であれば、あるパターンの発端を知るだけでは、療法的な変化をもたらすのに十分ではないということがたいていわかるものである。（高度に主観的な事柄について即物的なイメージを使えば）ちょうど、何が崖から石を突き落としたのかを知るだけでは、その落下を食い止められないのと同じである。

この場面の形態はすべて二元的になる。明らかな内容だけに留意していると、どの形態もより主観的な形態と表面的には同じに見えるようになるということである。アンディが父親との出来事について話しているとき（場面９‐４）、彼は自分の主観性を掘り下げ始めているが、彼の視点は依然、「自分がそうなった原因は何か」を見つけることにある。対照的に、自分が優柔不断に感じることと、そのことに対する苦悩に浸って同じ記憶に辿りついたなら、かなり違った心理的な出来事が起こっていたかもしれない。つまり、彼は感情の氾濫を来たしていたかもしれないが、もっと重要なことに、（まるで、指に刺さった棘を一つずつ抜いていくように）記憶が分離して現れることはなかったかもしれない。その代わり、それは広範な気づきの一部になり、それが優柔不断さや苦悩、父親との関係、あるいはもっと核心的なものに集中したり、当面の問題よりも多くの事柄への突破口となったかもしれない。

今述べた違いは、セラピストが表出された明白な事柄だけに目が向きがちになっていると、わかりづらいものである。そのような違いにおいての本当に重要な意味を認識するためには、セラピストは自分自身の主観性、すなわち直観を駆使する必要がある。

主観的になろうとするパターン

クライエントが人生の問題を把握する過程では、その問題が少なくとも暗に、クライエントの心の中に大きくのしかかっているものとしてみなされているという共通点がある。前出の二つの段階における外在化や客観視は、クライエントが気持ちや視点、行動を大きく変えようとする上で助けとなるものを、自分の経験の中に探っているときには、あまり見られない。

場面9-5

【アンディ・キャンベルとブランチ・ネイサンは、通常のセラピーの中で小さな成功やがっかりするような失敗を繰り返し、今や有能なチームとなった。今日のアンディは元気がない】

C17：ブランチ、ここのところ何の進歩もないような気がするんだ。しばらくはどこかへ辿りつけたような感じだったけど…でも、まぁ、最終的な答えなどないんだろうね。ともかく、今日は何も考えられないんだ。見たところ、ここに座って、ただ無意味なことをペラペラと話しているだけで…（ため息）。

T17：少し一息入れてみて、アンディ。息切れしているのよ。

C18：いいよ。（言われたとおり、彼は椅子にもたれて、ゆっくりと深呼吸をする）

T18：(アンディが三、四回、深呼吸するのを待って) では、体の中に意識を集中させてください。何を考えてもいいけれど、今は体がどんなふうに感じているのかに集中してください。(再び待つ)。それでは、あなたの体のどこに緊張があるのか見つけ出してください。そして、それをほぐすことができるかどうか確認し、できればそうしてください。

C19：(彼は心地よい姿勢になるようもぞもぞと身体を動かし、ベルトを緩め、少し両足を伸ばす)。う～ん、よくなってきた。

T19：(再び少し待ってから)、では、あなたの内臓に耳を傾けてください。おなか、心臓、肺の音を聴いてください。何が起こっているのか、いま何を話す必要があるのかを見つけ出してください。頭ではなく身体から、本当に話す必要があることがわかるまで、何も言わないでください。

C20：(目を閉じて、静かに深く呼吸し、少なくとも一～二分沈黙している)。悲しいんだ。知らなかったよ。それは胸の中にも、目の中にもある。泣きたいような気分だよ。とても悲しいみたいだ。それが何なのかわからないけれど、僕の気持ちを害するものがあるんだ。

T20：なるほど。

C21：それが何なのかわからないけれど…(目が泳ぐ)。とても疲れたよ。いつもこんなふうに…(涙が頬を静かにつたう)…不器用な自分に疲れたよ。こんな自分は嫌だよ。(語気を強めて)、絶対嫌なんだ!

具体的に気づき、関連づける

アンディは、私たちの身体の中にある主観性の集積にたどりつくようになった。この宝庫の多くは、私たちが自分自身に対して開放的になるときに役立ち、事例で示したように、人生の問題に対峙するための新たな視点をもたらしてくれる場合もある。

自分自身や相手との客観的な対応方法の多くに日常的に組み込まれている、おなじみの心身分離を手放すには、ある程度、自分自身の本質を洗練させる必要がある。洗練さに欠けるクライエントにこの手法を用いるのは、浅はかであり、無駄なことである。クライエントが、内的な気づきと客観的にみた自分自身との違いをわかり始めるまで、待つことが最善の策である。この種の指示を早まると、クライエントの抵抗感が増幅し、後からこの方法を使うことも困難になってくる。

夢や空想を述べる

夢や空想といったものにどう対応するかは、セラピストによって様々である。そうしたものを、セラピストかクライエントが解読すべき、記号化された無意識のメッセージとみなす人もいれば、連想を刺激するためにクライエントにそれらを利用させることが効果的であると考える人もいる。夢や空想を、主観的になろうとする傾向のこの段階に位置づけることによって、筆者はその両極の間で妥協したわけである。

クライエントに、どれだけ夢や空想を思い出したり駆使するための準備ができているかも様々である。彼らはしばしば、夢や空想を最もうまく活用するための指示を求める。主観性を受容するところまで到達したクライエントに、夢を報告したり、無意識の空想を意識するよう促すことは、さらなる内的なヴィジョンへの導入となる。

筆者の実践では、夢や空想について注意深く話すよう求め、次にクライエントが気づいた自然発生的な連想をすべて述べるよう求めている。この時点でたいてい私は、特に核心をついていると思われる、あるいは心の重荷を示唆する形で話された言葉やイメージに注目しているはずである。そして、言葉やイメージがどんなものであれ、それらをただ引き出すようクライエントに指示しながら、それらに反応する。その間、客観的になろうとしたり、物事を論理的に分析しようとする傾向が現れないよう気をつけている。その結果、多くの場合、さらに資料を引き出すことができ、そのようなことが一度以上は繰り返されるのである。それから、無意識に二度言ったこと、だじゃれ、口を滑らしたことを取り上げ、それらを同じく詳細に検討する。

私が示したような取り組みができるようなところまでクライエントを到達させることは、たいてい時間のかかるプロセスである。同時にこのプロセスでは、クライエントが自分の心配事を受け入れ、それに対して何らかの行動を起こすための力を認識できるように支援する。クライエントが自発的に十分、空想や夢に取り組んでいるとき、彼らは本当の主観的レベル（最終段階）で取り組んでいるのであり、その段階では、「自発的な空想（spontaneous fantasy）」と呼ばれているものが現れる。

《夢の重要性についての余談》　夢をみることは、根本的に不可解なプロセスであり、人生や幸福には欠かせないもののようである。主観性に主眼を置く人ならそう思うであろうが、夢は主観性の本質の縮図であると筆者は感じている。どんな夢も完璧に思い出されることも、完全に記憶されることも、目が覚めて頭が覚醒した状態で十分理解されることもない。夢は確かに、私たちが自分の存在を体験している通常の状態よりももっと広範な、一つの意識状態の表現である。多くの変わりやすいイメージ、多様な意味合いの知覚、変幻極まりない感情、覚醒しているときの重要な事柄に対する直観的判断など、これらは私たちのものでありながら、私たちはその範囲や効力、活用法をあまりにも知らなさすぎる。筆者は多くの場合、クライエントの中に潜在している偉大な資源として、またいかにクライエントが自発的な心の気づきにオープンになる必要があるのかを示すものとして、夢を利用している。

情緒的に関連づける

場面９‐５で、アンディが「こんなに不器用な人間」に思えてしまうことに苦痛や悲しさを感じているとき、彼は自らの人生における問題と感情的に結びついている。しばしば、この事例でも見られるように、自分の体に意識を向けるようになることで、クライエントは感情的な関連性に気づくようになる。ほかにも方法は数多く考えられるが、発見することにオープンな姿勢で現在の人生経験を語ることはしばしば役に立つ。

場面９‐６

Ｃ22：この前の夜、ジャネットと私は映画を観に行った。映画の題名は忘れてしまった。けれど、そんなことは問題じゃない。重要なことは、僕の心を突く場面が一つあったことってことさ。なぜなのかはまったくわからないけれど、今、そのことを思い出したんだ。それについて話してもいいかな？

Ｔ22：今、頭に浮かんだとおりの場面をね。

Ｃ23：ああ、その男は朝早くに家の外で佇んでいた。だんだん明るくなってくる空を眺める以外、何もせずに。彼は何らかの理由で朝早く起きて、散歩をしに出かけた。妻も子どもも家で眠っていて、彼はただ空を見つめているだけなんだ。（間をとって、息を飲み込んだ後、息を止める）。このシーンを話していると、息が詰まるような感じがするよ。意味もないことだけど…。

T23：このことが自分にとってどんな意味をもつのかを見つけ出すチャンスを、自分自身で遮っているのね。自分の感じていることや言っていることが何の意味もないと批判し続けることで。

C24：ああ、そうだと思うよ。だけど、そんなふうに感じる根拠が何もわからないんだよ。僕は都会育ちで、あんな農場に住んだことなどなく、結婚もしていないし…。

T24：自分の気持ちがいかに間違っているのかを証明しようとしているみたいね。だけど実際には、気持ちを見つけ出すチャンスを自分に与えていないわ。

C25：いいや、そうしたいわけじゃないよ。ちょっと待って。ええと、あのシーンを思い出してみるから。(彼は後ろに寄りかかり、目を閉じ、ため息をつく)

T25：急がないで、アンディ。男性は夜明けどきに佇んでいるのね。(彼女の声は優しく、少しばかり夢見心地な感じである)。彼の家族は…、妻や子どもたちは彼の家の中で眠っている。彼はそこでただ立っているだけ。

C26：(喉の奥から低い声を出しながら)、家族が眠っている間、外で立っているだけなんだ。彼の家族は…彼の家族は…。僕には家族がいない。(息を止める)。僕には家族がいないけれど…だけど、自分の家族を持ちたいと思う。

T26：あなたには家族がいないけれど、持ちたいと思うのね。

C27：(目を開けて、まっすぐセラピストを見据える)。ええ、家族を持ちたいと思うよ。一人でいることにも、生活感のない暮らしにも飽きたからね。

時間を追って認識していく

もう一つの形態は、いくぶん独断でこの段階に位置づけているが、何らかの問題がセラピーを受けている最中にどのように生じているのかを、クライエントが自分で、あるいはセラピストのタイミングの良い解釈によって気づく時期と関連がある。筆者がこれを独断でこの段階に位置づけていると述べている理由は、そのような認識が、もっぱら別の記述的観察と似た私情を離れたものであるのか、因果関係に呼応したいくぶん意識的な認知であるのか、感情的な関連づけという性質をもった実感なのか、あるいは心から主観的になって発見したものから生じた深い洞察なのかによって大きく左右されるからである。以下の例は、その中の三つめ、感情的な関連づけを示したものである。

場面9‐7

C30：先日ここへ来た後、考えたんだ。ジャネットに結婚を申し込むことを。そして待つのはやめようと。僕たちが何を待っているにしても。だけど…。

T30：だけど…。

C31：ええっと。彼女に会ってみたら、彼女は来月予定している僕たちの旅行の計画で頭がいっぱいで、その上僕は自信がなくなってきて…。

T31：結婚に確信がもてなくなってきた？

C32：まぁ、そうなんだ（間を置く）。つまり、僕はそうしたいと思っているわけだけど、なんとなく…そろそろ落ち着く潮時なんだって感じで、彼女もそうしたいことはわかっているし、だけど…彼女といると。

（間を置く）ちくしょう！　また、いつもと同じだ。

T32：どういうことですか？

C33：そう、今のように僕はひどく優柔不断で、ここでもきっぱりとそのことを話すことさえできないんだ。つまり…つまり、物事の別の面を考えてしまうんだ…だから…。

主として主観的なパターン

第一章で、筆者は、人生を変容させる深層心理療法の究極の領域がクライエントの主観性であることを認識することが重要であると強調した。ここで、クライエントがその領域で人生の問題に取り組む方法について検討するとなると、私たちがやろうとしていることは不可能なことになる。

自らの主観性を探る際にクライエントが用いる方法の基準のようなものを示すことは不可能である。このような困難が生じるのは、私たちが繰り返し述べたように、主観性というものがかなり個別的なことだからである。しかし、より根本的には、相手がどのくらい本当に主観的になっているかを明確に示すことは不可能だからである。

「ハウツー（方法）」というのは、客観的な仕事のためのものである。そのような領域では、次のように言うことができる。「まず、このように装置の各部位を並べます。次に、羽のついたものを選び、そのネジ状の突端を〝隙間A〟に入れ、時計回りと反対方向（左回り）に半分ひねってください。次に…」。あまり妥当ではないが一つ例をあげると、私たちはクライエントに車のエンジンをかけ、運転し、止めるやり方について教えることはできるが、どこかへ行こうとする内的動機を得る方法を教えることはできない、ということである。

主観性の領域で私たちが最大限にできることは、ほかの人たちが本当の主観性によりうまく触れるために役立つと考えているパターンを説明するくらいである。そうすれば、努力をする出発点としてそのようなパターンを使うようクライエントを促すことができる。別の言い方をすれば、私たちは内的探求を開始するための方向性をクライエントに与えることはできるが、その過程をどのように前に推し進めればよいのかを伝えることはできない、ということである。

その過程の本当に主観的な部分は、個人の心の中で展開されるものである。私たちが与える客観的あるいは明確な指示は、いかなるものであれ、的をはずし、援助するというよりも混乱を招いたり、仮の主観性をもたらしたりする場合があり、実際には非生産的な療法になってしまう。

自発的に空想する

場面９－８

Ｃ34：ブランチ、途方に暮れてるよ。僕は十分一生懸命やっていないと思うけれど…なんというか…（間を置く）。今は、そのことにとらわれたくないんだ。（間）自分の考えについて話し続けるつもりだけれど、自分自身をしっかり保ってバラバラにならないようにしているけれど、どこにも行き着かないような気がするよ。

Ｔ34：自分のしていることにばかり目が行ってしまうから、自分の言いたいことがわからなくなっているのですね。

Ｃ35：わかっている！　わかっているし、それが嫌なんだよ。だけど、どうしたら止められるんだ？

Ｔ35：その自意識下にあるものに辿り着けるよう援助できるかどうか、やってみましょう。では、そのカウチ

（長いす）にゆったりと腰かけて、カウチに完全に身体を預けてください。

C36：（深く座り、深呼吸を始める）。う～ん。よし、で、次は？

T36：では、アンディ、その状態を続けて。

C37：（深くため息をつく）。わかった。

T37：もうしばらく静かにして、あなたのまぶたに映る映像を見てください。何も考えないようにして。何も思い描いたりしないで、ただ自然と現れるイメージに心を開いてください。イメージが浮かんでも、話し始めるまでに少し待つ必要があるでしょう。イメージを形にして、それから目に映るものを静かに私に話してください。

C38：（二分間の沈黙）。何もないよ。霧のかかった空虚みたいなものだけだ。（間）大きな霧みたいなものしか見えないよ。（間）。何も判別できないけど、霧の中に何かあるよ。暗くて固い何かが。（間）

T38：（優しく）、それから。

C39：何なのかわからないけれど、動くものだ。心地よさそうだ。つまり、それに対して僕は気持ちよく感じている。不安にさせるようなものには見えないよ。近づいてきた。もっと見てみたい。（間）。あ！　見えた。

（間）

T39：何かしら？

C40：僕だ、僕みたいだ。だけど、僕でもない。それじゃぁ意味がないのはわかっているけれど…。

T40：（静かに、はっきりと）、あなたには、自分自身を批判することで自分のイメージを壊す必要があるようですね。

C41：うん。(間)。自分じゃない自分みたいで…少なくとも今の僕じゃない。今とは違う自分になれた…僕自身を見ているような感じだよ。まだ曖昧で、ぼーっとしているけれど、段々はっきりすると思うよ。つまり、イメージが…つまり、自分がはっきりと…どのようになりたいのか、もっとわかってくると思うんだ。

このようなイメージがどのような形で現れるのかを明確に述べることは不可能である。イメージがアンディの体験のように肯定的なものである場合もあれば、怖いものであったり、不安を喚起するものであったり、落ち込ませるようなものであったりする場合もある。また、そのイメージがはっきりしていて、行動が明瞭であることもあれば、何もかもが曖昧で、よくわからないようなこともある。通常、クライエントが心の中の、はっきりとしない気づきに身を任せることができれば、それは本人が現在抱えている心配事に関連する資料となる。しかし、この場合、「〜であれば」という仮定形であることが重要である。無意識のイメージを用いる際の全体的なポイントは、クライエントが意識している事柄に対して心を開くことができるように援助することである。

もちろん、クライエントがイメージを生じさせることができない場合もある。そのとき、セラピストは次のことを判断する必要がある。つまり、クライエントにはこのような探求に対する心構えができていたのか、セラピストが誘導しようとすることが、意識的であれ無意識的であれ、クライエントの抵抗を喚起してしまったのか、イメージを見つけられないこと自体、クライエントが現在の問題に対処していることを示しているのか、といったことである。

《忠告》　無意識のイメージを用いる際に、好ましくない状況が二つある。一つめは、自我があまり確立されていないクライエントで、極度の不安やうつ状態にあったり、あるいはセラピー以外の問題に直面していたりする場合である。このようなクライエントは、一般的に、通常の客観的な対処プロセスの停止によってはうまく支援できない。

二つめの、無意識のイメージを促すのに慎重を要するクライエントは、たいてい有能であり、喜んで空想の世界に飛び込んでいくが、ほとんど誘導することのできない人たちである。彼らが自閉的であるという意味ではない。彼らはイメージや空想をすぐに見つけ出し、完璧に、そしてセラピストを惑わすほどに詳細に物語るということである。セラピーの時間はすべて次のように進んでいく。絵で表したように詳細で劇的なイメージが示されるが、真に療法的な探求は生じない。このようなクライエントに対しては、イメージを語る作業を最長十分間とし、その後、イメージが表現している事柄についての考察を述べるよう求めるのがよい。そうすることによって、主観的な探求を装って抵抗が現れていることがわかるようになる。

自由に関連づける

フロイトの「基本ルール」は、言い換えたり、妥当かどうかを考えたり、他者から抑圧されたりすることなく、クライエントが心に浮かんだことを何でも話すことである。私たちのほとんどは、平均して一分間に八〇〇語を考えることができるが、話せるのはせいぜい一二五～一五〇語であると言われているため、この基本ルールは明らかに実現不可能である。しかし、その背後にある概念は有用なものであり、それをうまく使えるクライエントもいる。

場面9-9

T44：アンディ、今日は違うことをしてみたいのですが。

C44：いいよ、なんだい？

T45：今日もカウチを使ってみようと思います。すぐに座って準備してください。（クライエントが準備するのを待つ）。では、無理に意識せずに、自分の心をオープンにしてください。（間）。さぁ、思いつくことをなんでも話してみてください。ただ説明しながら、ほかに現れてくるものに目を向けてください。できるかぎり、ただあなたの中にある表現されたがっているもののチャンネルになってください。

C45：そんなことができるかどうかわからないよ。なんだか、何も考えられないようだよ。あるいは、考えすぎてしまうっていうか…。

T46：それでいいのよ、アンディ。それが今思いつくことなのよ。そのまま続けて。

C46：ああ、えーっと…（間）。う～ん…。言うべきことがわからないよ。何もかも漠然としていて、ちゃんとした考えもないよ。だから…。

T47：なるほど。（受け入れている調子で）

C47：あ～…これってとらえどころがない感じだね。つまり、僕にはあなたが望んでいるようにはできないようだ…（間）。うぅん、だけど、僕はまだあなたが望んでいることを続けているんだよ。いつものことだよ。僕はいつも人が望むことをしようと努力してきた。そういうのにはうんざりなんだけど…でも…なんていうか…それって思うに…。

T48：うん？

C48：自分の声に耳を傾けたら…。自分でもその意味がわかっていないように思うけど。今みたいに、自分の声に耳を傾けることになっているけど。そうでしょ？　だけど、何もしていない。ただ時間を無駄にしているだけだ。これはうまくいってないと思うんだよ、ブランチ…。

T49：（静かに断言して）そのまま続けて、アンディ。もうあなたはそうしているところなのよ。

引用した場面は、最初によく生じる問題を示している。このような作業によって自己意識が引き出されることで、クライエントはその効果を疑うことがある。しかしまた、この場面は、ほどほどに励ましたり、確固としているが親しみのある言葉をかけることで、クライエントは知らず知らずのうちに問題に対処するようになることも示している。何よりも必要なのは、クライエントが主観性の探求の必要性をある程度理解していることと、そのような探求に努力を注ぐ心構えができていることである。

《カウチの利用》　筆者は、クライエントにカウチやリクライニング・チェアに座ってもらうことが効果的であると考えている。しかし、ときどきその使用を勧めはするが、必ずしも必要なわけではない。仰向きになって自分の人生がどうなっているのかを考えるときと、誰かと（通常は面と向かい合って）会話をしながら考えるときとは、心の置き所が違ってくる。明らかに、前者の姿勢は、自己意識を経過していれば、主観的探求をおおいに促進する。（筆者のクライエントのうち、三分の一から半分ほどはよく横になっているが、決してそうしないクライエントも三分の一以下ではあるが、いる）

心配事を探求する

筆者が「探求（searching）」と呼んでいるものは、フロイトが自由連想の基本的ルールで認識したものと同様の本質的な能力を用いる方法のことである。人間のこの内在的な能力は、私たちが反応する必要があるが、事前に経験を積んで得た反応経路などを持ち合わせていない状況のときに必要となる能力のことである。

心配事による探求は、自由連想の発展した形である。クライエントが意識されるものをすべて述べることは不可能であるということを認識した上で、口にできた数多くの言葉から取捨選択する方法として、一つの基本が求められる。その機能は、心配事をするという経験によって充実する。

心配事とは、ある人生の問題を心から気にかけ、そのことに進んで自己を投入し、望ましい変化をもたらすために働きかける心構えをするという経験である。（第十一章でこの重要な概念について、さらに詳しく述べる）。それは、その人の主観性を療法で探求する際に、力を引き出し、導く上で重要なものなのである。

効果的な探求が行われるために必要となる三つの状態とは、次のとおりである。①クライエントがもっと深く、十分に探求したいと思っている人生の問題を明らかにし、それを徹底的に、しばしば繰り返しセラピストに説明する。②クライエントが、できるだけ臨界期レベルを維持し、できるだけ熱中しながら人生の問題を説明する。③クライエントが、発見することへの期待、驚くことに対する心構えを持ち続けている。

場面９‐10

C51：ねえ、ブランチ、僕の優柔不断さについて、私たちはある程度対処してきた。すごく有意義だった日があったこともわかっている。だけど、まだ…。

T51：まだ？
C52：まだ何か見落としているような気がするんだ。
T52：なるほど。
C53：火曜日に僕の父のことについて話して、父は僕たちが何を言っても聞き入れなかったって話をしていたとき、そんなことが重要だとは思えなかったんだよ。いまだにそう思うけれど、ほかに何が重要なのかもわからないんだ。
T53：その思いを追いかけてみて。ほかに何かあるという思い、自分自身に伝える必要のある何かを。
C54：あぁ、それが何かを考えようとしてきたさ。だけど…。
T54：それを発見しようと努力することが、あなたがしなければならないこと、つまり、あなた自身の心の声に耳を傾けることの妨げになっているのよ。
C55：(間を置き、しばし沈黙する)。以前に話した夕飯のシーンのことを考えているんだ。兄と父さんが大喧嘩をしたときのことさ。…まぁ、本当に体をぶつけあった喧嘩とは違うけれど、二人ともかなり怒っていた。(間) 自分が何を考えていたのか、まったくわからないよ。兄も父さんも僕を味方にさせたがっていたけれど、僕にはそんなことはできなかった。
T55：それで…。
C56：一番上の兄のドンは、僕の腕をつかんで何か言ったんだ。「さぁ、度胸をつけて、何を考えているのか父さんに言ってみろ！」みたいなことを。だけど僕は、ひどく怖くて。父さんは「この子を巻き込むな。弱い者いじめめ」って言ったよ。その言葉がドンをもっと怒らせることになって、彼は父さんに向かって、お前こそ弱い者いじめだとわめき始めたんだ。僕は彼らが本当に殴り合うんじゃないか、そして自分も殴られるんじゃないかと怖くなって…。

やがてアンディは、自分がはっきりした態度に出ることに対して躊躇する、もう一つの原因に気がついた。このときまで、彼は自分の心配事には単独の問題以上のものがあると考えてきた。しかし彼は、周りから好かれよう、少なくとも受け入れられようとして、いかに自分の見方を犠牲にしてきたか、どれほどありのままの自分でいたいと願ってきたことか、どれほど怒りの感情を自分の心の中に圧しとどめてきたか、ということに気づくようになった。今、この怒りが表出しつつあるが、それによって自分の気持ちを深く掘り下げることに対する恐怖心も増している。

クライエントがもっと深く取り組めるよう援助すること

この章の教訓は、どのクライエントも真の主観的レベルで療法に関与しなければならない、というものではない。すべてのクライエントがそうしなければならないわけでも、また、すべてのクライエントがそうできるわけでもない。実際、できない人のほうが多い。ある特定のクライエントにとって必要なレベルは、多くの考慮すべき点によって左右される。たとえば、現在の問題の本質、長期間の療法を受ける心構え、自我機能の正常さ、求められている変化の量や深さなどである。

より深いレベルが必要となる現実への接触ができないことから、意気消沈してしまう人がいることは、すでに見てきた。そのようなクライエントは、自我があまり強くなく、即座の現実的な反応を必要とするストレスのある状況で生活しているのかもしれない。そのようなクライエントが、療法に深く関与することは困難であるが、それでも人生をよくするためにそうする必要のあることが明らかである場合、セラピストは、機能に大きな変化をもたらすよりも、この基準にそって数か所に移行できるよう促すほうがよい。つまり、自分の心配事の原因について、機能的に関連づけたり考えたりしている人には、身体の感覚やその感覚に関連するものにもっと意識を向けるよう促すことによって、最善の援助を与えることができる。これがうまくいくようなら、その後、夢や空想を報告したり連想したりする経験をさせればよい。

深層療法がふさわしいと思われるクライエントであっても、いきなり真の主観的レベルに推し進めてはいけない。クライエントにとって取り組む準備ができているレベルはどこかを把握した上で、徐々に一つずつ基準に沿って移行するよう促せば、セラピストは最もうまく療法を行うことができる。どの時点であれ、クライエントがどの段階にいるのか、クライエントのニーズは何なのかを感じ取ることは、セラピストの技にとって不可欠である。

なぜブランチはアンディに決断させなかったのか?

このような質問をする人がいるはずである。セラピーがアンディの問題に対処するのに、納屋の周りをうろうろしているように感じられるからである。確かに、効果的で実践的なカウンセリングによる何らかの援助とは、ジャネットとの結婚をアンディに決心させることかもしれない。しかし、次の重要な決断をするとき、たとえば、どこに住むのか、すぐに子どもをつくるのかなどを決める際、アンディはまた出発点に戻ってしまうように思われる。優柔不断さが生じる潜在的な土壌の真相をアンディがわかるよう援助することこそが、このようなパターンに根本的な変化をもたらすのである。

そのような潜在的な土壌は、従来の心理療法では「原因」、すなわちアンディの症状の歴史的な出所とみなされてきた。私たちは確かに、アンディに自己を語ることに注意を向けさせるよう促すことになった出来事を見てきたが、それらを知ることがパターンを終わらせるわけではない。現在、自分がどのくらい優柔不断であるのか、また、それがどのくらい今の生活の中で、自分自身の特徴となっているのかを彼自身が十分に気づいてはじめて、彼はこのパターンを減らすことができるのである。

「減らす（reduce）」は「なくす（eliminate）」と同じではない。このような基本的なパターンは、しばしば「性格（character）」パターンと呼ばれるが、心理療法で完全に根絶させられることはめったにない。むしろ、クライエントは自分のパターンがどのように機能しているのかを知り、さらに、自分がそのパターンに二度ととらわれないことを知るのである。このような、自分自身に対するより大きな視点は、療法による変化には欠かせないものであり、人生の機能や満足度を向上させる上でも不可欠である。

結　論

この章では、セラピーを受けることになった心配事とそれに関連した問題を、クライエントがどのように把握していくかを取り上げた。最初に現れる不満は、取り組みの期間を通じて最も重要なものになるかもしれないし、あるいはすぐに背景に隠れてしまったり、完全に消滅してしまうかもしれない。それがどんなにうまくいったとしても、どの時点であれ、クライエントは何らかの心配事を抱えている。そして、クライエントがどのように心配事を抱えているかが、療法全体の最も重要な点となる。

より深い取り組みに適したクライエントに対してであっても、最初のステップは、どのレベルであれ、そのクライエントがすぐに利用する準備ができているレベルで取り組めるよう援助することである。しばらくこの状態が続けば、クライエントは自発的にもっと深く取り組み始める。もちろん、クライエントは一度に一つのレベルだけで取り組むわけではない。つまり、レベルの範囲には幅がある。彼らがどの段階に最も長くいるのか、最も深く関与するのはいつか、時折ではあるが向かっている先で何を得ることができるのか、などに注意する必要がある。

クライエントは、自分の内的な生活、すなわち主観性全般をどのように扱っているのだろうか？　意図、願望、恐怖、あるいはそれ以外の人間関係を含む主観的な人生の側面について話をする際、同じレベルが様々な領域に適応される。

そのような見方が有効である領域について、ここに例を示そう。

- クライエントは自分自身の何について悩んでいるのか
- クライエントは他者や物の何について悩んでいるのか
- クライエントは経験や夢などについてどのように語っているのか
- クライエントはセラピー自体についてどのように話しているのか
- クライエントはどのようにセラピストに質問しているのか

- クライエントは身近に感じていることをどのように表現しているのか
- クライエントはどのように援助を求めているのか

サイコセラピストの道程

当時、世界を大きく変えた男の一人であるアイザック・ニュートンは、かつて次のように書いた。「自分が周りにどう映るかわからないけれど、私自身は自分のことを海辺で遊ぶ一人の少年にすぎなかったと思っている。すべすべの小石や普通よりも小さな貝を時折見つけては気晴らしをしているが、目の前にある真実の大海はまだ発見されていないもので満ちている」

かくも思慮深く独創的な視点をもつ人物からの言葉は、なんとすばらしく、つつましやかなのだろう。図々しく彼の比喩を借りたなどと思われたくないが、そうすることがここでの目的にふさわしい。

主観性の大海は、私たちがまだ発見していないもので満ちている。私たちは、その最も浅瀬のところを苦労して歩き、その淵をさまよっているが、深いところへ入ったり、遠くへ乗り出すようなことはあえてしないし、また、できない。なぜなら私たちは、まだひよっこだからである。

海は、私たちの古い時代の故郷であるのに、あるいはこういう言い方のほうがよいだろうが、私たちを孵化させた媒体であるのに、その海について私たちはあまり多くのことを知らない。私たちはおそらく、揺籃期の主観性から抜け出て、「栄光の雲をたなびかせる」ところまで来たのだろう。私たちは、揺籃期が空白の状態であったとみなしてきたが、生物学者や物理学者による揺籃期の研究が増えるにつれ、それ以外のことが示唆されるようになった。ウイリアム・エマーソンの注目すべき考えは、子宮の中にいる胎児のときから、意識による高い指示が現れているというものである。

このような概念は、最近になるまでまったく見向きもされなかった。私たちの最も狂信的な排外主義の時代には、最新の科学的で客観的な視点にそぐわない事実はすべて否定されてきた。何世紀にもわたる東洋精神の英知、「発展途上の」人々の間にある何千年も前から存在する伝統的な信念、合理主義の信条を引き継ごうとしない多くの人々の見解や思考など、こうしたすべてを、私たちは迷信だとか、まともに取り扱うに値しないものだと言って見過ごしてきたのである。

主観性は大海である。そこに初めて飛び込んでみるとき、あるいは怖々と航海してみるとき、本書で述べたとおり、私たちの見なれた世界が問われていることに気づくようになる。

ここで私が主張することは以下のとおりである。

①私たちは自分自身のアイデンティティをよくわかっていない。私たちは意識的に気づいている以上のものである。私たちは自分に潜在しているものを把握したり、利用したりする方法を知らない。

②もし私たちがアイデンティティの感覚を変え、意識的でないものや客観的でないものを含めることができるようになれば（すなわち、未知のものと主観性とを真に結合させることができれば）、自らの潜在能力により近づけるようになるだろう。未知のものを否定しようとするために、いつまでもそれは未知のまま、近づくことができないのである。

③私たちの時代や文化にある、客観性とともに逃げ回る習性は、私たちの種やこの地球さえをもきれいさっ

ぱり破壊してしまう真性の癌である。それ自体は無害であるが、ほかの健康な機能に侵襲し、それらを破損し、破壊していく腫瘍である。

何もかもを客観的に（明白で客観的な形に）しようとする要求が、言葉で言い表せない、微妙なものの多くを破壊する。

ずっと昔の世代は神を信じており、神は「人の心の中に」あるものを含め、すべてを知っていた。このことは、私たちは自らの行いと同様、思考や意思に対する責任からも免れることはできないということを意味していた。私たちはそのような外側の責任者から解放されはしたが、本質的な責任を引き受けることには手間取っているのである。

④絶望は、私たちの中にある認識されていない潜在能力を引き出すために、最も頻繁に使われるものである。それが引き出されることで、パラダイムシフトや独創的な成果が生まれる。

おそらく、アルマゲドンが接近すれば、偏見を飛び越さざるをえないような絶望がもたらされるであろう。おそらく、世界規模の大激変による絶望にしか、そうすることはできないだろう。何らかの救いの手段があるときに、絶望は起こりうるのだろうか？

⑤主観性の深く、包括的で、根本的な役割を十分認識することが、新しいパラダイムを確立する。それは、心理学だけのためではなく、科学のためのパラダイムであり、科学だけのためではなく、人間のためのパラダイムであり、そしておそらく、人間だけでなく、存在そのもののためのパラダイムなのである。

第10章 抵抗への基本的アプローチ

クライエントは自分の人生を変えるために、人生変容の心理療法を受けにやってくる。クライエントが「取り組もう」としてセラピーに持ち込むものは、本人の生き方である。つまり、人生変容のセラピーに必要なことは、クライエントが生き方を変えられるよう援助することである。しかし、クライエントの生き方は、本人が自覚している以上に、自分は誰であり、何であるのか、自分の世界はどんなものか、といったことを認識する上での基盤となっている。そのため、セラピーが本当に人生変容をもたらすとき、クライエントは自らのアイデンティティ、世界、要するに自分の人生が脅かされていると感じる。当然のことながら、クライエントは療法上の努力に抵抗するのである。

人生変容の心理療法の核となる探求と対峙を可能にするためには、ある程度の深みのある主観的な関わりが必要である。有意義な人間関係を支援しながら効果的な方法を使うセラピストの感性とスキルが、そのような深みをもたらす上で不可欠である。この章では、精神分析の先駆的業績に基づいて、そのアプローチを紹介しよう。

ほかの章以上に抵抗に対処する方法をここで紹介することは、人格の本質や心理療法の理論的根拠についての私の見解からはますます遠ざかることになる。しかし、いくぶん反対方向に向いている人でも有利にその方法を使えるよう説明しようと思う。

フロイトの最も重要な貢献の一つは、抵抗の存在を明らかにしたことであり、それが療法上の取り組みにとって主要な意味をもつことを認識したことである。「患者を病気の症状から解放し、健康を取り戻させようとするとき、患者は暴力や強固な抵抗でもって、私たちに対峙する。そのような状態は治療の間中、続くのだ」とフロイトは書いている。

援助しようとする努力が、援助しようとしているまさにその相手によって偏向されてしまうということ、また多くの場合、そのような相手がその援助を求めて来た張本人であるということを最初に突きとめたのは、フロイトではないようである。きっと、医師や牧師、教師、それ以外の人々も、太古の時代からこのような逆説的な現象に遭遇してきたはずである。フロイトという深層心理療法の開祖が行った無類に重要なこととは、抵抗を、それまでのありふれた解釈のように動機の欠如や悪意、頑固さの表れとして切り捨てたりせず、むしろ療法の一部として――中心的なものとしてさえ――受け入れたことである。彼の貢献やそれにどんな名称を与えられるかといったことについて妬む人に対して、フロイトが「抵抗を分析しない精神分析などない」と書いたのは啓示的である。

「抵抗」とは

この重要な用語は、様々な形で、臨床的なやりとりの様々なレベルで定義されている。また、様々な学派のセラピストや理論家によって、大きく異なった形で用いられている。ここでは基本的な概念を説明し、わかりやすい使い方をいくつかご紹介しよう。では、まずこの用語の一般的な使い方を頭に入れるところから始めよう。「君は抵抗力が落ちたから風邪を引いたんだよ」と私たちはよく言われる。病気に対する抵抗力はお馴染みの概念である。このような言葉の使い方からみると、抵抗力が私たちの身体にとって、また、おそらく身体的なものだけでなくそれ以上のものにとって、自然で健康的な作用であることがわかる。

抵抗とは、脅威を軽減しようとするクライエントの衝動や、クライエントがその衝動を行動に出すプロセスのことである。そのように考えると、抵抗は私たちが自分の体験に対処するための、普遍的で、正常で、望ましくさえある方法であることがわかる。これは覚えておくべき重要な点である。脅威を軽減しようとしない者などいるだろうか？　この次に続く質問は極めて特徴的なものである。脅威として認識され、したがって抵抗されるものとは何なのか？　どのようにその脅威を軽減するのか？　その代償は何なのか？

フロイトは、精神分析の受け手が自由連想法の「基本的ルール」に従えなかったり、クライエントが分析家による解釈を受け入れられないところに、抵抗が現れているとみなした。理論と実践のおびただしい修正にもかかわらず（基本的ルールをあまり重視しなくなったことも含めて）、近年の数多くのセラピストや分析家は、抵抗がセラピストの解釈に対するクライエントの防衛であるという見解を持ち続けている。私の意見を言えば、それも抵抗と言えるだろうが、そうではないかもしれないと思いたい。

抵抗とは、クライエントの反抗心、対立心、敵対心と同じではない。クライエントはセラピストの解釈に対して、声高に面と向かって議論しているのである。つまり、彼らは私がその用語を使っているようなかたちで抵抗しているわけではないのだ。また、クライエントはセラピストに怒り狂い、それを完全にあらわにするが、それが存在を避けるための隠れ蓑になっていないかぎり、私は彼らが抵抗しているとはみなさない。もちろん、ここでの二つの例は、要点を明らかにするために誇張したものである。単純に抵抗しているのか、抵抗していないのかという状態はめったにない。しかし、私が抵抗に対して従来の精神分析の視点とは異なった見方をしていることは、やがてわかってくるだろう。

　抵抗とは、知覚された脅威に対して、慣れ親しんだアイデンティティや既知の世界を守ろうとする衝動である。深層心理療法において、抵抗とは、クライエントが療法上のワークで、心から主観的でいることを——受容できることも表現できることも——避けることとである。意識的もしくは無意識的な脅威とは、世界におけるクライエントのあり方にとって、深く関わることが難題をもたらすということである。

抵抗は、クライエントが自分を客観視し、表面的な位置づけを持続させることによって、深く関わることを先延ばしするときに見られる。また、抵抗はセラピーであろうとそれ以外の場であろうと、主観性を引き出す上での反対勢力であり、自分の人生における真の存在を避けるために必要なものである。そのように考えると、抵抗は本物でない存在に帰着することになる。

抵抗の側面

抵抗の意味を把握し、療法的にそれに取り組むことを考えられるようにするために、ここで、この広範な臨床現象に関わる一連の側面について説明しよう。

《対話への抵抗》　抵抗が最初に現れるのは、たいていクライエントとの最初の接触のときである。

ナンは初回面接に五分遅れてやってきた。しかし、彼女はおざなり程度の簡単な詫びを入れただけであった。続く三回の面接でも、彼女は平均して八～十分遅刻してやってきた。五回目の面接でほぼ十五分遅れでやってきたとき、セラピストはそのパターンを指摘し、そのことについてナンの考えを求めた。すると、彼女は多忙な仕事のスケジュールについて説明し、これからはもう少し早く来ることを確約しながら、事を一笑に附した。セラピストは問題点を強調しなかったが、ナンとの面接にやる気をなくしたのであった。

私たちが最初に抵抗を認識するパターンは、たいていこのような形で生じる。私たちは気持ちをそらされたように感じたり、クライエントが悩みから手を引いてしまったと思ったり、私たちの探求の主な筋道がわからなくなったように認識したりする。そして、私たちはこれを「対話への抵抗（interview resistance）」として考え、最初のうち単発の問題とみなす。しがたって、図10‐1ではそれを小さな箱の中に入れている。

《生活パターンの抵抗》　セラピストはクライエントのことがわかるようになると、対話への抵抗が単発の出

図 10－1　会話における単発の現象としてみなされた対話への抵抗

来事ではなく、クライエントがこのパターンを繰り返し見せていることに気がつく。つまり、それはクライエントの反応の中でも、よく使われるものなのである。やがて、面接室で現れるそのパターンは、外でも同様に現れるクライエントの通常のやり方であることが明らかになってくる。次の例はおおげさに見えるが、極めて典型的なものである。

> 次の二つの面接ではわずか一〜二分遅れただけのナンであったが、再び面接に遅刻するようになった。彼女はいつも言い訳をした。しかし、このパターンについて質問をすると、彼女は取るに足りないこととして一蹴した。「仕事があんまり忙しくてね」「私っていつも一番遅く登場する人なのよ（笑いながら）」「セラピーとは関係がないのよ。つまり、先生と出会う前からこうだったし、たぶんこれからの人生でもこうなんだわ」

ナンは度重なる遅刻が抵抗であることをすぐには受け入れない。彼女にとって、遅刻はセラピーから独立して存在するためのやり方だからである。もちろん、それがポイントである。生活パターンの抵抗が面接室以外でも作用していることがわかれば、療法の対話にそれを持ち込むことの重要性が明らかになる。そこで、セラピー内での抵抗は単発の問題としてではなく、面倒だがささいな習慣と

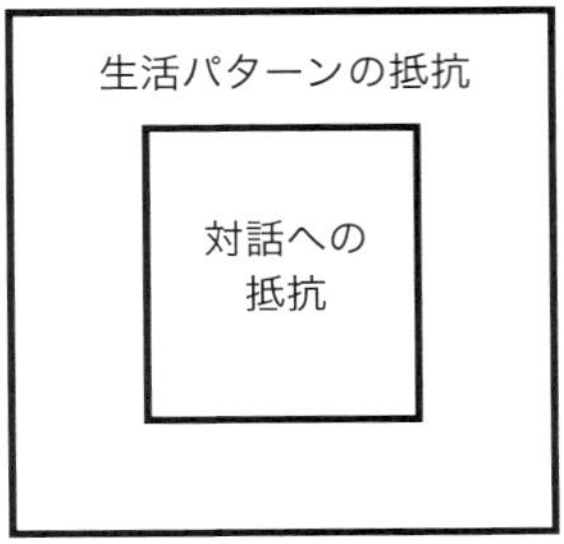

図10 - 2　対話への抵抗は，生活パターンの抵抗の側面としてみなされる

して見なされるようになる。つまり、もっと大きな生活パターンの一部としてみなされるようになる。図10‐２ではこのより大きな枠組みの中に対話への抵抗が含まれている。

《生活限定のプロセス》　次の段階は、抵抗が深層心理療法にとって重要となる決定的な段階である。一緒にワークをしながら、療法のパートナーは、自分が深く関わらないように操作する生活パターンや、自己発見を妨げるパターン、セラピー外の生活に浸透しているパターンなどがあることに気づく。つまり、生活パターンの抵抗が、直接的であれ間接的であれ、セラピーを受けることになったクライエントの生活上での悩みに固有のものである、ということが明らかになる。

さらに、私たちはこのようなパターンが独立した問題ではなく、クライエントの世界（自己概念も含む）を制限する、つまりクライエントに自分が健全で人生を操作できる人間であると思わせる作用を作り出していることに気づく。これは時折「転移神経症」と呼ばれ、面接室では小さな規模であるが、クライエントの人生を台無しにするほど大きな神経症的形態である。クライエントの〝自己と世界〟の概念をかなり限定している一連のパターンを認識することは非常に重要である。というのも、そのような認識によって抵抗の深層機能を理解することができ、その肯定的な側面を認識したり、最も成功しやすい方法で療法的介入を方向づけることができるからである。

何よりもまず、この点について説明し、さらにその重要性について述べよう。

セラピーによって次第に、ナンにはどんなときでも活動している必要のあることが明らかになった。なぜなら、彼女は「やるべきこと」が何もないことがわかるとパニックに近い状態になるのだった。治療に入ったところ、彼女は恥ずかしげに、秘密にしていた強迫観念を打ち明けた。これが彼女を不安にさせていたものであり、彼女はセラピーによってそれから解放されることを望んでいた。そして、何もしていない時間があると、彼女には心を満たすために考え事が必要であるということがわかった。同様に、彼女の遅刻も、誰も何も待つ必要がなく、空虚感に直面しなくて済むための方法であったのだ。

この例では、そのパターンは、実際にそれを覆い複雑にしている側面が剥ぎ取られ、骨組みだけを示している。つまり、クライエントを悩ませている問題が面接でも全般的な生活パターンでも明らかにされている。さて、対話への抵抗と生活パターンの抵抗を囲んでいるより大きな枠組み（図10-3）からは、私たちが明らかにしていることが、広い意味でクライエントの生活に重要であることが確認できる。

《自己と世界の構築システム》　クライエントが誰で、どんな人なのか、その人の世界はどんなもので、どのように機能しているのか、その世界でクライエントはどのように自分の道を築いているのか、といったことを、私たちセラピストはそれぞれ構築しなければならない。私たちは、自分の強みや弱み、ニーズ、特に恐れてい

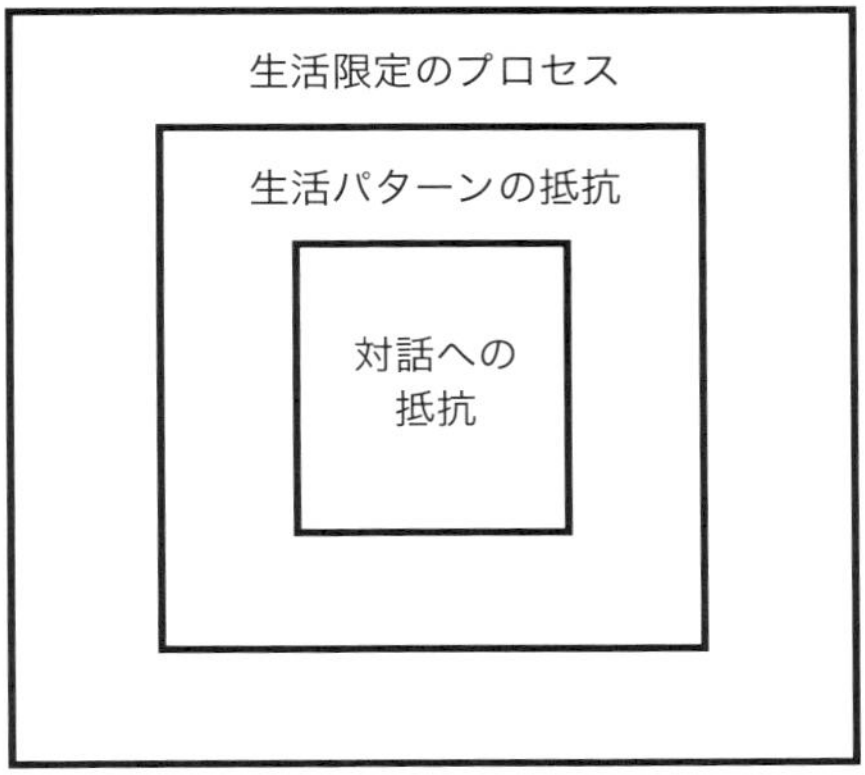

図10-3　生活スタイルの抵抗も対話への抵抗も，生活限定のプロセスの部分集合とみなされる

る危険なもの、あるいは自分が求めていたり避けているものや状態などの概念を持つようになる。起こりうる世界は計り知れない。そのため、私たちはいつも「生きていける状況（the livable）」を守るために、起こり得ることと何らかの折り合いをつける必要がある。

ロロ・メイは、私たちが安全であると感じられる程度にまでいかに世界を縮めているのかを述べている。非常に狭い空間に引っ込んでいる者もいれば、新しい可能性を切り開いている者もいる。たいていの人は、心地よいが限られた世界に甘んじ、ほんのたまにしか新しい変化を求めない。

ナンはセラピーを受けるなかで、自分が孤独から逃避していることや、常に何かをしていなければいけないことが生活に大きな影響を与えていることを知り、さらにはそれらによって他者との関係や仕事の質が著しく妨害されていることに気づいた。じっくり考えている余裕はなかったため、彼女はほとんどの生活状況において表面的で手っ取り早い選択をしたが、その結果、それまでの彼女の実力で仕事ができなくなったばかりか、ほんのちょっとした関係以外、他者との関係を維持することもできなくなった。彼女はそのような欠如を知るに至り、そして今、彼女は長い間避けてきた空虚感と向き合えるようになり、自分の残された可能性を再び利用しながら問題を克服しようとしている。

このような自己と世界の構築システムは、もちろん抵抗機能より広範囲のものである。それはクライエントの生活に可能性をもたらし、人生に満足感を与える建設的で機能的な構造も含んでいる。したがって、そのシステムは、抵抗パターンが設定されている枠組みをも包括していることがわかる。図10‐4に図式化したとおりである。

要約

このような抵抗の概念がなぜそれほど重要なのかを、ここで明らかにする必要がある。抵抗を認識することは、クライエントが自己を認識し、自己の世界を構築するやり方において、療法的に中心的な側面を明らかにする。このように明らかにされた病的な要素、すなわち苦悩を生み出す要素は、セラピーのパートナーが直接目を向けることができるよう、セラピーの時間内ですぐさま表出される。そうすることで、(セラピーで得たものを、クライエントのセラピー外での生活に転化する必要のあるワークに比べて) クライエントの人生にすぐさま影響をもたらすワークを行えるようになる。

この見解においてさらに重要な点は、私たちの注意を、自己と世界の構築システムの建設的でいきいきとし

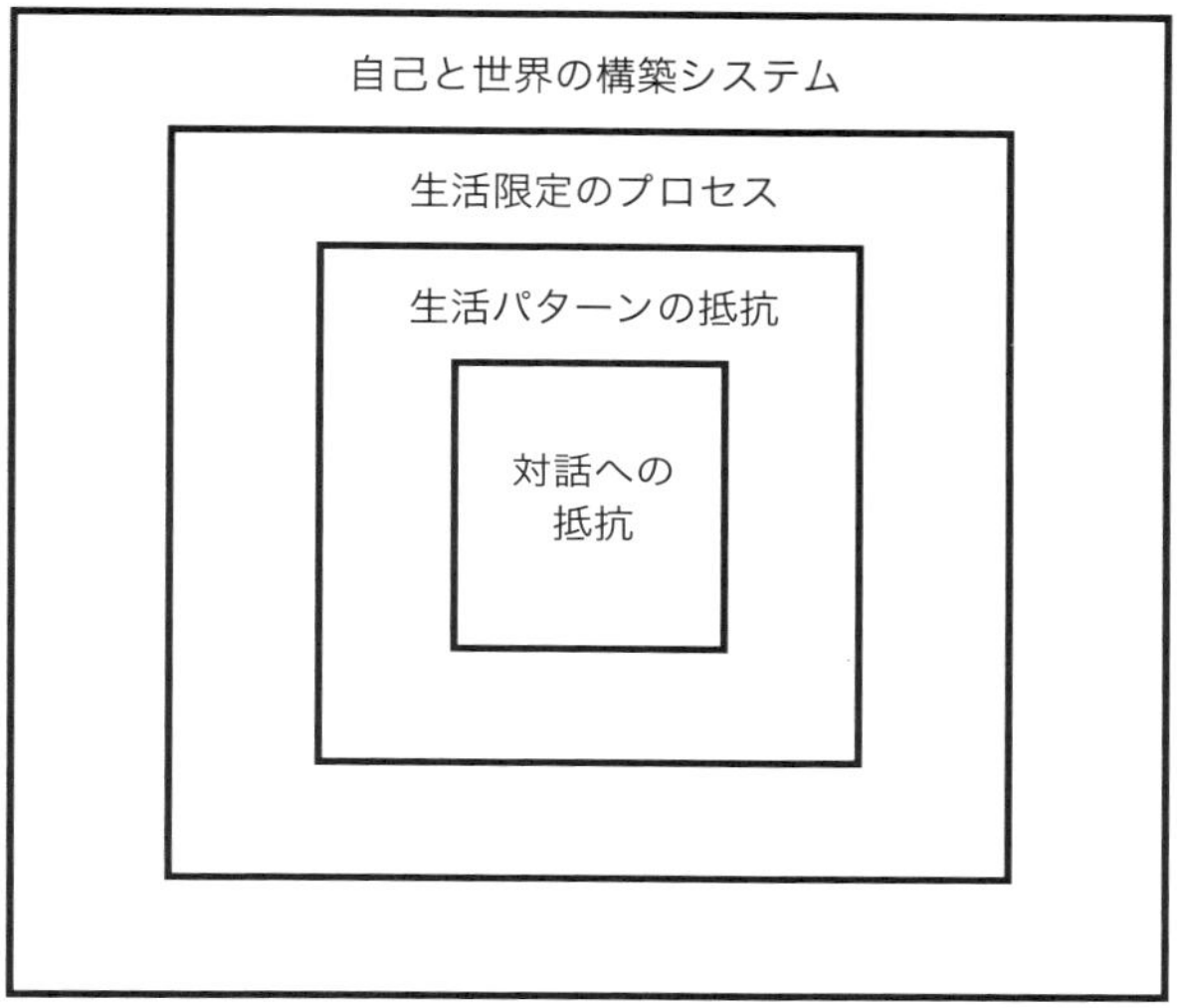

図 10 - 4　すべての抵抗形態は，クライエントの自己と世界の構築システムの中にある構造として表現される

た側面に向ける必要があるということであり、抵抗的側面は単なる側面に過ぎないということを念頭におくことである。クライエントがかたくなに持ち続けている構造には、肯定的な側面もある。

ナンは幼い頃、二人の姉と両親のいる家族のもとで育った。四人の家族は仲良く暮らしていたが、それも予期せぬナンの誕生までのことであった。ナンが五歳のとき、家族の人気者だった次女がボートの事故で亡くなった。ナンはおそらく彼女の死を見ていたはずだが、その記憶は確かではない。いずれにしても、ナンはこの悲劇に対していくぶん責任を感じていた。今でも、その原因を作ったのは自分ではないか、あるいは事故を防ぐ手だてがあったのではないかと考えている。

ナンの話によると、家族は、ナンがその後劇的に変わり、引っ込みがちの敏感な子になってしまったと言っているとのことである。彼女は幼少時代の悪夢や覚醒の恐怖を覚えていて、今でも時折、漠然とした恐怖から自分や子どもたちを守ろうともがく悪夢を見ているのである。

私たちのワークで、ナンは眠りに入るまで読書をする習慣を身につけていたこと、起きているときはともかく忙しくし続けていたこと、暇になると必ず精神的な問題にとりかかっていたことを思い出した。恐ろしい思いや自己非難、不安な思いを防ぐこれらの方法はすべて、形を変えて継続されてきた。そうしたことが、孤独や苦悩に満ちた高校時代に、頭が変になったり自殺をするといったことから自分を守ったのだと思う、とナンは言った。

臨床における抵抗との遭遇

そろそろ概念のレベルから、抵抗が明らかにされ、その妨げとなっている影響をセラピーで低減しようとする臨床レベルへ話を進めよう。まず、様々な例をあげて、この生きたプロセスの多様な可能性を示す。その次に、抵抗が担っている機能について検討する。この二つの段階が、抵抗に働きかける際の細かい療法的な手順の準備となる。

典型的な抵抗パターン

以下の例は、抵抗がクライエントの完全な存在と関与を妨げる様を明らかにしている。これまで見てきたように、我々にはしばしば最初にこのパターンに気づく気づき方がある。しかし、セラピストは自分が抵抗の対象者でもなければ、それを打ち負かそうとするものではないことを認識する必要がある。その代わりに、セラピストはクライエントが有害な側面をなくせるよう援助する一方で、建設的な側面を見つけ出し、それを強化することを望むのである。

アリスはセラピストにたくさんの質問をしてくる。「ご結婚されていますか？　…どちらで育ったのですか？　…お仕事に満足していますか？」。この執拗な好奇心が彼女へ返されると、彼女はまるで不当であると非難するかのように異論を挟んでくる。「ただあなたに興味があるのよ。あなたは私のことを相当ご存知だけど、私は…私は、あなたのバックグランドをもっと知れば、もっとリラックスできると思ったのです。詮索しているつもりはないわ。あなたが私に嫌気がさしていなければいいのですが」

セラピストは、アリスの質問がたびたび彼女のセラピーへの関与を妨げ、面接を社交的なやりとりに変えてしまっているように見え、それらがアリスが不快なことに踏み込もうとする際に発せられていることに気づいた。明らかに、質問攻めはアリスにとって抵抗の形態なのである。

チャールズはセラピーに打ち込みすぎている。そのため当然、彼が抵抗しているなどという考えは、彼を唖然とさせる。彼は毎回セッションに、自分の〝扱いたい〟と思っている事柄のリストや、夢を丹念に描き出したものを持ってくる。彼は私の言うことには何にでも敬意を払って熱心に耳を傾け、たびたび私の援助に対して感謝の意を表明している。

まったく理想的なクライエントではないだろうか？　いや、チャールズは、我々のワークの内容もレベルもきっちりとコントロールし続けている。つまり、学問的な演習のような状態のまま、彼は模範的な生徒であろうと努めているのである。私がチャールズの心の中の自然で予期できない衝動的な部分に触れようとすると、決まって彼は自らを閉ざしたり、自分に我慢できなかったり、わずかに怒りっぽくなったりするのである。

リンダは彼女自身もセラピストである。彼女は、彼女の言う「個人的な問題」に対して援助を得たいと思っているだけでなく、深層心理療法をもっと学びたいとも思っている。時折、その個人的な問題に対するワークは彼女の職業的な動機によって妨げられた。つまり、ある特定の問題を浮き彫りにしたり、自分なりのやり方で介入について話をしようとする私の意図について、彼女は質問をするのである。そのほかに、彼女は自分がそれほどよいクライエントではないため、彼女に対する私の療法がそう難しいものにならないことを残念に思っているのである。

リンダはとても誠実で、自分自身を完全にオープンにし、ワークに打ち込もうとしている。彼女は主観的な深層に達することの重要性をわかっていて、自分がそこに到達しているかどうかを確かめるために、絶えず自分自身を監視している——どのくらい私が彼女を援助しようとしているのかを確かめるために、私を見ているのと同じように。結果はむろん、リンダは自らを研究の対象としており、真の主観性には達しないままである。

このことを彼女に示すと、彼女はすかさず同意し、抵抗を悔やみ、以前にもまして懸命に取り組もうとした。彼女は無意識ながらも巧みに、懸命に努力することをさせないように彼女を援助するといった、込み入った努力を私にさせているのである。

エディは惨めな状況にある。多くのセッションが、彼の不安や苦痛、そのような感情をコントロールするための援助の必要性を説明することだけに費やされている。我々は頻繁に、セッションが終わるまでにワークを中断する時間を設ける必要がある。彼は部屋を出て、車を運転し、ほかの義務に対処できるくらいの平静さを取り戻すために、数多くのステップを踏まなければならないからである。彼は、パニックに押しつぶされてしまうのではないかという恐怖心を抱えて毎日を送っている。何度も彼は私に電話をして、サポートを得たり、私がまだここにいて、彼のことを気にかけているのだという安心感を得る必要がある。

エディは弱いわけではない。彼はうまく仕事をこなし、生産的に多くの人と会い、対処している。そして、何度もセラピーのワークに戻ってきているだけのことである。しかし、このワークそのものが、彼が本当に抱えている膨大な恐怖心なのである。彼は自分の不安を憎んでいるが、不安にならずにはいられない。私たちが方向性を向け直し、恐怖心を和らげ、彼が現状を受け入れられるよう援助するためには、まだまだ多くの療法上のワークが必要である。

そのほかに、よくあるパターンは、愛想がよい、議論好き、不公平さに対する不満を述べる、合理的すぎる、感情が溢れ出している、誘惑的、対抗的、混乱状態、受け身的、情緒的に盲目である、望みも必要性もない、セラピストに過度を慕う、過度に依存している、などである。

クライエントが言ったことや行ったことはどんなことであれ、抵抗の目的を示している可能性があることは明らかである。ちょうど、クライエントが言ったことや行ったことはどんなことでも、本人の健康や健全さを表す場合があるように。どの時点であれ、目的に応じて、我々は抵抗的な面や健康的な面、あるいはその両面に目を向けることになる。

抵抗の機能

クライエントの関与の抵抗的な面に注意すると、様々な機会に現れる抵抗の各機能を認識することができる。

- 自己開示におけるオープンさを低減させる。
- ワークを客観的で、防衛的になりやすい、非人間的なものにし続ける。
- クライエントに感情や思考が「見えてくる」まで、それらを吐露するのを先延ばしさせる。
- 療法上のワークの方向性、程度、質をコントロールし続ける。
- ニーズや欲望、そのほかの感情を直接体験することを妨げる。特にそれらがセラピストに向けられている場合。

抵抗への介入

これから述べる抵抗への対処方法は、以下のような具体的な仮説に基づいている。

- クライエントは心から変わろうという気持ちはあるが、この時点ではその動機がうまく働いていない場合がある。
- 抵抗パターンについてクライエントに口頭で報告する（フィードバック）だけでは、効果がないように思われる。
- 抵抗の事実や抵抗の精神的負担をクライエントに提示することは、クライエントがそれを変えるよう援助するための鍵となる。
- ある程度の深層において直接体験の機会が繰り返されることから生じる気づきは、何らかの影響力をもつ傾向にある。
- 個々の抵抗パターンに気づいたとしても、抵抗パターンが満たしているさらに深い要求の構造に関して、一連のパターンを認識した場合ほどの効果は望めない。

このような観察から私たちは、クライエントが抵抗を止めるよう援助するための一連の段階を発展させることができる。

目印をつける

まず、クライエントは、内的探求の過程で、ある程度の深さに達することの重要性を認識できるよう援助を受ける必要がある。(第二章でこの基本的な過程を詳細に述べている)

次に、内的探求を妨げているパターンに気づけるような援助がクライエントには必要である。つまり、何よりもまずセラピスト自身が、最も頻繁に使われていて、クライエントの気づきにつながりやすい抵抗反応を自らに対して明らかにする努力をしなければならない。それからセラピストは、その抵抗反応を繰り返しクライエントに注目させる必要がある。以下に典型例を示そう。

- いま、混乱を感じていますね。
- たったいま、話題を変えましたね。
- いま、ご自身から注意をそらし、その注意を私に向けましたね。
- いま話すべきことを私が言ってくれればよいのに、と思っていらっしゃいますね。
- 思考のつながりを見失ってしまいましたね。

抵抗の目印をつけることとは、抵抗パターンが起こるたびに繰り返し指摘するという意味である。つまり、セラピストが注意を向けるために選んだパターンは、たびたび表出されるものであり、クライエントの主観性の探求を現在妨害しているものでなければならない。これはまた、通常ある時点で注目するためには、たった一つの抵抗パターンを選び出すのが最もよいということである。その後、複数のパターンが明らかになった場合、一度に一つ以上のパターンに目印をつけることができるようになる。

筆者は、セラピストには注意を向けるために選んだ抵抗を繰り返し指摘する必要があると述べた。〝繰り返し〟とは文字どおりの意味である。加速度的に頻繁に、セラピストは、クライエントが現在の経験を操っている方法に依存していることを指摘する必要がある。セラピストはこのようなことを行う最初の面接で、目印をつける機会が三～四回得られる場合がある。二回目の面接では八～十回となり、まもなくそのような振る舞いが現れるたびに目印がつけられるようになる。セラピストはそのようにたびたび強調することに違和感をおぼえるかもしれないが、このような形で正確に、抵抗パターンに頻繁に目印がつけられれば、より深いレベルへの動きが生じるようになる。

目印をつける作業が短期間で進められ、特に、クライエントがどのくらい自分のワークに支障が出ているのかを理解し始めている場合、この抵抗が頻繁に使われていることをクライエントに気づかせる言葉をつけ加えると効果的である。

- また、混乱しているのがわかりますよね。
- もう一度、話題を変えたことに気がつきましたか。
- また始まりましたね。あなたの内的ワークから私へ注意が移りましたよ。
- 私があなたに注意するという状態に戻ってきていませんか？
- ほらまた、思考のつながりを見失ってしまいましたね。

以上の例では、対人間の圧力においてその力量が異なることがわかるだろう。セラピストはそのプロセスを調整し、二人の間の協力関係を保ち、またクライエントが内的探求に取り組み、その努力を真摯に支援しようとしているセラピストの言葉に耳を傾けられるようにしたいと思うものである。

抵抗の影響を教える

目印の作業を通して、どのくらい頻繁に抵抗パターンに頼っているのかをクライエントが気づくようになるにつれ、この作業は、抵抗がどのくらいワークに影響をおよぼしているかを示すところまで拡大させる必要がある。つまり、抵抗がどのくらいクライエントに自分を客観視させ、感情的な関与を低減させ、あるいは主観性に集中させないようにしているのか、といったことを指摘するということである。ここでいう影響とは、当面の、明らかになっていることだけに限定されることに注意していただきたい。後に抵抗の動機が明らかにされるが、今それを行えば、それはしばしば、示唆されているが、しかし無意識に現れている意図が、実際に障害の原因となっているのかどうかということについての無駄な話し合いや議論にすらなりかねない。場面10－1はこのプロセスがどのようなものであるかを示している。

場面10－1

クライエント（C）：ベティ・スティーブンス、セラピスト（T）：カールトン・ブライン

C21：最近、私が父についてあなたに話したことを考えていました。私が思春期に入る頃、父がどのくらい変わってしまったか、ということです。それが私の思い込みなのか、それとも本当にそうであったのかはわ

かりません。

T21：あなたのようにそのことから離れていたら、それ以上何かを得るのは難しいわ。

C22：そうですね。でも、その気持ちに触れようとすると、すべてごちゃまぜになってしまうのです。

T22：今もごちゃまぜになっていますか？

C23：いいえ、今はそうではないけれど、それに近い感じ。ちょっと待って。（間を置く）いいわ、私はそのことについて考えると、幼かった頃、父がいかにやさしかったかを思い出し、父があのままでいてくれたらよかったのにと思い、涙が出そうになるのです。

T23：その頃、お父さんはあなたにとてもやさしかったのですね。

C24：ええ、そうです。でも、その頃…私が十二か十三歳の頃、えーと、違ってきたのです。

T24：その頃、変わり始めたのですね。

C25：ええ、でも、そのときのことはよく思い出せません。つまり、違いがあることはわかっていますが、実際にその頃の気持ちに戻れないのです。（間）いいえ、今やってみると、いろんな考えが浮かんできて、混乱してしまいます。いつもこうなるのです。

T25：だから、またその混乱があるから、あなたは知る必要のあることを知ることができないのですね。

場面10‐1には、抵抗への対処について二つの重要な点が示されている。クライエントはすでに抵抗のパターンや混乱に気づいている（C21）が、セラピストはその影響が現実のものとなる瞬間まで、その影響について教えようとしていない（つまり、T25の教示の反応は、クライエントが抵抗についてただ口にしたとき

［C21］ではなく、クライエントがその妨害を経験した［C25］後に生じている）。

クライエントが抵抗パターンを認識するようになったら、通常、その行為が単に会話の悪い癖でも、軽率な例でもなく、動機のある行動であることを教え始めるのが望ましい。

必要性を教える

C26：その、私は故意に混乱しているわけではないのです。仕方がないのですよ。
T26：まるで、あなたが間違ったことをしていると私が責めているように聞こえますが。
C27：ええ。ですが、そうではありません。あなたが私の力になろうと努力してくださっていることはわかっています。でも、私は混乱しているとどうしようもなくなってしまうのです。
T27：あなたにとっては、何らかの形で無意識に自分の混乱を利用しているのだということを直視するのは難しいことです。
C28：どうして私がそんなことをしたいと思うでしょうか？
T28：では、その問題を少し脇へ置いておきましょう。ところで、今現在あなたが混乱しているのかどうか、話してください。
C29：いいえ、今のところは。
T29：今、私たちはあなたの内面的な生き方には入らず、外側から眺めています。そして話しているだけです。
C30：なるほど、そうですね。

T30：それでは、内側に戻ってみましょう。あなたが幼い頃に抱いていた父親の愛情を望む気持ちに、再度触れることはできますか？

C31：(椅子の背にもたれかかり、目を閉じてため息をつく。しばし沈黙する。そして、再びため息をついて、ぼんやりと目を開ける)。はい、できます。そのような気持ちはいつもあるように思います。ご存知のとおり、私はクリスマスに父に会いました。彼はとても老けて見えました。年をとって、とても弱って見えました。そのことが私には悲しいのです。

T31：(やさしく)、その悲しみから逃げないで…。

C32：あと何回クリスマスを一緒に過ごせるのかしら。母が亡くなってから、父は何かに頑張ろうという気持ちをなくしてしまったようです。私たち、つまり父と私が昔はどんな感じだったのかを父が考えることはあるのかしら。そのことを語り合えたらいいなと思います。つまり…つまり…自分が何を望んでいるのかわからないわ。(背筋をもっと伸ばして)、わからないわ。何もかもぼんやりとしています。

T32：ぼんやりしてしまうことは、もうひとつ別のあなたの混乱状態です。そのような状態がどれほど、あなたが自分自身の気持ちについて知る必要があることをわからなくさせていることでしょう！

C33：まったくそうですね！　そんなふうに考えたことはありませんでした。でもいったい、どうすればよいのでしょうか？

ここで今一度セラピストは、抵抗についての解釈を示す前に、クライエントにそのことへの主観的な心構えができているかどうかを確認することが重要である。クライエントが最初に抵抗について尋ねたときに(C28)

そのような示唆をすることは、無益であるだけでなく、抵抗の影響を後にクライエントに認識させることを困難にする可能性がある。

代替手段を示す

クライエントの質問（C33）は、抵抗しているクライエントを支援する次のステップを尋ねているようだが、セラピストはまだそこに防衛的なものがあることに気づいているのかもしれない。その場合、クライエントがワークの邪魔をしていることに自発的に気づき、もっと直接的に解決策を見つけるまで、セラピストは次の段階へ進むのを遅らせようとする。（実際、目印をつける作業と抵抗の影響についての教示がうまくできていれば、クライエントは何が必要とされているのかを自発的に認識するはずである）

場面10‐2は、さらにワークが行われたことにより、クライエントが混乱という抵抗が生じたときに何をすべきかを真剣に探すという段階に至ったことを示している。

場面10‐2

T41：また立ち往生しているようですね。

C41：ええ、混乱している場合には何をすることになっていたのか、わからないのです。本当に混乱しているだけなのです。

T42：その混乱がすべてなのですか？

C42：あなたの質問でさらに混乱してくるわ。ほかにはどんなことがあるのですか？　私はほかに何ができるのでしょうか？

T43：あなたは自分自身を深く見つめなくてもすむように，すぐに混乱を持ち込んでくるのです。

C43：（悲しげに）ええ，そうです。

T44：そのまま混乱していてください。どんなふうでも構わないから，その混乱を感じ，味わってごらんなさい。

このような提案（T44）を導入する際には，目印をつける時よりクライエントの心構えにもっと敏感になる必要がある。なぜなら提案は，クライエントの意識している意図に変化をもたらす必要があるからである。この例では，混乱は望ましくないものと見なされてきたが，いまやクライエントはその混乱を拒絶するよりも近づくよう助言されている。このような手段はクライエントにとって難しい場合が多いが，やさしく，しかし強く励ますことで，クライエントは抵抗に対して別の態度をとることができるようになる。これは重要な進歩である。というのも，クライエントのエネルギーがあまり割かれたり葛藤することなく，内面的な変化がもたされるからである。

場面10-2では，クライエントは混乱が主観的な体験であるという理由から，その混乱とともに歩むよう促されている。もし抵抗パターンが異なっていたら，すなわちクライエントが何らかの内面的問題から抜け出る方法を理由づけしようとしていたなら，場面10-3のように，セラピストはその理由づけに失敗している気持ちとともにいるよう進めたであろう。

場面10-3

クライエント：ビアトリス・ブロイルズ、セラピスト：ハーバート・ドレイク

C1：これまでずっと抱えてきた、このしつこい恐怖感を把握しようとしてきました。その原因を解き明かすことは、私にはできないようです。

T1：まるでご自分がパズルであるかのように、また「自らを解き明かそう」としているのですね。

C2：いいえ、そういう意味ではありません。ただ私はこのように感じることに、つまり正体のわからないことにビクビク怯えていることにはもううんざりなのです。

T2：でも、それが自分の感じていることであるのをご存知のようですね。

C3：はい。（ため息をつき、悲しそうに）わかっています。それにその感情を憎んでもいます。

T3：一分前よりも今のほうが、その感情に近づいているようですね。

C4：ええ、そう思います。でも、私が知りたいのは、自分がどうしてこんなに惨めな気持ちをもたなくてならないのか、ということです。

T4：あなたはここでその思いを味わうことが大いに役立つとは思っていらっしゃらないようですね。つまりあなたは、どうしてその感情をもつにいたったのかを分析したいのですね。

この場面におけるセラピストの最初のコメント（T1）が明らかにしているように、クライエントは何度も不安の根幹を論理的に解明しようとしてきた。このパターンはそれまでにクライエント本人に示されてきたが、明らかに彼女は単に言葉の選択を訂正する（C2）以外に、セラピストがしていることをよくわかっていない。

したがって、彼女は「解き明かし」の作業を進めるのであるが、二度とその言葉を使わないよう気をつけている。それにもかかわらず、セラピストはひとつの示唆を与え（T3）、抵抗の第二の側面、すなわち経験の放棄というものを明らかにした（T4）。セラピストはこれから、クライエントの自分自身の気持ちに対する抵抗の要素と関連する、第二の側面やそれ以外の側面に何度も戻る必要がある。このようなことは、この例のように副次的なものから、次の例に見られるような中核的なものへと抵抗の正体を明らかにしていく形で徐々に行われるものである。（以下の例は、少し抵抗への対処を行った後に生じた会話である）

場面10－4

C11：ええっと、ただ私は、どうして自分がこんな気持ちを抱くのかを解明できれば、その気持ちを変えられると思っているのです。

T11：解き明かす、解明する――これらはあなたが何年もかかって気持ちを変えようとして行ってきたことです。それはどのように明らかにされるのですか？

C12：あぁ、そうですね。またそのように言ってしまいました。まるで計算問題のように自分の感情を解決できるように聞こえますね。私だってそれが通用しないことはわかっていますが、他にどうすべきなのかがわからないのです。

T12：あなたは物事を解明しようと努力することができるようになり、多くの場面でそれは通用していますが、自分自身の内面を捉えよう、自分自身の経験をもっと理解しようとする段になるとそれがうまくいかないのですね。

C13：そういうことです！
T13：物事を解明することで、自分の気持ち、つまりあらゆる内面的な思考を抱かなくてすんでいます。あなたにとって、物事を解明しようとせず、ただあるがままに感情や考えを持ち続けようとすることが可能だと思いますか？
C14：う～ん、わかりません。（間を置く）。できるでしょう。つまり、こういうことだと思うのですが…。
T14：（話を遮る）。待って、少し待って。時間をかけて自分自身を捉えるのです。そうすれば、自分の中に入っていくのではなく、自分自身に関わるほうへ戻っていけます。

ここでセラピストは重要な教訓を教えようとしている（T12）。つまり、抵抗パターンはクライエントにとっては役立つもので、肯定的な価値を有しているが、それは強迫的なものとなり、クライエントの意図によってはコントロールできなくなっている。これによって、クライエントが自ら、そしてセラピストに対してもっと心を開けば、コントロールを断念する必要がないことを教える機会が訪れるわけである。次のようなセラピストのコメントがこのような認識を促す。

- 「物事を解明しなければという思いが、その解明が助けになるかどうかを判断する機会が訪れる前に、加速してしまうのです」
- 「ここであるがままに自分の気持ちを抱くことや、自分自身に寄りそうことは、いつでもどこでもその思いを持っていなければならないという意味ではありません」

- 「あなたにとっては、もっぱら理由づけにすがっていなければ、感情的にドロドロの状態になってしまうようだったのですね。それでは都合が悪かったのでしょうね」（微笑みながら言う）
- 「もちろん、あなたにはコントロールが必要です。誰にでも言えることです。ただあなたにとって問題は、自分の気持ちを牢屋に閉じ込めてしまうことによってコントロールするという方法しか知らなかったことです」

場面10‐3と場面10‐4は、たとえ経過が同じであれ、抵抗パターンが必ずしも同じ言葉で現れてこないということも説明している。クライエントが「解明する」「理由を見つけ出す」「その根幹を分析する」「道筋を立てる」「論理を用いる」などと口にしたときは、明らかに自分の体験を――したがって自分自身を――客観的に分析されるべき対象物としてしまっているのである。セラピストは様々な抵抗の言い回しに潜在している同一効果を認識し、その同一性を指摘しながら援助するのである。

抵抗の機能を示す

場面10‐4でセラピストは、抵抗パターンが偶発的なものではなく、クライエントのレパートリーの意図的な部分であることをクライエントに教示し始めている（T12）。次の段階では、クライエントを妨害している行為が、ある意味ではクライエントの役に立っていることをクライエント本人がわかるように援助するという構成になっている。これは重要な段階であるが、機転を利かせて対処する必要があり、たとえば場面10‐1や場面10‐2（C26およびC41）における早期のクライエントの対応で生じているような、クライエントが意識的にワークの邪魔をしていると非難されているように受け取られないよう気をつける必要がある。

抵抗パターンがクライエントの役に立っていること、必ずしも抵抗がまったく悪いわけではないこと、それが今クライエントのやり方に時折組み込まれていること、そして、クライエントが決心すればそのパターンが変わる可能性があること、といったメッセージを様々な形で伝える必要がある。

弛緩作用と交代作用

目印をつける作業を繰り返し、抵抗パターンの影響を教示し、別の道を提案し始めるという流れが出てくれば、セラピーにおけるクライエントの自己探求にわずかな変化が生じてくる。抵抗パターンを頑なに、無意識にもっていた状態が緩み始める場合がある。そして、それがさらに緩和され、抵抗パターンがまったく生じなくなるときもある。

もう一つ起こりうる重要な展開は、クライエントが主観性の求心性に、またいかにセラピストによる抵抗の解釈がその求心性を守るためのものであるかということに気づくことである。そのような認識によって、クライエントは完全に前向きに探求しようと意識していても、そのワークを阻止する無意識の衝動があるということを知る。また、自らの抵抗を認識し、抵抗が作用する範囲内で自らの内的体験に触れながら、その抵抗によってねばるということを試してみるようになる。

抵抗行動にも価値を見出すようになり、いかなるコントロールも制限も放棄しなくてはならないと思わなくなれば、クライエントは自分自身の新しい領域を自分やセラピストの見解に対してオープンにし始めるようになる。ワークのこの面は、セラピーの流れを通して、様々な時期にその度合いを強めたり弱めたりしながら進められる。もちろん他の作業もこれと平行して行われるが、抵抗への対処と他の作業との相対的な力点を判断する基準となる、かなりの深さ（通常〝臨界期〟レベル）を保つ必要は常にある。

これまで筆者は、各抵抗パターンが個別に現れるかのように話してきた。それはあたらずといえども遠からずといったところである。つまり、このようなパターンは互いに絡み合い、互いに重なり合っている。そのような重なりをはがす作業は、深層心理療法の際立って特徴的な側面であり、真の人生変容をもたらそうとする場合には不可欠なものである。場面10‐5はかなり凝縮した形でこの作業を表している。

場面10‐5

クライエント：ハル・スタインマン、セラピスト：ジェームズ・ブーゲンタール

【ハルは息子のティムに対する抑えがたい怒りの感情をもっと深く理解しようと努めてきた。ハルは、そのような感情を論理づけようとすることがいかに無駄なことであるかをわかっているが、ほかにどうすればよいのかわからない。この場面で、彼はいつもとは違って、いくつもの抵抗の層を表すのである】

T21：自分のことやティムとの関係を考えると、今どのようなことが頭に浮かんでくるかな？

C21：この前話したこととまったく同じだよ。【この時点における抵抗の最初のレベル。彼は事実の報告と内面的探求とを区別していない】

T22：今も実際に、自然と浮かんできているなら、もう一度話して。

C22：なぁ、ジム、私は強情を張りたくないんだけれど、これまで何度も何度も努力してきて、何もいいことがなかった。（意気消沈するが、徐々に我慢できなくなってくる）どうしてあの子は私をこんなに怒らせるの

かわからない。あの子とはまったく話などできないんだ。【第二の層である落胆。第三の層である怒りの可能性をほのめかしている】

T23：（根気強く、励ましながら）まぁ、今一度やってみましょうよ。そうすれば、私も君に同調できるかもしれないし、そのことについて考えようとしているときに君にどのようなことが起こっているのかがわかるかもしれない。

C23：あぁ（あやふやで、妥協したように）。まず、自分自身を振り返ってみて、理由として考えられるのは…。【第三の層：現行の経過を表現するのではなく、過去の体験を報告している】

T24：ちょっと待って、ハル。それは話さなくてもいいよ。まさに今のことについて話して。声に出して考えてみて。あなたが問題に取り組んでいるときにあなたの内面がどうなっているのかを私が聴くことができるように。聴かせて。だけど、君は自分自身について考えるんだ。

C24：ええっと、もしかするとあのエディプスコンプレックスのようなものが起こっているのかもしれず、私はティムを家族の中のライバルとして憤りを感じているのかもしれないが、そんなことは私にとっては馬鹿げたことに思えるんだ。それで…う～ん…おそらく私には思春期の頃の反抗期と言えるものがなかったのだと思う。戦争やなんやかやで…ね。それで、ティムのしていることに腹が立つのだろう。だけど、もしそうだとしても、大きな稲妻だとか何かピンと来るようなものなんかがまったくないんだ。（間を置く）それで、もっとエリクソンの書物を読んで、もう少しマシな考えが浮かぶはずだと思っているのだけど、実際、私はそれほど楽観的ではなくて。【第四の層：自分を客観視する】

T25：ハル、君はまだ自分から距離を置いて、まるで別の人間のように自分自身を見ているね。君という見知らぬ人間が考えていることを説明しなければならないというように。

C25：ええ、そうかもしれない。（困惑した感じで）それにしても、なんという問題なんだろうねぇ。私はティムを完全に追い出してしまうだろう。あるいは、やがて度を越してしまえば、私たちの誰かがひどいことを起こすことになるだろう。私自身、かなりイライラが募っていて、実際に自分自身を痛めつけてやろうかと思うんだ…【第五の層：自己懲罰的になる】

T26：（急に話をさえぎって）ハル、解読すべきパズルのように自分を扱っていないとき、君はのろまな新兵を叱り飛ばすタフな鬼軍曹のように振る舞っているのさ。自分自身に対する考えを自分の立場から考えられないかな？

C26：あぁ、できると思う。（今度は本当に困惑する。以前にも増して問題を感じ取り、うまくできるかどうか不安になる）。時々、私はとても悲しくなり、自分をかわいそうに思うことがあるけれど、そんなふうにクヨクヨ考えないようにしているんだ。そんなことを考えてもいいことはないし、実際、時間を無駄にできないから。【第六の層：自己憐憫】

T27：わぁ！　ハル、君が叱り飛ばされるのろまな新兵でないなら、さしずめ憐れむべき無能で哀れなヤツといったところだね。そんなことじゃぁ、君はハルであることはできない。人生も半ばに来た人間なら、できるかぎり全力を尽くして物事に取り組もうとするし、家族の人々や彼らの人生について多くを感じるものだ。物事を自分の望むように変えることが難しいのは当然なんだ！

C27：うっ！　そういうのは好きじゃないんだ。君が今回言ったことはよくわかっているつもりだけど、君に私を憐れんでもらいたくないんだ。【同じレベル：自己憐憫】

T28：情けない！（怒ったふりをしているわけではないが、そのまま押し出すほど強くない程度に怒っている）。しょうもないヤツだよ。私は君を憐れんでいないよ。だけど、君に対して多くのことを感じるのも確かだ。君が知っていようがいまいが、好んでいようがいまいが、君にはつらいときだ。私もよく遭遇するからわかるんだ。

C28：（しばらく沈黙し、その言葉を消化している。それから声を押し殺して）、わかった。ありがとう。

なんとすばらしいことか！　これほどハッキリした形で生じることはめったにない（もちろんこれは抜粋である）。さらに、これは、週三回の面接を三か月間という、膨大な量の予備的ワークを行った上で生じた会話なのである。

抵抗のもっと深い目的を理解すること

注：この項では、抵抗の力学的な原因についての見解、すなわち実存的、人間的、精神分析学的な心理学に根源を有する見解を説明する。ここまでの療法的手順は、比較的理論に縛られず、したがって、あらゆる志向のセラピストにも使えるものであった。以下の文章からは、そうではなくなっている。

クライエントは、抵抗の必要性との取り組みに慣れてくると、それを異物の摂取ではなく自分自身の一部としてみなすようになると同時に、自分にはそれを選択する基準があり、その操作を調節しながらコントロールできると認識するようになる。このような多面的な認識によって、クライエントは進歩とこの先困難なことに取り組むための動機の二つを感じることができる。

ただ抵抗を減ずるための直接的な取り組みから、潜在的な神経症的構造の対処への過渡的な段階は、抵抗のさらに深い目的をクライエントがわかるように援助する段階である。この重要な段階の意味を理解するために、徹底して臨床手順に集中することから一歩引いたところからはじめることにしよう。

自己と世界の構造システム

人間として自分の状況を考えるとき、私たちは自分の住む二つの世界、すなわち主観性と客観性とを、絶えずうまくつなぎ合わせようとしていることを認識している。

このような橋渡しをする王道の一つが、自己と世界の構造システムを築き、それに絶えず手をかけることである。その両端が固く結ばれていれば、私たちの人生経験は徐々に成就していく。しかし、システム間の結びつきや内的あるいは外的現実がうまくいっていなければ、私たちは不安やその他の苦悩を味わうことになる。

自己と世界の構造システムは、わかっているとおり、自分が何であり誰であるのかを定義し、また自分たちが住む世界の本質を定義するものである。他人を思いやる寛大で親切な性質だと自らを定義し、自分の経験がすべてこの見方を裏づけるとしたら、結構なことである。しかし、自分の子どもの一人に激怒したとしたらどうなるか？　あるいは、別の子にえこひいきしたとしたらどうなるか？　つまり、自己定義に反した場合、何が起こるのだろうか？

自分自身に対する経験や世界に対する経験が自らの定義と相容れないとき、私は何らかの行動を起こすだろう。つまり、私はその齟齬を認識し、自分の構造システムをもっと現実的なものに改善しようとすることができる。あるいはまた、私はその齟齬を前意識レベルで感じ取ることができるが、自分の構造システムにかなり混乱し、その出来事を抑えつけてしまうかもしれない。経験を抑えつけ、意識から遠ざけた場合、その経験は何らかの形で締め出されてしまう。ここで、心理分析学的理論のおなじみの〝防衛メカニズム〟を示そう。投影、否認、歪曲である。

しかし深層心理療法は、クライエントの主観性の探求を必要としているにもかかわらず、矛盾する潜在意識の部分をも包含している。このような作業は、自己と世界の定義と実際の体験との抑圧された乖離に直接迫るものである。抵抗は物事に対峙させないようにするものであるが、対峙はあまりの動揺をもたらすために耐えがたいものなのである。

簡単に言えば、抵抗は、クライエントが自己と世界を定義した形、まさにクライエント自身のアイデンティティを保持しようとするものである。抵抗は生涯持ち続ける衝動であるが、意識的なコントロールを逃れた衝動でもある。

例を示す。

抵抗機能の例：以下に、クライエントの抵抗パターンと、自己と世界の構造を守ろうとする潜在的な目的の

ローレンスはいつも忙しく、常に目標を達成してきた。彼は行動と成果を自らのアイデンティティの基盤とみなし、それらがなくなることをひどく恐れていた。

ジェニファーは、ルールや物事の正しいやり方とか、どんな言動も正確であることなどにかなりこだわっていた。ついに、彼女が自分の気持ちに衝動的に行動したとき、私たちにわかったことは、彼女はずっと、自分が誤りを免れないために、愛されるに値しないと確信していたということであった。

フランクは理屈っぽく、怒りっぽく、イライラしがちだった。彼は、争いだけが自分の居場所を与えてくれるものだと信じていた。彼は他の誰かを思いやることを恐れていたが、それは相手から同じ気持ちを返されるのではないかと疑っていたからであった。その後、セラピーで、彼は自らの孤独感や、怒りや不和なしに関係性をもてる可能性に直面しなければならなかった。

ルイーズはあまりに人を喜ばす必要があったため、自分自身の気持ちがよくわかっていなかった。彼女は対立すれば窮地に追い込まれると思い、それを恐れていた。彼女は自分が抱いている怒りや反抗的な気持ちと折り合いをつける必要があった。

抵抗の目的の療法的開示

他の療法上のワークは、抵抗の分析あるいは低減と平行して行われると述べた。それらのワークには、クライエントの自己と世界の構造システムを徐々に引き出す作業も必要である。

《自己と世界の構造システムについて（追加）》　もちろん、自分自身や世界に対するクライエントの見方についてセラピストが理解していることは、直接質問することによって得られるものではない。クライエントの自己報告、クライエントのセラピストや他者との関係性、セラピーで何を話し何を話さないかというクライエントの選択、などの中で暗に示されているものを静かに観察することが必要である。探求を必要とする最も重要な領域の一つは、クライエントが信じていることが脅威を抑え込んでいるかもしれないということである。つまり、徐々にセラピストは、主な特質は、自己に対するクライエントの見方やクライエントの価値体系、自分の住む世界に対するクライエントの考え方、クライエントがパワーや効力の元だと信じているもの、クライエントが得ようとしているものや逃れようとしていることなどのなかにあるという考えも持つようになる。

このようなプロセスは、関連する物を集めることよりも肖像画を描いていくことに似ている。たいていは最初に全体的な輪郭から入り、手つかずのままの部分を残しながら、ある特定部分を少し描きこんでいく。いずれは、新たな観察によって当初の印象を修正しながら変化が生じる。最終的な完成は期待できない。すなわち、人間はとんでもなく難解で、多面的で、現実的な目標をめざすプロセスの中に存在するものだからである。

《実存的危機》　抵抗を明らかにして働きかけることと、クライエントの自己と世界の構造システムを理解することの相互関連的な作業が進むにつれ、その作業は必然的に一点に集中する。つまり、クライエントの構造システムと抵抗の減少によって明らかにされたものとの根本的な乖離に直面することが直前に迫っているという時期が来るのである。これは人生変容の可能性に満ちた時期と言える。しかし、うまく扱われなければ大きな危機を生じるときでもある。

単純だが明白なことであるが、起こるべきことは、クライエントがより新しくより健康的に、そして自分らしく存在するために、それまでのクライエントの人生や世界でのあり方の一つあるいはそれ以上が死ぬ（消えてなくなる）ということである。なくなる必要のあるものは、自分自身を同定する、大切にしてきた考え方かもしれないし（「私はこれまでずっと、自分を他者に対して公平で思いやりのある人間だと思ってきましたが、今、時々自分がとてもわがままで、時には破滅的でさえあるという事実に向き合わなくてはならないのです」）、あるいは恐ろしいことになるのではという考えにどっぷり捕らわれることかもしれない（「私の残酷でひどい空想が知れ渡ったらもうおしまいだとか、少なくとも私と知り合いになりたいと思う人などいなくなるだろうとずっと思っていました。でも今、こんな空想を誰かにお話しようとしているのです」）。

「死」という言葉はもちろん芝居じみているが、このような危機の深さを最もうまくとらえた言葉である。この時点でクライエントは、直感的に死が起こるべきものであるということを知っているため、死や死ぬことに対する夢や空想、あるいは衝動さえ持つことがある。セラピストがワークやそのようなワークを行っている人間（セラピストではなくクライエント）に対してしっかりと存在していれば、そのような衝動が生じる可能性は少なくなる。しかし、それらはワークの経過にとって重要であり、そのようなものとして考慮されなければならない。

ここで筆者は、〝実存的危機〟と呼ばれてきたもの、すなわち存在の危機を扱うことについて、こと細かく説明するつもりはない。セラピストがこのような形で療法を行おうとする場合、この時点に至るまでに十分情報を得たいと思うだろうし、また、際立った献身ぶりと感受性でもってここに至る必要があるだろう。これだけ言えば十分である。

この段階で不可欠な点を列挙しよう。第一に、療法での連携は固くなければならず、必ずクライエントの協力が必要である。第二に、噴出する抵抗が抵抗として認識されているかぎり、抵抗に直面したり対処するにあたっては、クライエントのペースを尊重すべきである。第三に、セラピストはクライエントの自主性に対して確固たる敬意を保持すべきであり、抵抗と対峙する作業を不適切に妨げてはならない。励ましや行動の提案、解釈が適切であることはめったにない。最後に、セラピストは対峙作業に対する自らの逆転移や個人的な反応を観察し、取り上げる必要がある。なぜなら、それらはしばしばセラピストにも同様の影響を及ぼすからである。

サイコセラピストの道程

移民の子孫がその社会的地位を向上させるように、心理学も長い間、哲学や形而上学から生じたものという不名誉から脱却し、「真の科学」になろうと模索してきた。「精神（spirit）」や「魂（soul）」、あるいは「意思（will）」という伝来の言葉を使わないようにしてきたが、同族名である「心の（psyche）」という困った接頭辞だけは残ってしまった。この言葉は、先に上げた歓迎されざる各用語を翻訳したものである。

確かに、学問的心理学の大部分は哲学から離反しようとしてきたが、十九世紀の自然科学という、くたびれた女主人とお近づきになれたという程度である。人間を研究する学問が長い間そうであったように、現代の自然科学者たちも還元主義的・決定論的見解をほとんど放棄した。

筆者がこうした考えを持つのは、深層心理療法の容赦ない集中性とスピリチュアル（精神）の領域について考えるときである。筆者は「トランスパーソナル心理学」というものを強く支持するわけではない。共感するとすれば、人間には人間として可能なものがすべて備わっており、したがって、それらは私たちが何らかの形で理解できる領域だということである。

では、筆者の黙想の話に戻ろう。私たちの自分自身や世界の定義の曖昧さに本当に気づくとき、それは圧倒的な現実である。筆者は、というより私たちの大半は、観察者から独立して、客観的世界を考えるまでに成長する。この新しい現実は、思索できるだけの、しかし決して手の届く範囲以上に探求できず、また必ずしも完全に知ることができない局面を開いてくれる。筆者は否応なく境界不分明な領域へ投げ出され、かすむ目には、いまやすっかり変わり果てた古い馴染みの道標がぼんやりと映るだけである。これは好むにしろ好まざるにしろ、スピリチュアルの領域というものであり、これまでもずっとそうであった。だから、その用語はそのまま使ってもよいということである。

シドニー・ジェラルドは、我々の心理学用語の中に「精神（spirit）」という言葉を復権させるよう唱えた。筆者は我々の主観性を表す流れを示すため、「精神性にあふれた状態（spiritedness）」という言葉を使っている。主体的であるということは、存在における活動的な要素、可能性を実現させるパワー、見られる側ではなく見る側、行為をされる者ではなく行為をする者、演じられる側ではなく演じる側であるということを意味する。さらに、主体的であるということは、行為の原因を探ること、つまり、岩が丘から転がり落ちる理由を理解しようとすることではない。むしろ我々は、主体は反応を起こした者、すなわち岩を丘から押し出した人であるということを認識するのである。

精神性にあふれた状態は、私たちに生きようとさせる存在の力である。私たちの精神性あふれる状態は、私たちが見当識、すなわち方向性を持つことで現れる。人間はたえずどこかへ向かい、何かを行うというプロセスの中にある。人間は、いや人間の主体は、決して空虚ではなく、まったく不活性でもない。第十二章では、私たちの意図を推進する原動力にふさわしい精神性を明らかにしながら、この概念についてさらに詳しく説明する。

セラピストとして、筆者がクライエントの抵抗の層に触れ、それをとっていく作業を援助しているとき、剥き出しの精神性に遭遇しそうになる。私たちが共に（世界に対するどの定義も曖昧であることから）存在の解放性を心から認識しているとき、究極の自由を認識するという畏れ多い瞬間がある。そのような瞬間をアラン・ワットは次のように書いている。「自分自身について特別な真実を知ったと思うところまで来れば、自由を知ることになるが、それが単なる無であると誤解することもある」。このような驚くべき認識は、我々の胸を十分打つことなく（また、私たちがぬくぬくとおさまっている世界をかき乱すこともなく）、あまりにも簡単に見過ごされている。

その瞬間にクライエントの行動を予測することは不可能である。すでに忠告したように、万が一の話ではあるが、自殺の可能性も確かにある。同様に、大きな人生変容の可能性もあり、こちらのほうが可能性は高い。転職、離婚、結婚、新しい環境や生活スタイルへの移行など。

こうした瞬間から、またそれ以外の多くのことから、筆者は決定論的な見解の限界を認識するようになった。クライエントは、自分の可能性がどのくらい開かれているのかを認識したときから、我々の最大限の予告を放棄し、前進したり後退したり、新しいものを選択したり古いものにしがみついたり、大げさに言えば、心の中の精神性を有したり欠いたりしながら、セラピーの機会を良くも悪くも利用するのである。

クライエントの自律性によって、私たちセラピストは、クライエントにセラピーの機会を十分活用させるために私たちができることをするという責任から解き放たれるのではない。クライエントが最終的に自律するまで、私たちは観察を続けながら謙虚な態度を保つ必要がある。心を開いていれば、私たちセラピストは、クライエントの生によって彼らに注ぎ込まれているものは、そこから生じるものの一部にすぎないということを新しく認識するたびに驚嘆し続けることになる。クライエントが自らの抵抗や選択に十分向き合うほど、彼らの選択肢に驚くようになるのである。

言っておきたいことは、筆者のクライエントは巧妙に、筆者を献身的な不可知者から一種の信者へ変えているということである。つまりこの信者は、自分の信じていることが何かはわからないが、信じたほうがよく、努力を注いだほうがよい何かそれ以上のものがあるということを日々確信するようになっているのだ。もう一度言おう、それ以上のことである！

第Ⅴ部
精神内部のプロセス

第11章 心配事：パワーの源であり方向性の拠り所

クライエントたちが実際に自らの苦悩とそれに対してできたはずのことについて考えたり、感じたりするのに十分時間をとるということがめったにないことには愕然とさせられる。また、自らも鏡をのぞいて同じ質問を自分自身にしてみても驚いてしまう。私たちは自分の人生行路についての重大で広範囲にわたる熟考を先延ばしにしていることがいかに多いことか。その間、私たちは〝実践的で〟身近な事柄にあけくれながら、そこに目が行かないようにしているのである。

クライエントが長年の欲求不満や苦痛について報告し、問題を解決しようとしていることを何時間も果てしなく話すことがある。それでもなお、私たちが主な問題は何なのか、解決にあたってどんな努力をしたのか、さらにどんな解決策を見つけたいと思っているのか、あるいはそれに似た質問をすると、曖昧な答えや混乱、実行に至らない意思の報告などが返ってくることが多い。そこで、療法的な注意が必要とされる中心的な問題としてクライエントの心配事にスポットライトを当てることによって、長い間先延ばしにしていた自己探求に真面目に意識的に着手できるよう、クライエントに枠組みを与えるのである。

この章では、クライエントの心配事を療法的な努力が最重要となる四つの側面として定義する。その四つとは、苦痛、望み、関わり（commitment）、内省（inwardness）である。それぞれの側面の切り口は、最適に機能し焦点をあてられているかという点である。クライエントの心配事は私たちの仕事にとって主な機動力であり、進むべき方向性を示す最も信頼できる指針であると筆者は信じている。最後に、セラピストの心配事はクライエントの心配事への必要な補足要素と考えられる。すなわち、ともにワークへの力強い流れを形成していくものなのである。

クライエントが心理療法へやってくるのは、何らかの形で人生について悩んでいるからである。このようなことを話す際、筆者はとりわけ〝心配事〟（concern）という言葉を使っている。必ずしも不快な感じを伝える必要はないが、その言葉には、気がかり、問題、不満、徴候などの用語と関連する特性が備わっている。

心配事の定義

心配事とは、自らの人生やその方向性を真剣に考えている人間の態度や情緒的な状態を表す呼称である。

心配事とは、気持ちや考え、意図といったものであり、自分の体験を前もって評価しながら知覚することによって形成される。心配事があることで、自分のあり方、生活状況や関係性、生き方についての内的方向性などに変化をもたらそうと努力する。

《他のプロセスとの関係における心配事》 前のページでは、セラピーでの会話のやりとり（存在と圧力）から、主観的な問題の意味を導いたり認識したりして（対応という形）、クライエントの主観性へと深く掘り下げるやり方にまで話を進めた（客観視と主観性との割合および抵抗への対処）。そして、クライエントが部分的にしか、また稀にしか意識していないプロセス、すなわち心配事と意図についての二つの視点のうち、一つにまで辿りついた。このレベルは、人生の外的側面と主観性との間の橋渡しをするという我々の目的に手が届きそうなところである。それ以上のレベルに達するには、直観と推測によってほぼ完璧に操作する必要がある。

心配事と意図が強力な概念的および療法的ツールであることが明らかなのは、それらがクライエントのあり方を観察し影響を及ぼしたり、クライエントの生き方を扱ったりする際に、私たちが有している最も直接的な方法であるからである。このようなプロセスを完全に把握し、その把握したものを活用するための感受性やスキルを磨き上げたセラピストであれば、意義深いやり方でクライエントに影響を及ぼすことができる。また、これは個人的および専門的な高いレベルの責任を必要とする作業である。

心配事の四つの側面

これまでに見てきたように、心配事は認知的、情緒的、意図的な側面を有する主観的な状態であり、クライエントが自らの人生行路を冷静に考える際に現れるものである。心配事を一つの単位あるいは形態として考えると、そこには四つの主な側面がある。すなわち、苦痛、望み、関わり、内省である。理想的には、クライエントが心理療法にやってきたとき、このような心配事の下位システムがすべて〝始動〟していることである。しかし実際には、このようなケースは稀である。事実、そのような稀な状態であれば、クライエントは本当にセラピーが必要なのだろうかという疑問を抱くことになる。つまり、十分に機能している心配事はそれだけ強力なのである。通常の状況では、ある側面は顕著で（たいてい苦痛）、そのほかの側面が覆い隠されていたり、十分活かされていないだけであったりする。その側面の一つ一つを新たに見直すことで、私たちは課せられたワークにもっと効果的に取り組むために、それらがどのようにもたらされるのかを考えるようになるだろう。

クライエントの苦痛を理解する

自分の人生がどのような状態にあるのかを真剣に考えながら、クライエントは情緒的苦悩や不安、実際の身体的苦痛を味わっている。そしてクライエントは、あまりにもたびたび自分のあり方の重要な部分によって、傷ついたり悲しんだり落ち込んだりしていることに気づく。このような苦痛は多くの場合、クライエントに専門家の援助を求めようと決意させるための最も意識的で重要な機動力となる。しかし、それ自体では行動を起こすには十分ではない。

クライエントは多くの種類のかなり強い苦痛を抱えてやってくる。クライエントが初めて面接室に入ってきた時には、その苦痛が隠されていることがある。一見悩みがなくなってクライエントが爽快に見えるとき、セラピストは苦痛が隠されていることを考える必要がある。一般的に、私たちの援助を求めている人は傷ついていて、あまりに傷ついているため多くの障害を乗り越えられず今ここに座っているのだと考えることが重要である。

しかし、苦痛は無視できないが、それで我々のワークを支配させるわけにもいかない。ただ単に苦痛を軽減することがセラピーではない。苦痛は、人間のシステムに間違いが起こり、注意が必要であるという自然な信号なのである。単に苦痛を静めることは、車の計器パネルの絶えず点滅している赤い光にボール紙を貼りつけてしまうほどの愚行に等しい。

時間が経つにつれ、セラピストはクライエントの苦悩を理解するようになる。苦悩の強さやその形態（絶え間ない気苦労、広範な不安、脅迫的な思考、それ以外の憤怒、肉体的な苦痛）、苦悩の背景や苦悩の中で生じた変化、クライエント自身が苦悩をどのようにみなしているのか、などがわかるようになる。これはゆるやかなプロセスであり、形式的なものではない。

以下は、クライエントが苦痛について述べている場面である。明確に描写されているのが、その苦悩の説明のほんの一部、ある意味で比較的小さな部分であることがわかる。

場面11－1

クライエント（C）：ローレンス・ベローズ、セラピスト（T）：ジェームズ・ブーゲンタール

【ローレンスは企業の管理職である。彼は不可解で予測できない重度のパニックの発症により、生活に支障が出てきたためセラピーにやってきた。最初に情報収集のための面接が行われ、本日、通常の面接の初日を迎えた。最初の数分間、彼は仕事の段取りについて事細かく説明していたが、それも終わり、困っているようである】

T11：ちょうど今、何か話さなくてはと思って困っているようですね。

C11：ニューヨークから戻る飛行機の中で、ある話を読みました。アマゾンについての話で…、スチュワーデスが渡してくれた旅行雑誌で…。そこにあった話です。全体的に大したことは載っていなかったのですが、先住民について少し触れていました。それで…。

T12：(不意に私は彼の中で壮絶な闘いが生じていることに気づく。それが何か、あるいはそれについて十分わかっていないが、私に向かって押し寄せてくるエネルギーの波のように、その強さを感じることができる)。あなたは今、一種の苦闘の只中にいますね。しばらくその話を続けて、あなたの心の中で起こっている闘いについて私に話せるかどうか試してみませんか？

C12：(平静を失う。顔が引きつり、見苦しいほどに故意に本心を隠す)。ええ、まあ、私は自分が読んだものについてお話したいと思ったのですよ…つまり初めてはっとしたことで…そのことについて話すのはつらいのです。なぜかと言うと、飛行機の中で起こったことと同じことが起こるのではないかと不安になるからです。あぁ！　なんてひどい肉体的苦痛なんだ！

T13：飛行機の中で何が起こったのですか？　(事実に関する単純な質問によって彼を引きつける)

C13：このようなパニックになったことがありました。(彼はじっと座って、話を止めて、自分の心に耳を傾けている)。旅行雑誌でこの記事を読みました。すると、突然その感情が私の中で湧き起こってきました。我慢できるかどうかわかりませんでした。まるで、飛行機のドアが開いてしまって、四万フィートもの上空から落とされるような感じでした。まったくそうなってくれたらよかったのです。気持ちを鎮めようとマティーニを一杯あおって、最終的には落ち着きました。落ち着いた状態を続けようと、もう一杯飲み、夕食にワイン、食後にブランデーを飲みました。その間はリラックスしていられたし、なんだかくだらない映画の後半部分も観ていられた。もっとも、目の前に映像が流れていただけで、焦点はあっていませんでしたが。うまい具合に酔っ払えたってわけですよ。ふぅ…あんなにひどくパニックになったことはありませんでした。（さっきより落ち着いたので、出来事を話すことは効果があった）

T14：今、その雑誌の記事について私にお話しできますか？

C14：う～ん…はい。できると思います。こんなことに時間をかけてしまってすみません。ええっと、その話は…あぁ！　その話を考えただけで、すぐに心の中であのことが再現される。う～ん。さて、話してみよう。アマゾンの原住民たちは敵の一人を捕まえると、その捕虜の体に蜂蜜を塗りたくり、その捕虜を軍隊蟻の通り道に放置するのです。すると蟻は…何千という大群が…蟻の大群がその男を生きたまま食べるのです。うう！　やめてくれ！（椅子の上で体をくねらせる）。生きたまま男を食べるのですよ！　彼が小さな生き物に噛まれている間、どんな思いをしているのか、何を考えているのか想像してみてくださいよ。あぁ！

T15：まったくむごい！

C15：なんてことだぁ！　想像してみてくださいよ。信じられない。人間なら気が狂うさ。私ならそうなるね。そうなってほしいよ。つまり、気を失って…何が起こっているのかわからなくなりたいね。私は生まれつき臆病なのかもしれない…いや、時にはそうではないと思えるときもありますが、そんなことが問題ではありません。私が臆病であろうとなかろうと、あの話には単なる肉体的な苦痛以上の何か悪いことがあるのです。（椅子の肘かけを握り締め、私が気づいていないかのように体をくねらす）。ん～。小さな蟻に噛みつかれている話ですよ。自分の肉体がなくなっているのを見ているだけ、つまり、自分の体が蟻の中で溶けてなくなっていくのを見ているだけなのです。ううっ！　なんてこったぁ！　あんなパニックはもうごめんだよ。自分が受け止めきれるのかわからないですよ。

言語レベルにおけるローレンスの説明は、もちろん熱がこもっていて、意味深いものであるが、彼が表現していることのほんの一部にすぎない。彼は苦通について話しながら、ある意味でその苦悩を演じており、言葉ではそれをほのめかすことしかできない。彼の体の姿勢や動き、顔の表情、全身の筋肉の緊張状態、喉を締めつける様、声のピッチ、うまく調整された声のトーンがないことなどが早いうちから見られ、そのほかのたくさんの様子があわさって彼の苦痛がわきあがっているのである。

苦痛を理解することは必ずしも苦痛を知覚的に把握することではない。この時点で、私たちは誰も、ローレンスの苦痛が何によって生じているのかがわからない。したがって、苦痛を引き出したり緩和する術もわからない。さらに、セラピーが彼に対して何ができるのかもわからない。しかし、現実にはその苦痛をわかっている。つまり、感情移入しながら、苦しんでいるのではないかと直感的にわかるのである。そして私たちは、どのくらいその苦痛が彼を捉えて放さないのか、どのくらい彼のスムースな機能を妨害しているのか、その苦痛を制御するために時々彼が何をしているのか、彼がどのくらいひどくその苦痛を恐れているのか、などを感知するのである。

ローレンスとの初回面接はこの面接のほぼ六週間前であり、彼の多忙なスケジュールによって通常面接の開始が延ばされてきたが、彼に苦痛をもたらすパニックが起こったとき、比較的すみやかに助けを求めたということは重要な点である。彼の心配事は主に痛みとなって現れ、その心配事の別の面はあまりみられなかった。(なお、最初の面接からの抜粋はこの章の後半に記されている)

クライエントの希望を理解する

心理療法を受ける決心は通常、人生が良くなるという希望をいくぶんクライエントが有していることを示しているが、必ずしも常にそうとは限らない。その希望が意識的で、時にはかなり具体的な場合もある。たとえば、「私がセラピーに求めていることは、今せざるを得ない馬鹿みたいな仕事から抜け出して、自分の創造性を活かせるよう援助してほしいということさ」といったように。あるいは、曖昧であったり、ただただクライエントが苦痛を表出するといったような場合もある（場面11 - 1のローレンスのように）。

そんな気持ちなどないと言い張って、明らかに希望を否定するクライエントもいるが、セラピストの部屋にいることが自己欺瞞になっていることをほのめかしている。ほかの例では、その基盤も崩れている（「妻があなたに会いに行けと言うもんですから。でも、私はあなたにしろ誰にしろ、私を助けられるとは思ってもいませんがね」）。挙句の果てには、意識的にしろ無意識的にしろ、自分を変えたり良くしたりするものは何もないということを証明するためだけにやってくるクライエントすらいる。そのようなクライエントは、「まぁ、セラピーを受けてみたけれど、少しも役に立たなかったよ」と言いたげである。しかし、私はこのような人たちのほうが、ほかの人に強制されてセラピーにやってきた人たちより、療法をしやすいと思っている。

人生を変えたいという望みは、しばしば苦痛によって高まるが、その望みと苦痛は同じ意味ではない。新米セラピストには驚くような話であるが、本当に苦痛で疲れ果てたクライエントにとって、希望はなんの役にも立たないのである。落ち込んでいる人間は、希望に満ちたスタートをきったが、失望して、もう二度と希望など持つまいと思っている。そしてその代わりに、諦めようとしたり、気晴らしのできるものを探したり、苦痛を隠そうとしたりするのである。そのような人に対してセラピストは、抑圧してきた希望を開放するために苦悩に再度向き合えるよう彼らを援助する必要性に迫られる。

別の言い方をすれば、希望の拒絶は一つの抵抗であり、ほかの抵抗と同様に扱う必要がある（第十章参照）。また、クライエントに逃避させないよう慎重に療法で操作しなければならない。これは一回の面接で成し遂げられるものでもなく、また、クライエントの一般的な自己表出への対応から離れて行われるものでもない。

場面11-2

クライエント：ディック・デイビス、セラピスト：グラディス・ジョンソン

【次の抜粋は、週二回のセラピーを三か月にわたって行ったクライエントとのものである。クライエントには慢性の中等度のうつ症状の病歴がある。ほぼ二か月ほど、その症状が悪化することが多くなり、クライエントが自分を客観視したり、自分を救いようのないほど異質で世間に適応できない人間であると不満を述べるようになった時点で、その都度セラピストはクライエントに同調するようにした（〝目印をつける〟）。以下の面接は約五分ほど経過したところで、例によってクライエントは自己描写をしている】

C1：まるで異性人のような気分です。間違った惑星に置き去りにされたようです。他の人はうまくできるようなことでも、どういうわけか、私にはできないのです。他の人は自分の人生に幸せを感じているようですが、私は自分の人生が嫌いです。

T１：惨めですね

C２：そうなんです。ですが、自分を殺すことなんてしないでしょう。あぁ、何度も自殺を考えてきたけれど、なんだか、自分はそんなことできないように思います。だから、こんなつまらない状態で生き続けるしかないのです。

T２：このような生き方をあなたはどう思っていますか？

C３：大嫌いさ。こんなふうに思いたくないですよ。私がこの状態を楽しんでいるとでも思うのですか？

T３：少し悦に入っているように見えますよ。

C４：じゃあ、私に何ができますか？

T４：あなたは何ができますか？

C５：わかりません。何か提案してくれますか？

T５：何に対しての提案ですか？

C６：だから、私が終始こんな思いをしている状態から抜け出せるように。

T６：それがあなたの望みですか？

C７：もちろん、それが私の望みです。そうでしょ？

T７：私たちが三か月間話し合ってきて、あなたが変わりたいとずばり言ったのはこれが初めてですよ。その気持ちが続くと思いますか？

C８：（ぶっきらぼうに）わからないですよ。

T８：（挑発的に）どこへ行ってしまったの？　一分前のエネルギーはどこにあるの？　さっきはここにちゃんと

いましたよ。今、あなたは古いおなじみのブラックホールにもぐり込んでいますよ。

C9：あぁ、何もかも絶望的だ。

T9：絶望的なんかじゃない。あなたが希望を抱くことを恐れているだけですよ。

C10：そんなことをしても無駄でしょう？

T10：あなたは何も変わらないのだから希望など持っても仕方がないと言いながら、臆病な檻の中にいるだけなのです。

絶望状態に対するこの反応は、療法における強い協同関係が存在している時や、その状態が一気にではなく徐々に増えていくかたちで表出されているような時に起こるなら、効果を及ぼす絶好のチャンスとなる。セラピストは絶望的な状態から引き出したり（T2、4、5）、徐々に真っ向から対峙させたり（T3、6、7、8、9、10）しながら、援助を取り織り交ぜ続ける必要がある（T1）。セラピストはこの抵抗の層が元に戻ってしまう前に、この方法を何回も多くの面接で行使する必要がある。しかし、セラピストが敏感で、粘り強く、非懲罰的であっても、ほとんどの場合、元に戻ってしまうものである。

クライエントの関わりを動員する

人生変容を目指すセラピーは大変な労力と費用のかかる作業である。時間的にも、クライエントの人生に立ち入る点においても、情緒的エネルギーにおいても、そしてたいていのクライエントにとっては金銭的にも高くつく。いかなる大きな成果がみられるにしても、重要な関わりを行うのはクライエント自身なのである。しかし、多くのクライエントが人生のこのような事実を認めるのに援助を要している。

クライエントを援助しようとする人生変容の心理療法の多くは、長期間で、たいてい頻繁に行われ（週二～四回）、集中的である。大きな変革はしばしばクライエントの求めていることではあるが、そのために必要とされることの準備がクライエントにはできていないという状況も非常によくみられる。クライエントが意識的には明らかに手間のかかるプログラムを求めていないときでさえ、彼らが提示する問題が手間のかかるプログラムを要するものである場合が多い。セラピストが責任を持ってクライエントと共にワークを行うことを請け負うのなら、早期の適切な時期に以上のような事実に直面させる必要がある。

筆者がこのような条件つきでタイミングについて述べるのは、クライエントが問題の別の要素に十分触れるための援助を受けるまで、必要な事柄をまったく理解していないことがあまりに多くあるからである。そして、多くのクライエントは、すでにいっぱいになったスケジュールと情緒的な財源に、さらにセラピーをつけ加えようとしている。それでは何にもならない。つけ加えのセラピーは必然的に、表面的な結果をもたらす底の浅いセラピーになってしまう。

セラピストもクライエントも、人生変容の心理療法がいくつかの形（お金・時間・エネルギー・情緒・思考）で表される活力という通貨による、相当の関わりを要する一大事業であるということを認識する必要がある。図11－1はクライエントがセラピーを受け始める際の「活力の資本」の振り分けを想定したものである。その資本投資の多くは、残りの資源を得ようとして張り合っている。意識的にせよ無意識的にせよ、いくらかの部分が心理療法のためにとっておかれる。これは私が一般化したものにすぎない。すなわち、何がセラピーに割り当てられるにしても、十分ではないということである。

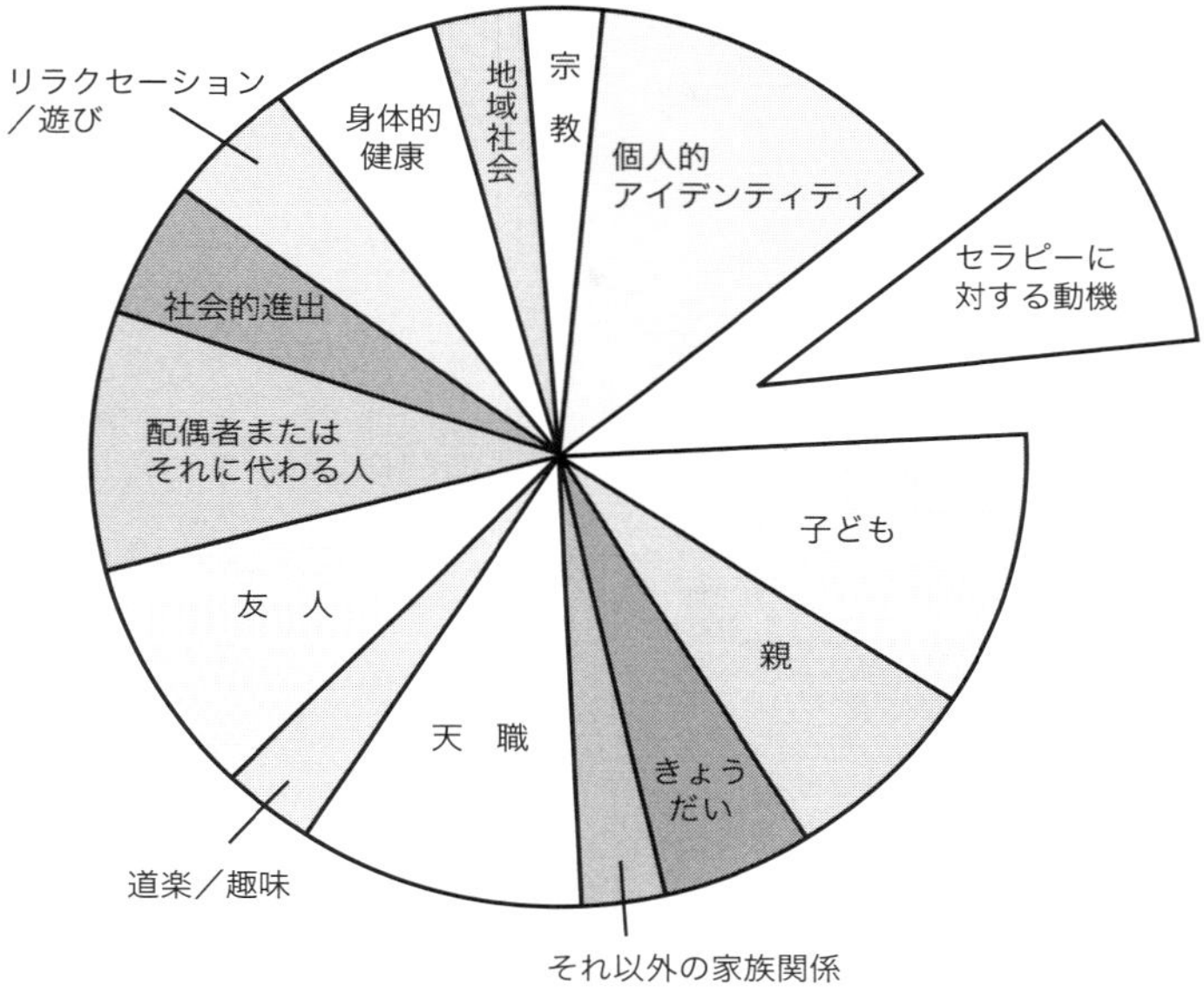

図 11－1　クライエントの「活力資源」と心理療法に投入されようとしている分量の仮定的区分

《人生変容の心理療法に必要なものに直面すること》考えてみてほしい。人生変容の心理療法に必要とされる関わりは、明らかに人生に破滅をもたらすものにちがいない。極端な考えだろうか？　そうである。さらに考えてみよう。クライエントが生きているという体験に大きな変化を求めるとき、まさにその生きている体験が変わることを望んでいるということなのである。したがって、クライエントがセラピーに投資できるものを制限した場合、生きているという体験に生じる変化の大きさも制限されることになる。

長年の生活パターンのいかなる変化に対しても、クライエントは相当な投資をする覚悟をもち、通常の生活リズムが乱されることへの心の準備をしておく必要がある。この投資とは単なる金銭だけのことではないが、かなりの額にはなりうる。場面11 - 3はお金が問題ではないというケースにおいて、どのような関わりが必要になるのかを表している。

場面11 - 3

クライエント：ローレンス・ベローズ、セラピスト：ジェームズ・ブーゲンタール

【以下は、ローレンスが正式にセラピーを始める（場面11 - 1がその抜粋）六週間前に行われた事前面接である。以下の場面はこの事前面接の終わりのほうで、私が勧める治療法について説明しているところである。ローレンスに典型的なのは、仕切りたがる点である】

C1：ご存知のように、私はよくあちこちへ出かけるので、スケジュールどおりに行動するのは難しいです。けれど、もちろん、用事でどうしても来られないときは必ずご連絡するよう、できるだけのことはするつもりです。さて、今は火曜日の朝ですね。今朝みたいに、毎週火曜日の朝にお会いするというのはいかがでしょうか？　私も街にいますし、十時でいかがでしょうか？

T1：ベローズさん、私たちが一緒にワークをすると決めたら、少なくとも週に三回、なるべくなら四回はお会いしたいのです。セッションを無にしないためにも、ご都合をつけていただかなければなりません。（この点はここできちんとしておこう。クライエントは自分の不安感を些細なこととして片づけてしまいたいと思っている。しかし、私はそうではないと確信している。彼が自分の都合の良い方法をとろうとするのなら、私は自分のやり方を繰り返し主張しなければならない。面白そうだ。いずれにしろ、私のやり方を通すほうがよいだろう。彼は自分の痛みや人生を真剣にとらえられるよう援助が必要なのだから）

C2：週に四回！（驚愕の表情だが、少しオーバーな感じがする）。どれくらい都合をつけられるのか、まったくわかりませんが…。

T2：（彼は私のほうで折り合いをつけることを計算した上で間をとっている。まったく彼は対人関係に長けている。だから、少し黙って待つのが最善である）

C3：まぁ、本当にそれくらい必要だとお考えなら…、一か月くらいは週三回の面接がもてるよう努力しましょう。なんと言っても、あなたのほうがセラピーをよくご存知だとお見受けいたしますから…。

T3：（彼はいら立っている。「お見受けします」などとちょっと当てこすりなんかして。しかし、彼はセラピーへの期待と必要性について真剣に考え始めている。彼とゲームをするつもりでいてはいけない。というのも、実際に彼は大きな苦痛と恐怖心を抱いていて、私はほとんど彼のことを、つまりなぜそんなに苦しんでいるのかを知らないからである）。私も週三回、できるかぎり定期的に通ってくださることを望んでいます。ところでベローズさん、お互いに腹を割って話し合いましょう。ほとんど何も知らないあなたについて、私が何らかの判断ができるようになるには、一か月どころの話ではありませんからね。

C4：どれくらいかかるとお考えですか、先生？（単調に、慎重に）

T4：今の時点で申し上げるのは、ほとんど不可能です。まだ、あなたのことを何もわかっていないのですから。それに率直に申し上げると、もっとあなたのことを知った時点ですら、あなたが私と一緒にワークをしたいと思う時間の総計を私が計算できるかどうかは甚だ疑問です。このように申し上げるのも、あなたが（セラピーを）続けるにしろやめるにしろ、基本的にはあなたの選択次第だからです。私があなたに言えることは、私とワークをしている人のほとんどが、二年から三年くらいセラピーを続けているということです。もちろんすぐにやめてしまう人もいれば、それより長く続ける人もいますよ。

C5：二年から三年ですか、う〜ん。それは私が予測していたのとはずいぶん違います。そんなこととは…（間をとり、黙って考えている。いまやまったく都合よくいかなくなっている）。

T5：そう、大変なことなのですよ、ベローズさん。人生における一大事業の一つだとお考えいただかなくてはなりません。ここで私たちがしようとしていることは、あなたの生き方の全体的な流れや意味を繰り返し考えることなのですから。

C6：ええ、そうですね、ん〜。しかし、現時点で私が求めていることよりも包括的に思えます。時間と先立つものがある人には、かなりやりがいのあることだと思いますよ。う〜ん。確かにやりがいがある。（躊躇しながら考え込んでいる）

T6：でもあなたは、ご自分が今すぐ取り組みたいことなのかどうかとお考えなのですね。

C7：そうです。私は今とても忙しい身でして…。週に三回もしくは四回、午前中に仕事を抜けることは、たとえ数時間であっても、今すぐにできるかわかりません。ん〜。そうですね。（考えながら）私がお話したようなパニック発作を緩和させるためだけに、こんなに包括的なプログラムが必要だと、本当にお考えなのですか？

T7：ベローズさん、正直に申し上げると、その目的にとって必要なことについて、私にはまったくアイディアが思いつきません。まだお会いしたばかりですから。よろしければ、今後六回とか八回ほど話し合いを持ちたいと思います。それから方向性を再検討しましょう。（彼の表情が明るくなり、話し出したが、構わずこちらが話し続ける）。でも、私はあなたを間違った方向に導きたくありません。私の経験から推して、最終的には、先ほどと同じことをお勧めすることになるでしょう。その理由は二つあります。一つは、パニック状態があまり重要でない、あるいはあなたのあり方とは切り離された個別の問題だと思えないからです。したがって、パニックを引き起こすものを把握するために、私はそれ以外のあなたの内的経験も開示していきたいと考えています。（彼は瞳をかすかに細める。ほかに顕著な反応はない）。二つめは、重要で持続的な変化は、このような徹底的な探求によって人生に根づくと信じているからです。この二つめの点について、私ほど熱心に取り組まない有資格者や、その必要性を信じていない専門家がたくさんいることを知っていただきたいと思います。そういった人々の名前でしたら、喜んでお教えしましょう。

C８：ええ、そうですか。なるほど。そのお話とあなたの誠意に感謝しますよ、ブーゲンタール先生。（切り上げて、素早く考えながら）そのうちのお名前をいくつか教えていただき、数日後に、あなたがおっしゃったことを考えてみたほうがいいですね。それから、今週末か、来週初めに連絡します。

T８：それがよいでしょう。お伝えしましたとおり、私とやっていくおつもりでしたら、この取り組みはあなたの人生の一大事業であり、大きな関わりの一つになるに違いありません。もちろん、慎重に考えもしないでそのようなプログラムに入りたいとは思わないでしょう。

（こうしてセッションを終える。私は三人の名前を教え、私たちは礼儀正しく握手し、互いに別れの挨拶を述べる）

《クライエントが契約を取り交わすよう援助する》　この場面でセラピストの作業に特徴的なのは、療法において協定が必要とされる理由をクライエントに教える方法にある。

- 重要なことは、公平で長期に及ぶ、かなりの回数のプログラムを行うには、クライエントの関わりが必要であることを伝えることである。したがって、勧誘や外交手腕といったものは不当である。なぜなら、クライエントのほうに表面的な内的信念しかなければ、そのような効果は徐々になくなっていくからである。
- 最も効果的な方向性は、クライエントに次のように思わせることである。自分の痛みが本当に受け止められていること、プログラムがクライエントを苦痛から望ましい状態へと援助するために組まれていること、セラピストがこのプラグラムの中でクライエントと共に取り組む心構えができていること。
- プログラムの規模とそこで必要とされることを率直に認識することは重要であり、クライエントが十分説明を受けた上で意味のある意思決定をするにあたり役立つものである。（ローレンスのケースよりも資金的な問題のほうが重要となるクライエントに対しては、T５とT８をもとにさらに詳しく述べよう。つまり、「これはあなたの人生における一大事業であり、大きな出費だとお考えいただかなくてはなりません。時間とエネルギー、さらに熱意までも換算すると、あなたの家とそのほか一つか二つほどの物を購入するのに匹敵するだけの費用になります」）
- ローレンスには必要なかったことであるが、時には、クライエントにセラピーを受けさせることになった心配事の長い歴史を指摘し、それと療法プログラムとを比較することも役立つ場合がある。たとえば、「大人になってからの大半（あるいは人生の大半）をこの問題に悩まされてきたとおっしゃいましたね。あなたの年齢を考えると、少なくとも二十年もの間ということになります。そこで、その埋め合わせをするための、週三回四十五分（あるいは五十分）の面接を考えているのです。もちろん、かなり大きな注文で、あなたができることと、あなたを援助するために私にできることのすべてを使うことになるでしょう」

● 同様に、週一回しか通いたがらない人には、相手の言葉の矛盾について指摘すると効果的な場合もある。「予定がいっぱいで、自分の時間すら取れないとおっしゃいましたね。つまり、あなたは週に一時間さえ取れないほど忙しいことを強調しながら話しています。それが現実的ではないことくらい、あなたにもわかっていますよね。こちらもそのような自己欺瞞につきあっている時間はありませんよ」

内的方向性を喚起すること

人生変容の心理療法は、自分が誰であり何であるのか、また自分が信じている世界のあり様はどんなものかを認識する基盤を探求するセラピーである。クライエントが他者（配偶者、親、雇用主）について、あるいは外的なもの（神、運命、遺伝）について話をするとき、それらが効率よく把握できる問題ではないことは明らかである。セラピーにおいて望ましい結果が得られるかどうかは、クライエントが内的探求や自己刷新を最重要のものとして心から受け入れているかどうかに大きく左右される。

セラピストに周りの人を変えてほしいと望んだり、周りの人を変えたり操作したりなだめたりする方法を教えてほしいと望んだりするクライエントが、私たちが話している種類のセラピーに十分取り組めないことは明らかである。そのような不適切な動機を抱えてやってきたクライエントの中に、その焦点を向け直し、自分自身を見つめるよう援助できる人がいるかどうかは定かではない。そのようなクライエントは、単に心理学的に認識が甘いだけという場合がある。つまり、そのような人はひとたび自らの主観的な世界を見つければ、セラピーに没頭し、かなり深く取り組むようになる。一方、同じように今この部屋にいない人に焦点を向けたいと望んでいるクライエントが、想像していることが生じるかもしれないと恐れるあまり、そのような盾を使っている場合もある。そのような人も同様に、自分の恐怖心が受け入れられ、サポートされることなく恐ろしい方向へ連れていかれることはないと思えるよう援助されれば、セラピーへの取り組みが可能となる。

心配事のすべての側面と同様、内面性も抑制や抑圧に弱い。否認によって自己を見ないようにすることは基本的な防衛であるが、確かによく使われる。このことは、療法的な援助を必要とし、それを求めているクライエントの問題として、深刻なものである。この抵抗をほどいていく中で、私たちは罪悪感や羞恥心といったものが重なり合った、精神病理的なものを発見する。その場合、セラピーの一助として内面性を引き出そうとすることが、セラピーの全過程における重要な要素であることが明らかになるだろう。

場面11 - 4

クライエント：ガス・キャンベル、セラピスト：ヘレン・ジョージ

C1：彼女のことがわかりません。本当にわからないのです。彼女はいつも感情とか、そういったものの話をし、やがて私には感情がないという話になります。そんなことは全然ないのに。私にだってみんなと同じように感情があります。だけど彼女は、あなたは頭だけだと言って信じてくれません。頭だけですって！ どう思いますか？ どこかの赤ん坊みたいに愛想を振りまいたり、ジョーンズさんの腰の調子はいかがですか？ とか、そんなバカみたいなことに時間を費やしたくないのです。

T1：あなたには感情がないと言われて怒っているのですね。

C2：ええ、もちろんそうです。誰かにそんなことを言われて傷つきませんか？

T2：それで、あなたは傷ついているのですね。今、あなたには何らかの感情があるようにお見受けしますが。

C3：ええ、私にも感情はあります。だけど彼女は、私が落ち込んだり泣いたりでもしないかぎり、納得しないのでしょう。

T3：彼女に感情がないと言われて怒ったり傷ついたりしているのですね。では今は、ご自分が抱いている感情に添うことはできますか？

C4：「感情に添う」とはどういう意味ですか？　ちゃんと今、感じていますよ。彼女が私の話をきちんと聞いていないのだと伝える必要があるのだと思います。彼女ももっと耳を傾けるべきですよ。

T4：ここで自分の気持ちに添ってみれば、彼女のことや彼女に対してできることをすぐに考える自分がいることに気づきますね。

C5：ええ、彼女が落ち着いてくれれば、ね。それに、彼女はいつも何かにいらいらしています。ホント、それが感情を持つという話になると、お手上げ状態です。今朝も、彼女はめちゃくちゃ興奮していました。ゴミ収集業者が私たちの出したゴミを全部持って行かなかったからです。確かに迷惑な話ですよ。彼女が延々文句を言い続けるのを耳にしなくてはいけなかったからね。それに、玄関ポーチの前にゴミを散らかされてしまったのですよ。

T5：今また、あなたは強く感じていますね。

C6：まぁ、それほど強いわけではありませんが、でも彼女の場合、なんの予告もなしに感情的になるみたいです。彼女は収集業者に断りの電話を入れて、こう話したんですよ…。

T6：（さえぎって）あなたが今抱いている感情について、もっと知りたいのですが。

C7：お話ししましたよ。彼女がゴミ収集業者にとんでもなく腹を立てていて…。

Ｔ７：待って。またあなたの話をさえぎるのは、あなたにわかってもらいたいことがあるからです。つまり、あなたの心の中には感情があって、それがその感情のきっかけになったものと絡み合っています。そのきっかけはあなたの外部にあるものです。では、あなたの内部で生じているものに戻っていけるかどうか見てください。

Ｃ８：ええ、まぁ、お話したように、彼女は…彼女はいろんなことで熱くなるのです。（言葉が途切れて呆然とする）

Ｔ８：また自分から離れていますね？

Ｃ９：あぁ、そのようですね。私にはあなたが求めていることが何なのか、わかっていないようです。

Ｔ９：そうですね、ガス。確かに、私が示している方向性にあなたはピンときていません。でも、それに気づいていることが大切です。私が思うに、あなたは物事を自分が望むようにすることに困難を抱えているようですが、それは、私があなたの内部に生じていることを尋ねたとき、私の意図がわからないという事実と結びついているようです。

ほんの始まりの部分である。ガスが内面を見始めるまでには、まだ多くの面接が行われることになるだろう。しかし少なくとも彼は、気づいていないが重要な何かが自分にはあるということを認識し始める、決定的な第一歩を踏み出しているのである。

セラピストは当座の要約をする際（Ｔ９）、ガスがもっとセラピストの言葉に耳を傾けられるよう複数の手段を使っている。たとえばセラピストは、クライエントの不満に対して理解を示したり（Ｔ１、２、３）、その経過でガスが本当に感情を持っていることを指摘することで、援助の手を差し伸べている（特にＴ２）。しかし、そのような援助こそが、ガスが妻から自分自身の内的プロセスへ直接目を向けるための最初の努力と結びつくのである（T3）。ガスはまだその準備ができていないが、おそらく閾下では、次のステップへの道が用意されているはずである。ガスは内面に目を向けることを理解しておらず、すぐに妻の話に戻ってしまうが（C4）、セラピストはまさにその事実を伝えて、彼のパターンを指摘している（T4）。

表面上、ガスは衆知の話に固執しているだけであるが、セラピストは自分のしていることについてガスが自問できるよう、種を植えつけている。したがってセラピストは、再びそのときに生じている感情へ目を向けるよう求め（T5）、長引く不満の言葉に惑わされてしまう前に、二回ほど穏やかに対峙するよう勧めている（T6、7）。ここで二度にわたってガスの話をさえぎったことは、さらに影響を与え、セラピストが指摘している点についてガスにもっと考えさせることになる。この効果が見られるのは、ガスがおなじみの独演に滑り込もうとし始めたが、おそらく初めてのことなのでまったく不完全ではあるが、自分がしていることに気づいた時点である。ヘレンは同情的な理解を示したが（T8）、それはガスが前よりも内面に取り組んでいることを示唆するものであった。それからクライエントは、自分の内的体験を見つけ、打ち明けることによって、見知らぬものに心から対峙するようになっている（C9）。そして再び、セラピストは支援的に反応するが、今度はそれをガスが以前から表明していた心配事と結びつけ、誘導的な支援を与えている。

心配事を活用することについて：まとめ

深層心理療法のように微妙で複雑なアートという形に広範な普遍化が可能であるとするなら、たいてい次のことが言えるであろう。つまり、深層心理療法でまず必要なことは、クライエントの心配事のあらゆる側面がどのくらいワークに有効であり、関係のあるものかを把握することである。次に必要なことは、心配事の側面に注意を向けさせないようにしている抵抗を明らかにし、それを軽減することである。

このような作業は数か月でできる場合もあれば、文字どおり何年もかかる場合もある。四つの側面すべてがすぐに見られることは非常に稀であり、セラピーの過程の中でそれらが役立つ場合にも、多くの変動がある。心配事のすべての側面が表面的には好ましいため、開始当初から理想的に見えるクライエントもいるが、そのいくつかは実際に取り組まれるよりも口頭で話されていただけだったということに、後になって気づく不注意なセラピストはかなり多い。

明白なことだが、心配事とは、私がこの概念を展開しているとおり、存在のレベルという概念と深く関係がある。十分悩んでいるクライエントは、十分存在する傾向にある。心配事を活用できないと、療法にあまり没頭できなくなる傾向にある。同じクライエントの問題に対しては二つの取り組み方がある。それらは同じものではないが、密接に結びついていて、互いに促進しあっている。

対立や抵抗、中断の引き金が引かれたとき、心配事はクライエントにとって療法と協調し、それを続けるための刺激となる。心配事はコミュニケーションレベルを深める動きを促進し、療法に心から没頭することに役立つ。クライエントが自分を客観視するのではなく本当に主観的な探求をするようになるとき、中心となる影響要因は心配事である。また、内面の探求を誘導するのに役立つものも心配事である。つまり、心理療法によってクライエントの心配事の中に二つの重要な要素を見つけるのである。一つはエネルギー源であり、もう一つは進路を取るための指針である。

心配事の誘導機能

クライエントの主観性の中で療法を行うことの重要性については、多くの心理療法の学派が同意しているが、その主観性のどんな問題がクライエントの関心を得られるのかという点においては違いがあるようである。普遍的な問題、たとえばセクシュアリティの変遷、個性、物への執着などを条件とする見方がある。その場合、問題の選択は明確であることが多い。また、ある心理的過程、たとえば群化（クラスタリング）、精神内部の葛藤などに同様の結果を求める見方もある。

私自身は、クライエントの心配事を総動員させることが、療法の指針を最もよく示すものであると考えている。理想的な状況では、クライエントが人生に十分に関わっていれば、本人の注意はそれが必要とされる事柄に向くものであり、いくつかのテーマの中でどれを取り上げるのかを判断するのに、クライエントが「手を引く」必要はない。このようなプロセスは、クライエントが十分関わり、心から悩んでいる場合、たいてい無意識に進行するものである。

主として存在が薄れたとき、すなわちクライエントの心配事のどこかに手を抜いた部分ができたとき（例：セラピストを喜ばそうとしたり、率直に自己報告しようとしなくなったとき）、クライエントはどのように進むべきか確信がもてなくなる。理由はどうあれ、クライエントが方向性を見失えば、どの療法であれ時間を要するようになる。このような場合、クライエントは「何を話さなければならないのでしょうか？ …私の夢について話すべきでしょうか？ あるいは妻との言い争いについてでしょうか？」と、セラピストに指示を求めることが多い。

典型的ではあるが、そのような質問に対する私の答えは、次のようになる。「あなたには唯一の信頼に足る羅針盤があるのです。さぁ、自分自身を見つめて、今現在、あなたにとって本当に問題となっていることは何（あるいは、どれ）ですか？」。時には、次のように応えることもある。「あなたよりも私のほうが、あなたにとって何が重要なのかを知っていると思っているようですね。驚くような考えですよ。本当にそう信じているのですか？」

クライエントが心配事に触れられるよう援助すること

誘導の手段としてのクライエントの心配事とは、クライエントの不満や現在苦悩している問題、捕らわれている感情、あるいは一番悩まされていることとしてクライエントが述べたことと同じではない。クライエントの心配事とは、本人の感覚であり、生体的な気づきであり、そのとき最も意味があり、最も重要なことである。したがって、このような心配事は論理的なプロセスによって辿りつけるものではなく、直観や内的発見の賜物と考えられる。

クライエントは、気づいたり、耳を傾けたり、自分の人生に悩むという感覚によって導かれたりするようになるために援助が必要である。ここで、そのような援助をどのように行なうのか、例を挙げよう。（どの例も、一つか二つの反応の形に短縮されているが、実際は何時間にもわたる膨大なやりとりがなされている。どれも、本当の心配事を引き出すために有効な決まりきったやり方というわけではない）

CA：今朝のことについて何を話したらよいのかわかりません。先日お話したときから何も起こっていないのです。

TA：それはよかった。話題がないなら、あなたは自分自身についてもっと深く、もっと重要で、もっと身近なレベルで触れられるということです。では、しばらく自分自身に集中してみてください。（間を置いて、待つ。場合によってはリラックスさせたり、集中するための指示を出したりする）結構です。では、最近、あなたの生活がどういうものかを感じることができるでしょうか。それについてまだお話する必要はないです。ただ、全身で感じ取ってください。では、準備ができましたら、心の中で見つけたことでも、自分にとって本当に大切なことでも、あなたの生活に関連することについて考えたいことや感じたいことでもよいですから、話してみてください。

CB1：今朝の夫との喧嘩について話し始めましたが、それから、最近いつも疲れていて憂うつな気分でいることについて考えました。それで、どちらのことをあなたにお話すればよいのかわからないのです。あなたはどう思いますか？

TB1：ドナ、ロードマップ（道路地図）を持っているのは君だけです。だから、私には答えられません。だけど、ただ話を進めろとか、何か把握しろっていう意味ではないですよ。ちょっと時間をかけて、考えてみましょう。自分の心の中に手を伸ばしてみたとき何が起こっているのか、あなたが本当はどのように生きたいと考え、どのように人生をよくしたいと思っているのか。そして、そこから今、この時間をどのように使いたいのか判断しましょう。それがさきほどの話題のどちらかになるかもしれませんし、まったく別の話になるかもしれません。

CB2：（しばし沈黙）あなたのおっしゃっていることがわかっていないようです。おっしゃるとおりにしてみても、何もわからずじまいになりそうです。二つのことの間を行ったり来たりしているのです。

TB2：最初のうちは、自分の心の奥深くに触れることは難しいものですが、しばらくすれば、コツがつかめるはずです。今日のところは、私があなたにやってほしいと言っていることについて、あなたが何を考えるのか、何を感じるのかをみてみましょう。必ず何かを得られるはずですよ。

CC1：だから、私は帰ってから、自分の考えを話しました。すると、戯言だらけだと言われました。どうしてみんながそんな言い方をするのかわかりません。だって、私は人の役に立とうとしただけなのですよ。でも、あなたにはみんながどうしてそうなのかおわかりなのですよね。

TC1：だから？

CC2：（驚いた様子で）どういうことですか？

TC2：文字どおりですよ。だから、どうしたの？ どうしてそんなことを言うのですか？

CC3：それは…私が我慢しなくてはならないのだということをあなたに知ってもらいたいと思ったのです。

TC3：どうして？ それが問題なのですか？

CC4：もちろん、問題です（いらいらした調子で）。

TC4：そんなふうには聞こえませんでした。つまり、そういう人たちとのいきさつを私に話したときよりも、今のほうがあなたは困惑しているようですよ。

ＣＣ５：おっしゃっていることの意味が理解できません。どうしてほしいのでしょうか？

ＴＣ５：私が聞きたいことは、あなたにとって、あなたの人生にとって何が本当に問題なのか、どのように自分自身を変えたいと思っているのか、ということですよ。

このような介入は一般的に、クライエントから重要な話題を引き出そうとするが、どんな話題を取り上げるべきかはクライエントに教えないというものである。クライエントに教えないということには、二つのかなり真っ当な理由がある。一つは、セラピストにはクライエントがどのくらい主観的であるか、その時点でクライエントが何を把握しようとしているのかわからないからであり、一方クライエントは、そのような素材を得る独自の手段を持ち、それに触れることができるようになるからである。また、もう一つの理由は、セラピーがクライエントに与えることのできる最も重要な成果の一つが、心の中に触れることと自信を高めることだからである。

ワークでの関係がよい場合には、驚かすような台詞や不意打ちのような発言（ＴＣ１〜Ｃ５）を用いることで、機械的に機能しているようなお馴染みのパターンを打ち破ることができる。

クライエントとの隠れた馴れ合い

しばらく順調にいっていたセラピーがやがて単調で非生産的になると、しばしばクライエントとセラピストとの間に、双方ともまったく無意識的であると考えられるが、隠された馴れ合いが生じることがある。本書でこの点について詳しく述べるつもりはないが、このような行き詰まりの原因のようなものを明確にする価値はある。つまり、心配事の一つ以上の側面を見落としてしまおうと、知らず知らずのうちに同意してしまうのである。

では一例をあげよう。デルが順調に前進して一年以上が経った頃、ペースがわずかに変わり、私たちの面接は重苦しく、得るものがなくなってきた。かなりの時間を無駄にした後、苦痛や恐怖感を鎮めるために一緒にワークをしているが、それが双方にとって面接を緊迫した不快なものにしているのだ、ということがわかり始めた。今では、私たちはそのように気持ちを乱されない状態を楽しみ、たとえ何も乗り越えることがなくても、嫌な感情を再び目覚めさせないようにしている。

セラピストの心配事

ここでは、「連携（alliance）」すなわち力を合わせるという観点から、クライエントとセラピストの関係について述べよう。連携には、両者にとって重要な目標を達成するために協力するという、二つのエネルギーシステムがある。クライエントの心配事が、その過程に効果をもたらし、クライエントの内的探求を導くかけがえのない機能であることを述べた。次は、セラピストの相補的な心配事を認識し、それについて考えてみる必要がある。再度述べるが、心配事は気がかりや不安と同じではなく、むしろ動機や意図に意味が近いものである。

クライエントの心配事の四つの側面を識別する上で役に立ったように、次の表示によってセラピスト側の四つの側面も理解できるはずである。

〈クライエントの心配事〉
・苦痛
・希望
・コミットメント
・内省

〈セラピストの心配事〉
・ニード（欲求）
・ヴィジョン（視点）
・存在感
・感受性

セラピストのニード

非常に重要なことは、セラピストが仕事をしながら欲求が満たされていると思えることである。そう思えないなら、この仕事から離れるべきだろう。非人間的で思いやりのない療法マシーンの操縦者によって人生を援助してもらっているなどとは、誰も不快で考えたくないはずである。その上、そんな行為は療法になどならない。

セラピストの欲求が、セラピスト本人の生活を支える仕事として、金銭的な報酬である場合も多い。それが正当な欲求であるにもかかわらず、そのことを嫌悪し嘆かわしく思っているセラピストがあまりにも多い。そんなことは決してないのに。私たちは、セラピストにとってもクライエントにとっても、お金が日常生活の大きな側面であるという文化の中で生きている。セラピストが金銭的な欲求を持たない場合、それは往々にしてあるのだが、物事を直視するには障害となる。直視できないとなると、セラピストはクライエントの人生に強力な影響をもたらすことはできないのだ。

《お金は堕落？・》　値段のついた必需品であることはサイコセラピストにとって理想的なことなのかどうか。実際は、理想的であると言える。また、クライエントはその対価――すなわち個人的に重要なもの――を払わなくてもよいとなったら、療法を疎かにするようになる。これは私たちの職業では古くからある真実であり、新たにこの領域へ入ったときは疑問に思うが、繰り返し苦い経験を味わいながら何度も思い知らされることである。価値観や心構えを売りにする心理療法的な洞察で現実をとらえるには、セラピストとクライエントがこの事実を理解し、折に触れてワークの中で取り上げる必要がある。

もちろん、お金がセラピストにとって仕事で満足感を得るための唯一の欲求であれば、そのセラピストはあまり療法に打ち込むことができず、療法に伴う避けがたいストレスや繰り返しについていけなくなる。その結果、療法の可能性に限界が出てきたり、あるいは不必要に療法の期間を引き伸ばすことになる。

《そのほかの満足》 幸いなことに、深層心理療法を行っているセラピストの大半は、仕事がお金以外の欲求を満たすことを知っている。その中で真っ先に挙げられることは、人生を刷新しようと一大決心をした人が、自分の力量を十分に知り、心の中に大きな安寧をもたらす姿を見ることが深い満足感となることである。心理療法はそのような作用をもたらすが、詭弁家はまったく反対のことをしてしまうだろう。療法が作用しているのを目にすること、つまり人が療法の中で重要なものを得る姿を見ることは、豊かな報いを得る体験である。

そのほかにもセラピストにとっての欲求充足と思われるものがある。他者とよく鍛錬された効果的なやりとりをしたり、創造的で芸術的な才能を育んだり磨いたり、地域に意義のある貢献をしたりするために、療法によって内的可能性を実現するということである。私たちの多くにとって、人間ドラマの特等席を得たという思いは、何にも勝るものである。同様に、気心の知れた、信頼し、刺激し合える仲間と共に事を成し遂げたときに感じる喜びは格別なものである。

つまり、セラピストは重要な個人的欲求が仕事を通して満たされることを実感しなければならないのである。

それが感じられなくなったとき、セラピストは平凡で、同じことを繰り返し、無感覚になるという最も危険な状態になる。そのようなときは、個人的な療法、同僚間のコンサルテーションやサポート、安息期間、あるいはさらなる訓練やスーパービジョンを求める必要があり、それは高いレベルを保つという専門職としての責任でもある。それらの一つかそれ以上をうまく得られないなら、精神的なものをあまり求められない職業に変えるべきである。

最後に急いで述べるが、セラピストの欲求がクライエントの苦痛を相殺する。苦痛を抱えた人が助けを求めて私たちのところへやってきたとき、不用意であってはならない。クライエントの苦痛という刺激と私たちの欲求とが結びついたとき、両者の人生を豊かにする可能性が出てくるのである。

セラピストのヴィジョン

クライエントとセラピストが共に取り組む中で、クライエントの希望は刺激され、いくぶん満たされ始める。同時に、セラピストはクライエントの内面に潜んでいる本人のイメージや内的感覚を、まったく意識的に工作することなく、解き放していく。クライエントの潜在意識を解き放つという視点を、クライエントへの逆転移的投影と混同してはならない。むしろ、両者の協同作業がうまくいっていれば、クライエントのあり方をセラピストは直感的に認識するものである。

その違いは、「ヴィジョン」とは、クライエントのあるべき姿、またはすべきことを具体的に示すものではないということである。たとえば、息子をもっと自由にすること、もっとましな仕事に変えること、本を書くこと、などといったことではない。セラピストの視野はもっと包括的で、基本的なものである。たとえば、自己批判をしなくなればもっと自発的に楽しく考えたり関係を築くことができるとか、他者への共感が出てくれば結びついているという感覚を持ち孤独感を減らせるとか、生活におけるいくつかの束縛と向き合おうという気持ちになるといったことである。

別の言い方をすれば、クライエントに投影される目標と導き出されたヴィジョンとの違いは、前者の方向性が外面的な目に見える変化に向けられている一方で、後者が主観性の限界からの脱出に関係しているという点にある。ここで、非常に衝動的で怒りっぽい女性との療法から例を示そう。

セラピーをしている間、私は二つの強い、相反する感情を抱くことが頻繁にある。彼女が自分の考えを絶え間なく中断したり、話を始めたり止めたりを繰り返し、結果的に彼女自身を容赦なく批判してしまうことに対して、ほとほと疲れ果て我慢できなくなっている。その我慢ならない気持ちの一方で、悲しさや同情も感じるのである。このような感情は、ダンスに憧れているが、足が不自由なためうまく歩けない女性、ジェニファーのイメージからきている。何もかも正しく行動しようとし続けるフラストレーションを抱えながらも、彼女は心から愛し愛されようと願う、やさしく心温かい人間なのだ。

セラピストの存在

純粋に存在することは、簡単なことではない。特に療法のための事前計画を立て、あるいはクライエントについて必要なことはすべて知り尽くしたという固定観念をもってセラピーを始めようとする場合、退屈になるという深刻な問題が生じる。そのような場合、最初に非関与状態の犠牲になるのが存在なのである。（そして、のちに永続的な人生変容が犠牲となる）。ロゴーはある分析家の言葉を引用して、こう述べている。

> あなたは何が起こったのかを嗅ぎつけようとする探偵のようなものだ。おそらく六か月も経てばわかるだろう。しかしその後は、自分が見つけたことをクライエントに理解させることに時間を費やすようになる。この業界では、こんなことを聞いたことがあるだろう。「クライエントを分析するのに一か月かかり、クライエントにそのことをわからせるのに三年もかかった」と。この場合、後半はお決まりの作業にすぎない。

このような悲しいメッセージは、明らかに本書で私たちが関心を寄せる事柄とはかなり異なる見方であり、まったく別の心理療法の体験から生じるものである。クライエントとの接触を決まりごとや繰り返されるもの、退屈なものと思っているセラピストは、心から存在することなどまずあり得ない。ロゴーが言うような例が増えてきたころから、セラピストたちは切手集めや日光浴クルージングのために仕事を辞め、後継者に取って代わられることもなくなっているのである。

十分に存在するとは、本当に近寄りやすく、適切な感情表出ができることである。つまり、クライエントが体験していることや、療法の時間内に引き出されるクライエントの感情や衝動、奮闘していることや隠していることなどに手を伸ばすことができなければならない。付随する理論的なシステムはそのシステムにあったものだけを認めるスクリーンとなるため、セラピストはクライエントに対してよりもシステムに対して存在感を示すようになる。真に存在するセラピストは、鍛錬された形で共感を示すことで、クライエントの体験をセラピストの心の中で共鳴させ、その共鳴したものを直観と結びつけ（あるいは直観を刺激して）、その時々の協調関係やクライエントの意識、療法全体の展開に必要なものなどと調和させるのである。

セラピストの感受性

クライエントに療法の効果をもたらす主な道具は、訓練され、実践を経て、磨き上げられたセラピストの感受性である。数ある道具の中でも、この感受性は、慎重に準備し、維持し、調整し、保護する必要のある楽器のようなものである。経験を重ねることによって、明確に記録しようとしてもうまく回避されてしまう感情や意味のニュアンスを把握したり、クライエントの言葉にできない体験とうまく調和している推論を引き出したり、瞬間的であれ長期的であれ、クライエントのニーズにぴったりあった介入の言葉を発したりすることができるようになる。

この感受性とは、単に教育やスーパーヴィジョンによるものではない。どちらも感受性の発展に重要な役割を果たすだろうが、感受性とは人生経験の賜物なのである。したがって、若い人が感受性を育てることはより難しい。直観的で共感的な若いセラピストが感受性を示すことは、不可能ではないが難しいものである。一般的に、感受性のある人は、通常より多岐にわたる（そして、しばしば困難な）人生経験を経てきているものである。

確かに、年齢は感受性とは正反対の頑固さをもたらす。そのため、いかなる場合でも、年齢が感受性の発展を保障するものではない。感受性は、ここでそう呼ぶものは、様々な意義のある人間の触れ合いの賜物であり、人生の美学が現れるものであり、自らの存在の実存的な状態に初めて遭遇することによって生まれるものなのである。そして、それ以上のものでもある。

まとめ

心配事とは、生まれつき人間に備わっているものである。人生経験によって、内面的な感覚を押し潰したり捻じ曲げてしまうことがあるため、まったくの現実的な理由から、内面にまったく触れないということが起こり得る。あまりにひどく打ちのめされた人々は、統合失調症と診断されることがよくある。それほどひどくなくても、強迫神経症とみなされることもある。

しかし、適度に健康な人でも、それが無意識で潜在的なものであれ、心配事の経験はあり得る。悲しいことではあるが、私たちの文化、とりわけ教育制度においては、客観視の重圧によって、私たちの多くはこの人生にとって重要な才能に触れることができなくなっている。したがって、自らの人生に対する心配事をクライエントに気づかせるセラピーが、そのような人生に重要な役割を果たしている。そして、自分の心配事を十分に投入できるセラピストは、自分自身の人生にとっても得るものがあるのである。

サイコセラピストの道程

心理療法は科学なのか、アートなのか？　私は本書のタイトルから、この質問に対する私の意見をはっきりさせている。しかし、いまだに完璧な人間行動学として、フロイトの失われた黄金郷を探し求めている人もいる。私はその行動についてはあまり気にしていないが、人間の経験のほうは気になっている。現在、心理学と心理療法という、同じ言葉で居心地悪く共存している二つの領域がある。両者の結婚はうまくいっていない。

心理療法が科学であるならば、通常の科学という考えからすると、この章は無意味なものになる。そのような科学は、客観的で、臨床家同士の違いによる影響を減らし（できるならゼロにし）、その経過や生み出されるものがまったく同じ形で繰り返されるものであることを求める。その科学にとって、セラピストの心配事など、変化のない治療マニュアルに従うよう制限しないかぎり、場違いなものなのである。

一方、心理療法がアートであるなら、セラピストすなわち芸術家の内面で起こっていることが、その取り組み全体にとって重要になる。セラピストの心配事は、単に優雅で見事な修飾なのではない。つまり、セラピストの発する言葉よりも療法の中核となるのである。

この二つの視点の違いは、ロゴーの別の言葉からも強調できる。精神科医と精神分析医に対する彼の調査では、多くの医師が自分の仕事の問題点を「消極性と退屈」と答えている。その中の一人、訓練中の分析医が若い訓練生にアドバイスをしている。

研究も教育も、心理療法もグループセラピーも、家族療法も観察療法も音楽療法も行いなさい。また、趣味もいくつか作りなさい。なんでもしてみなさい。ただし、心理分析だけはするな。さもないと、四十五歳になる頃には、退屈さのあまり死んでしまうだろう。

不感症で機械的なセラピストを責めることは簡単である。もっと大切なことは、完全に客観的な見方になったとき、療法の概念も手順もあらかじめ組み立てられてしまうようになるということを認識することである。

そうなれば、ワーク自体がバスの運転以上にエキサイティングなものではなくなってしまうだろう。

優秀な管理人理論

ひところ、クライエントにとってセラピーの力の置き所が、どのくらい私たちの体験と合っているのかを認識し、私と（本書の献辞にもあげた）私の同僚アルビン・ラスコは、「優秀な管理人理論」というものを考え出した。この概念の骨子は次のとおりである。一見成熟し、自信に溢れ、専門的（つまり「優秀」）にみえる管理人――あるいは未熟な人間――を想定し、クライエントと一緒に座って、熱心に話を聞いたり、頻繁にうなずいたり、「なるほど」「そうですね」「わかりますよ」「そのことについてもう少しお話ください」という言葉だけしか使わないよう彼に仕向ける。そうすれば、彼はかなりの高い確率で成功すると推測したのである。

振り返ってみると、私たちは半分しか正しくなかったという結論に達する。私たちの理論には重要な真実が含まれていたが、完璧ではなかった。しかしその完璧でなかったことこそ、私たちが援助できる人々の数と、その人々が得られる療法効果の深さに違いをもたらしている。

私たちの理論における真実とは、クライエントは人生を変えるための貴重な潜在能力を持っており、その能力を使えるよう援助を受けなければ誰もその能力を十分発揮できない、ということであった。また、別の人間が心配事を言葉にしてあげたりそれに敬意を払うことで大きな影響力をもたらし、その能力を使えるように援助できるというものでもあった。

私たちの理論になかったのは、セラピストの心配事であった。良好な意志と適切な態度が療法に必要な要素であると仮定したからである。今でもそれらの要素が貴重で、その二つだけでワークができる場合もあり、実際に多くの専門家や準専門家、またこの有効な援助をクライエントや友人に提供している素人たちによってワークがなされていることは知っている。しかしまた、この限られた手段では影響を与えられない人や、温和なやり方や態度だけではその深いニーズを扱いきれない人が多くいることも知っている。

セラピストの心配事は、クライエントの治癒／成長の潜在力に大きく深い影響をもたらす。その大きな力によって、二つだけ例をあげれば、ニーズを十分知るという第一歩が踏み出せないクライエントや、自分の抵抗感を見抜けないクライエントも援助できる。つまり、セラピストの心配事がもたらす感受性と存在だけで、そのようなクライエントは自らの人生問題の核心を（第一に自分自身に対して、次にセラピストに対して）開示できるのである。さらに、セラピストのニーズとヴィジョンがもたらす関わりと展望だけで、そのようなクライエントは大きな人生変容に必要な、苦痛と恐怖を伴う自己との対峙のための援助が得られるのである。

私たちの理論は、私たちの療法がもたらす人生変容の究極の決定打ではない。決定打はクライエントの権利と責任下にある。しかし、私たちの理論はかなり高度であり、尊敬に値するものではある。

第12章 意図性と精神性

私たちが知るかぎり、人間だけが現実を作り出すという果てしない機能を授かり、それを意識という何らかの方法によって行う重大な責任と稀な機会を有している。実現されることのない多くの事柄が二度と思い出されることのないものになっていくなか、私たちは認知される（つまり実現される）可能性のあるものを数多くの宝庫から選択していかなければならない。そして、私たちはこのような作業に没頭し、あまりに慣れすぎているため、それに驚くことも、その驚くほどの重要性を認識することも忘れてしまっているのである。

人間の最も特徴的な能力とは、意図をもつことであり、目的や価値観を抱くことであり、それらを実現するための行動を起こすことである。このような過程とのセラピストの取り組みは、無意識に衝動が起こり、それが一連の〝ゲート〟をくぐり抜けて多くのものを取り払い、その一部が現実のものになるという連続性を認識することによって支えられている。この連続性を説明することは、前進するために意図的に通過しなければならないそれらのゲートを強調することになり、それゆえクライエントの閉ざされた目的を解き放つ方法を指し示すことになる。

私はこの過程で、四つの主観的な段階、すなわち無意識の根っこ、願望、欲望、意図的な意志と、三つの外在的な側面、すなわち最初の行動、現実化、相互作用を提案する。もちろん、これらは明らかになった事実というより気まぐれに考え出したものであるが、セラピストにとっては介入のタイミングや言いまわしを考える上で役に立つものであり、クライエントにとっては現実的な期待を持てるようになるものである。

以下のパラグラフの中で、私は意図性の機能を描写している、想像上の主観的なモノローグを提示する。

ただ傾聴するだけで、私の内にある可能性を知らせる声が終始聞こえる。それは達成感を求めている。それはどのようなものかを伝えてくれ、私はそれをかすかに感じ取り、束の間経験している。さらに、物事がうまく運んでいれば、それは私が心の中でどのように感じるのかを教えてくれる。私は約束の地に憧れるが、たいてい遠くからそれを眺めているだけである。私は心の中に安らぎを渇望し、ときおりその安らぎは訪れ、しかも魔法のように訪れるのだが、あまりに早く消え去ってしまう。私は十分に活力が機能していた時のことを想起するが、さらにそのように感じられる方法を求めているのだ。

私の中の可能性を知らせる声は、主観的な言葉しか話さない。それは外の世界の言葉も、他者の言葉も、労働時間中の活動や要求からの言葉も、職業や教会、学校、法律、選挙、時刻や季節、お金やスケジュールといった言葉も、そして私が進まなければならないかなり混乱した領域の言葉も知らない。

私は二つの世界を隔てる扉の前に立っている。つまり、もっと大きな実現を切望する主観性の声に駆りたてられている一方で、機会や欲求の客観的な概観に対峙している。私はその渇望がいかに果てしないものか、また私の知覚や力量がいかに限られたものかをよく知っている。

まったく私は通訳者のようなものである。私は常にわかっているが口にしたことのない古くからの言葉である心の声に耳を傾ける。そして、まったく別の言葉を使う外の世界に目を向け、一方を他方へ翻訳しようとする。私は若い頃、まったく同族の言語などほとんどなく、二つの言語は同じ構造を共有せず、したがってその二つの言語で直接対応することはほとんどないということを学んだ。内的な台詞を一連の客観的な行動に翻訳することは、必然的に推測となり、山を張ることにすぎない。どの外的手段が、どんなものが、どんな出来事が内的な台詞とほとんど一致するのだろうか？　あれこれやったり、特定の人物と一緒にいたり、これこれしかじかのことを成し遂げたり、外的な領域に物事の特別な状態をもたらすなどの危険をおかしてみれば、私が望んでいる内的感情が生じるのだろう。

そのような翻訳がうまくいくこともあれば、まったくお粗末な結果になることもある。それは相当骨の折れる作業である。なぜなら、かなり多くの人々が多くの理由で——中立的な場合もあれば、穏和的あるいは敵対する場合もあるが——、その二つを一致させる方法を私に教えようとしてきた。両親や友人、詐欺師、教師、アドバイザー、販売員、聖職者、政治的指導者、哲学者、それ以外の多くの人々が、これを探求し、あれを避けることで内的な飢えを満たすことになると主張した。しかし、それは往々にして間違っていたり、ほんの一部しか正しくなかった。

さらに私は、あるときうまくいっていた翻訳作業が必ずしも次もそうなるわけではないことを知った。私と私の努力だけで結果が左右されるわけではないことは、まったく明らかである。偶然が継続的に介在して車輪を回し、以前はうまく一致していたものがまったくうまくいかなくなったり、馴染みの土台でうまく立っていたと思っていたのに思わぬ事態に驚かされたりする。

そのため私は、外の世界における人生上の出来事で得た経験によって、何かをすること、もしくはしないことが、内的な欲求をうまく満たすよう努めている。もちろん、必要であれば、扉の前で待っていることなどしない。好き嫌いに関係なく、私は絶えず選択を迫られているのである。しかし、パスカルが述べたように、「選択はない。賭けに投じることだ」。したがって私は繰り返し繰り返し自分の人生に賭けている。

人となっていく人間

あらゆるものがエネルギーに還元されるように、すべてのものが私たちと共にある。私たちは物事の中にいるのではなく、深い自然やプロセスの中にいる。私たちは人間であり、存在である。私たちは〝している(doing)〟の〝いる(ing)〟である。つまり、私たちはすることではなく、しているのであり、考えることではなく、考えているのである。ゴードン・オールポートは、かつて「構造は過程の分泌物である」と述べた。人生、すなわち過程は常に動いていて、常に〝進行中〟なのである。

これを別の言い方にすれば、人間の生の重要な特徴は意図性である。作意が私たちの人生を方向づける上で中核となる要素であるため、〝重要〟なのである。私たちの生は最終的に過程であるように、人生の過程は作意を表出している。簡単に言うと、意図性とは私たちが生きながら作り出す／表出する意味である。

私たちは存在することで、している、行動している、関係しているのである。存在しているだけで、私たちは自らの存在を表出し、経験している。可能性が認識されなければ死んだも同然である。私たちは自らの可能性を実現させようとしている。つまり、気づかなければ眠ってしまうことを実現させようとしているのである。私たちは皆、ある程度実現される範囲が限られてはいるが、多くの潜在的な生を持っている。私たちの生のあり方は、潜在という霧から現実という光へもたらされたものである。

私たちの存在の方向性を他の力で捻じ曲げたり、私たちの意図と調和させることとは、生涯にわたる苦闘である。苦闘である理由は、外的な力で自分を方向づけようとするためであり、コントロールしようとする際に私たちの心の中に競り合いが生じるためであり、また、自分を導くために必要な個人のアイデンティティの感覚は、それ自体不完全だからである。個人のアイデンティティは常に、無限に繰り返される、選択をするという作業によって形成される過程の中にある。言ってみれば、乗り物に乗って操縦しようとしながら、それを組み立てているようなものである。そしてさらに、進みながら材料を選び取って、それを組み立てなければならないのである。

話がそれるが、子どもが意義のある人生を送る上で必要なものは、今日私たちの知る教育でもなく、何が正しいのか他者の意見に頼ることを教える方法としてのしつけでもなく、制限を設けたり放任することでもなく、良いモデルでもなく、悪い仲間を避けることでもなく、子どもの養育で慣れ親しんだ命令でもないということは言えるだろう。これらはそれぞれある状況においてはお薦めできるものであるが、どれも本質的なものではない。意義のある人生に不可欠なものは、個人的アイデンティティの感覚を育てることである。私たちのほとんどはそれを追い求めることに一生涯を費やすが、どうしても完全に成就させることはできない。

そして年を重ねるにつれ、その個人的アイデンティティ（自我あるいは自己）は、達観するか最終的な死という現実に直面することで、断念しなければならないものとなる。

意図性の道筋

意図性を理解し、さらに無気力を理解するには、衝動がどのように起こり、どのように現実に近づき、そしてそこに至るのかを示すモデルが役に立つ。表12‐1はこのモデルの道筋を示したものである。もちろん、これが重要なプロセスを把握する唯一の方法ではないが、クライエントが直面していることに効果的に働きかけるにあたり、臨床的に証明された有用な枠組みではある。

主観性の側面

《意図性》あるべき、そして起こるべき衝動は、無意識の領域で生じる。私たちは「意図性」としてこれを述べることができる。ロロ・メイ、アーヴィン・ヤローム、レスリー・ファーバーは、この重要な人間の過程に関する最も独創性に富んだ現在の思想家である。メイは「意図性によって、私は経験に意味を与える構造を表そう…つまり、それは人間の意図を持つ能力である」と述べている。

表12-1　意図性の道筋

局　面	特徴（例）
意図性	衝動の無意識的な源泉 （本能的，有機的，社会的など）
願　望	自発的，気まま （「鳥のように飛べたらいいなぁ」）
欲　望	希望，憧憬，欲 （「いつか飛べるようになりたい」）
意　志	自分自身への計画，意図 （「近いうちに飛行機の操縦を学ぶつもりである」）
	～主観性と外部との溝～
行　動	手始め，試験的，小手調べ （飛行訓練学校へ電話をする）
現実化	現実のもの，人生の一部にする （パイロットの訓練を受け，卒業する）
相互作用	他の多くの意図を振り払う （飛行時間を作るためにゴルフをあきらめる）

《願望》　この可能性の淵から、何らかの衝動が「願望」という形で生じる。願望はたいてい具体的ではなく、なんとなく経験を求めるといったものである。また、現実を試すものでもない。「今日の午後、南仏にいられたらなぁ」「翼があったら、カモメのように飛ぶことができるのに」といったものである。私たちは簡単に、広範に、儚く望む。にもかかわらず、願望は私たちの深い探求に実現の可能性への道を与えるという点で重要である。

《欲望》　願望の中には現実に試されるものもあり、そこから生き残ったものが〝欲望〟と称される。つまり欲望とは、その実現が吟味された経験に向かっていく衝動なのである。「今日の午後、急に南フランスへ飛んでいくことはできないけれど、来年にはフランス旅行を計画したいと思っているし、そうできるよ」。私たちの欲望は可能性の品書きである。この〝可能性〟という言葉が鍵である。つまり、私たちは欲望のままに行動するわけではない。

《意図的な意志》　この一連の欲望は断念することにつながっていく。「どの選択も千ものあきらめである」とどこかの賢人も述べている。私たちは、自分の人生が進む道程を大きく左右することになる生死の決断を下さなければならない。このような選択を〝意図的な〟意志と呼ぼう。意図とは、他の可能性が私たちの予定表に加えられるように、ある可能性をつぶすということである。私のもとには、私の精読能力をはるかに超える数の本や雑誌が届く。私はそれを全部読みたいと思うが、その多くは開かれることもないだろう。しかし、読もうと思ってどんどん積み重ねられていく山の中から引きぬかれるものも実際にある。この場合の将来の指針は「すぐに読もう」というものである。

外在的な側面

《行動》　この流れの次の段階では、もっぱら主観的で内在的なものから、客観的な現実の形へと大きく移行することが特徴である。(読まれることを)待っている本の中から一冊取り出し、開いて数ページを読む。そうすることで、私は〝行動〟を起こし、まったく新しい領域に入ったことになる。しかし、ここでの〝行動〟は単なる準備段階にすぎない。

さて、ここで新しい選択ポイントが出てくる。この本を読み始めたが、自分が追い求めたいテーマではないとわかったとする。この特定の本を読みたいという衝動に関するかぎり、流れはこの時点で中断する。

《現実化》　一方、その本がまさに私が知りたいと思っていることを取り上げているとしたら、最後まで読むことになる。その本を読むことは現実の一部となり、すなわちこれが「現実化」である。重要なことは、予備的で試験的な現実への進出を、入念に企てて実行することから区別することである。《相互作用》現実化によって必然的に流れははるか前に戻ってしまう。つまり、私がこの本を最後まで読もうとしているので、他の三冊は意図的な意志から願望へ格下げされるからである。これが最終段階の〝相互作用〟である。衝動が現実化されるたびに、さざなみのように他の衝動の調整が生じる。

意志が通過しなければならない〝ゲート〟

このモデルで衝動が従う流れをたどると、それらがいかにふるいにかけられ、その結果、比較的ほんのわずかしか生き残らないということがわかる。もちろん、このような削除の多くは、認識や判断の習慣が十分身についた上で前意識的に生じるものである。このような決断をすべて意識的に行わなければならないとしたら、文字どおりお手上げになるだろう。にもかかわらず、この過程が私たちの意識的な〝スーパーヴィジョン（監督）〟なしに常に起こっていることを認識する必要がある。

心理療法の流れでは、クライエントが自分の人生のある重要な領域において上記のような現実化／忘却の選択をする方法を意識下にもってくることが常に重要となる。これは多くの点でよく行われていることであるが、確かに、このような言葉で説明されたり決まったやり方で行われたりしているわけではない。

自らの力量を発揮しづらいクライエントに働きかける場合、とりわけ役に立つのは、クライエントの意志を実行するのを阻んでいるものを調べることである。表12‐2に、通過しなければならないゲートを示す。このクライエントの問題を考える方法は、行動に対する精神内部の抵抗の位置を定めるのに役立つ場合が多い。

表12-2　衝動が現実化に至る上で通過しなければならない“ゲート”

局　面	通過すべき“ゲート”
意図性	ある程度の意識はあるか？
願　望	現実的か？
欲　望	それを通過させるために何をあきらめるか？
意　志	何らかの明白な行動が取られ始めているか？
	〜主観性と客観性との狭間〜
行　動	十分実行されるだろうか？
現実化	他に変えなければならないものは何か？
相互作用	

精神と精神性

ここでは、捉えにくいが重要な概念、すなわち精神という概念について説明する。シドニー・ジェラードは、心理学にはその用語に精神という言葉も加える必要があることを提案したが、私は心理療法にはもっとその必要性があると考えている。この用語は宗教と神秘性というオーラを伴うが、その概念はあまりに必要とされすぎることから、人間の偏見（あると仮定して）も私たちのアートにおけるその価値を考えないわけにはいかないのである。

意気消沈した状態と多感な状態

私たちがそれを必要とし、そうしたいと思って、生きた経験をもとうとしているとき、人間の人生の中核的な〃仕事〃は、意志を現実に移しかえることである。その仕事をどのように行うかは、何よりもまず、私たちが自分や世界をどのように定義するかによって左右される。この自己と世界の構築システムについては第十章で述べたとおりである。（自分にとって）既存の世界の中の既存の自己であるという感覚に重要な衝動は、確かに現実化の必要がある。このような感覚が起こらない場合、不安が喚起され、意図性のある作業の負荷が大きくなり、バイタリティが弱まってくる。これが意気消沈したという経験になる。

意気消沈（dispiritedness）とは、意図性が阻害され、不快さや（しばしば）不安といった感情が伴う状態を特徴づける言葉である。不安とは、重複した、いくぶん限定的な概念であるが、様々な影響から生じる特定の感情である。

もちろん、意図性が外部から阻害されることがあることもわかっている。そのような場合、意気消沈が目に見える形で現れることはあまりない。その代わり、敵意や受動的な反抗、混乱、精神病的な代償不全などがみられることがある。意図性が強制的に阻害されることで受け入れがたい代替策に直面することになった場合、意気消沈と共にそのような経過がみられる。強制収容所はこのような（感情の）同時発生をもたらすが、そう考えると、しばしば目にする収容者の受動的な態度は理解しやすい。

《期待と精神性》現実化へ向かうにつれ、期待感が喚起される。したがって、衝動が現実化に近づいているほど、その衝動が妨害されると、精神性の損失は大きくなる。

もちろん、このような言い方はあまりに単純すぎる。衝動はバラバラに存在したり動いたりしない。つまり、衝動はまとまっていて、しばしばそのまとまりの中で重複している。南仏へ行きたいという私の思いには、なんとなく気楽な場所や目新しい場所を見たい、違うペースで生活したい、美味しい料理を食べたいなど、要するにいろんなことをしたいという意志が含まれている。逆に、そのような衝動は他のものと重複する。たとえば、家で仕事のスケジュールを見直すこと、特別な友人たちと過ごす時間を増やすことなど。このような衝動の一群にあまりにも多くの障害や中断があれば、意気消沈した気分が広がってくる。目的地に辿りつけないとしたら、熱意をもって日頃の活動を行うことが難しくなるだろう。（もちろん、その逆も真である。重要な衝動を実現するとき、私たちは別の領域で新しい刺激を見つける）

《断念》　衝動が通過しなければならないゲートは、その衝動が実現されるものであるなら、どのゲートも重要であるが、多くの人にとって最もよく面倒になることの一つは、欲望と意図的な意志（例：断念）とを区別することである。期待感の湧き起こる中で生きてきた私たちの多くにとって、可能性をあきらめることは難しい。たとえ、その期待感を持ち続けること自体が望んできた実現を阻むものだとしても。それでも、私たちは断念しなければならない。先に、常に私たちがどのように賭けに出なければいけないかについて述べた。私たちが賭けに使うチップは、時間、機会、希望、生活である。勝つこともあり、負けることもあるが、いつも勝ちたいとは思うものである。

《現実化と断念》　現実化と断念はまったく相反するものである。現実化は生命を与え、可能性を実現するが、断念は死をもたらす。その死はまさに現実のものである。これまでそうであったものがそうでなくなり、これまでしてきたことをしなくなる。つまり、戦争でクラスメイトをなくすことのように、取り返しがつかなくなるのである。可能性に投じられた死は悲しみを喚起し、悲嘆作業（グリーフ・ワーク）が必要になることをセラピストは覚えておかなくてはならない。また、心からの痛みと悲しみが生じ、それを克服するためには時間がかかる。

《怒り》　このような概念がどのように経験領域を統合するのかを示唆するものがさらにここにある。意気消沈した時期に特徴的な不快感は、断念や悲嘆の働きの感情的な側面である。これに頻繁に関連するのが、うつ状態の背後にある怒りや激昂である。その怒りは重要な領域で妨害されていることへの反応であり、注ぎ込んだ認識や意志をあきらめる必要があることへの反応である。（不快感という情緒的状態と、うつ状態という臨床的分類とを区別するとよい。前者は否定的な経験に対する適切な反応である場合が多い。後者はその間に起こる出来事には部分的にしか関連しない永続的な状態である）

《無力感》　うつ状態／意気消沈の通常の症状でよくみられるものは、無力感、すなわち行動を起こすことができないことである。主力の衝動が妨害され、貴重な代替策もまったく作動しない。何もかもやってみるだけの価値がないように思われる。しかしこの活動しない時期は、ある目的にかなっている場合が多い。つまり、意志を再生する時間や、必要な断念を行う時間、情緒的なエネルギーを持って新たな意志を立て直すために必要な悲嘆作業の時間を与えてくれるのである。

もちろん、ここで述べていることの多くは、意識に対して十分有効とは言えない。しかし、クライエントが心を開いて自己探求できるようになるための集中的な心理療法では、このようなプロセスが明確に現れる。

《無理な行動》　内的生活にそれほど触れない人は、多くの場合、家族や友人、心理療法家のよい意味での励ましを受けて、〝一緒に何かをしよう〟と努力をする。このような無理な行動、無意識的な行動の根源や深い意図から引き離された行動はめったにうまくいくことはなく、努力した本人に満足感をもたらすことも稀である。また、実際には破滅的になり、自己錯乱を助長することもある。このような流れで妨害された意志性をやりごそうとする人は、しばしば自分たちの経験を満たされないもの、失敗、意味のないものとみなす。

「めったにうまくいかない」と言ったのは、特例においては行動を促すことが効果的な場合もあることを示すためである。たとえば、落ち込んだ人間がすでに断念も悲嘆も大部分やりとげたが、無力感から抜け出始めるという初歩的な〝行動〟を起こすことにためらいを感じているという例が往々にしてある。これは次の三つの方法のいずれか、またはその組み合わせによって乗り越えられるかもしれない。①意図性のシステムが促す、自然であるが無意識の展開、②療法的な努力の結果として、③初期の心理療法から生じたスキルを用いた、独立し訓練された自己探求の成果として。いずれにしても、意図性を動かす刺激といきいきとした生活を取り戻す刺激が無力感を打ち破る第一歩である。

意気消沈する経験

次の文章は、他の状況であれば何事もうまくこなせるはずの人間が書いたうつ状態のときの自己像である。症状のひどさは重度のうつ状態に珍しいことではない。もっと重要なことは、意志を現実化させ続ける能力に対して障害がいかに広く取り巻いているかである。以下の記述を行った人物は、人生の多くの領域において効果的な意図性を持って行動できるが、ある重要な面においては何かに妨害されている。

自分が石でできているみたいだ。顔も無表情だ。口を動かすのはつらく、目も閉じていたい。何もかもが明るすぎて、自分を暗闇で包んでしまいたくなる。両手は重く、動きが遅い。する価値のあるものなど何もない。自分がもっとうまくできる以前に何もかもやってしまったのだ。だから、何を悩んでいるのだ？　あまりに難しくなって用済みになったというのに。

自分の周りにいる人がえらく大きな声で早口で話している。彼らは私に「何かしろ、何かしろ」と言って期待している。彼らはどんどん早くなり、私はどんどん遅くなる。やがて私は完全に止まってしまうだろう。彼らがどんなに強制しても、どんなにうるさくわめいても、私の耳には届かなくなるだろう。私は動こうとはしないだろう。

こんなふうに思わない時もあったが、その時、どんなふうに思っていたのか、今では思い出せない。自分が友人と一緒に何かをし、笑い、話していたことは知っている。だが、私の友達とは誰なのだろう？ 自分に何か残っているようには思えない。まったく。彼らは私を変えたい、私の注意を引きたい、私の思いを変えたいと思っている。しかし、私は石であり、花崗岩であり、芯までガチガチになっている。

今日は悪い日だ。誰とも話したくないし、どんな求めにも応じたくない。自分に最大限できることは、部屋に閉じこもり一人きりでいることだ。それができないなら彼らに対する非難をすぐに思いつくだろう。以前は愛していたが今日は憎く思っている彼らに対して。

《第二の反応》　私たちの文化は、少しでも気分がよくなくなったり、絶えず生産的でいられなくなると、間違っている、病気だ、道徳の欠如だとみなしてしまう。このような社会的な判断は二次的なものであり、一次的な意気消沈の過程と混同されてはならない。このような落ち込みに対する二次的な反応には多くの形がある。非難、羞恥、罪悪感、自己または他者への告発、怒り、いらだち、怒りの喚起、孤立感や引きこもり。時には自分や他者に直接暴力を振るうことがある。

《第三の反応》　第三の反応もサイコセラピストによって認められる場合が多い。このような反応は、存在しないとか距離を置くなどといった形で現れる。そうすることでクライエントは、意気消沈やそれに伴うプロセスから離れようとするのである。距離を置く場合に最もよくみられるものは、過剰な合理化、冷笑的な偽りのユーモア、辛辣さ、どうしようもないあきらめ、過度の依存などである。

これを力学的な点からみると、前のパラグラフで抵抗の層（第十章）を説明していることがわかるだろう。以下に意気消沈に対するセラピーについて述べるが、私たちは反対方向にセラピーを進めることになる。

心理療法と意気消沈の状態

教科書や理論どおりに進むような心理療法は実際にはないが、三つの局面という図式は、落ち込んでいるクライエントに対するセラピーの基本的なやり方を示している。実際の作業は以下に示したように連続するわけではなく、三つの局面が重なり合う。

第一局面：存在

療法の過程で頻繁に生じる障害は、無関心になることで落ち込み状態を隠すことであり、この傾向は中流階級でかなりの成功を収めた人たちの多くに見られる。彼らは落ち込んでいることを口にするが、気楽な調子で話す。また、自分たちの様子に含み笑いをしながら、どうにもならないと言う。彼らはしなければならないこと、つまり絶対にする必要のあることへのプレッシャーがあると言うが、無力にもそのプレッシャーや反応の欠如を眺めているだけである。

このような場合、セラピーにおける最初の作業は、この存在の欠如に対処することである。そうすることで抵抗の一番外側の層である乖離（第三の反応）を明らかにする。それを何度もあるがままに指摘し、繰り返し強制的にクライエントに自覚させる必要がある。

第二局面：第二の反応に対処する

クライエントが乖離状態から抜け出るようになるにつれ、第二の反応に目を向ける必要がある。つまり、彼らが自分の意気消沈の状態にどう反応するかをみるのである。この過程では、非難や罪悪感、合理化など、表出されたパターンがどんなものであれ、それを認識し軽減する。このような作業では、精神性を解放し意図性の過程を復活させるために、感情的な閉塞状況にカタルシスをもたらすことが重要である。次の話は、このような反応とそれに対処するセラピーの作業を描写している。

ビアトリスは最近離婚し、セラピーを受けるようになった。仕事はうまくいっているが、男性との関係には不満で、何をやっても意味がないと述べた。彼女は「急いでいる」ため、できるだけ早く生活を立て直すつもりであることを何度も口にした。そして、次のように言った。「私の離婚はほぼ一年で終結しました。私たちは離婚する前にもセラピーを受けました。それで、もう十分涙を流しました。これから新しい男性を見つけて、また自分の家庭を築きたいのです」

ビアトリスは、かつてやりがいがあると思っていた仕事も今では退屈なものとみなしている。そのため、休む暇もなく様々な活動をし、職業団体長になり、運動リストに別のスポーツを加えた。しかし、そのような活動や男性との関係に満足を見出そうと努力しても失望するばかりであった。

ビアトリスは活力や精神性がなくなり物事がうまくいかなくなっても、〝行動〟レベルにいることを自らに課した。彼女には、行きつ戻りつし、立ち止まり、自らの悲嘆に寄り添う必要があった。

ある面接で、セラピストはビアトリスに自分を解放し、心の中をのぞき、そこがどんな様子なのかを述べるよう働きかけた。数分後、彼女は体験したことを話し出した。

「私は洞穴の中にいます。そこは出口からずっと離れていて、真っ暗です。外へ出る道を探し続けなくてはならないことはわかってますが、どこにも光がありません。外へ出たいです。ゆっくりと暗闇の中から道を感じるようになっています。光を得るための通風口や近道がないか、上を見上げてみましたが、何もありません。それから、何か音が聞こえます。鳥の羽音です。そこらじゅうに鳥が飛んでいます。それで私は嬉しくなりました」

翌週末、はじめて彼女は、一人になって自分の気持ちをつかむことに決めた。日曜日に彼女は車を運転して古い家へ行った。そこは子どもの頃に夏を過ごしたところで、安心感や暖かい気持ちになれる場所であった。翌日、彼女はそのことを話すと、離婚で失った家庭や家族を思って泣き始めた。

表面上、ビアトリスの人生はうまくいっているが、自らのうつ状態に直面しようとしないため、主観的には何もうまくいっていなかった。落ち込んでどうしようもない気持ちになることを彼女は恐れた。そのため彼女は、何もかも忙しくすることで自分から離れ、この暗闇から逃れていた。そして、自分自身から逃れてからは、他の誰かと親密になることばかり渇望していたのだ。

《一方通行の意図性》　ビアトリスのようなクライエントとのワークで、意図性の過程の健全な流れ、すなわち精神性の流れが一方方向であることがわかった。つまりそれは、意図的な過程を通り、無意識から現実化へと向かう。クライエントがその流れに逆らおうとすると、つまり意気消沈の状態を再現しようとして無理に行動しようとすると、単調で見返りのない行動になってしまう。

第三局面：主な意図性の妨害

第二の反応への取り組みが十分進んで、クライエントが自らの意気消沈に反応していることを自覚すれば、次にセラピーで行うことは、その状態を複雑にせずに受け入れるようクライエントを促すことである。このようにしたときだけ、諦念と悲嘆にきちんと取り組むことができ、妨害された意図性を復活させることができる。しかし、言うのは簡単だが行うのは難しい。クライエントが人生の無力さを経験している態度や存在のあり方に注意し続ける必要がある。そのためにはセラピストの側に、穏やかな信頼感と確固とした存在感が求められる。

意気消沈を感じ取り、その反応から逃れないようクライエントを援助する一方で、セラピストは、クライエントが新たな不安と直面し始めていることに気づくことがある。存在しなくなることや死、宇宙の空虚、無意味さ、究極の孤独などへの怖れが浮上することがある。もちろん、それらは実存的な不安の形態である。このような不安の存在は、多くの場合、さらに深い療法に取り組む準備ができているという合図である。

実存的な不安に対峙する

実存的な不安、存在の不安とは、分析できない不安である。できることといえば、可能なかぎりしっかりと対峙することだけであり、その後本人のあり方に組み込まれるものである。

初めのほうの章で、自己と世界を定義する方法の基本的な重要性について述べた。このような方法は自分のあり方を整理することで構築される。それが生じるのは通常、無意識に、私たちが存在のパラメーターあるいは〝所与のもの〟を感じ取ったときである。これまで、いろんな観察者たちがこのような基本的な状態のリストを提示してきた。表12‐3は臨床的にも概念的にも役立つ五つの要素を示している。

表 12 - 3　存在の基本的所与

基本的所与	対　峙
具現性	変　化
有限性	偶発性
行動するあるいはしない能力	責　任
選択性	諦　念
別々のものであるが関連すること	一部分性 *

* 一部でありかつ独立しているという感覚

この表は、存在のあり方が「対峙」と呼ばれる避けがたい状況をもたらすことを示している。つまり私たちは各自、それらに何らかの方法で対処しなければならない。具現性を有することで、私たちは自分たちが常に変わる、つまり自分も世界も常に流動的であるということを認識させられる（あるいは押しつけられる）。神経症のプロセスでは、たとえその努力がどんなに破滅的であろうと、時間を拘束し、変化させないでおこうとすることがよくある。

同様に、私たちの有限性とは、いずれ死ぬことであり、何でもかんでもすることは不可能であり、必要なことをすべて知ることはできないということであり、偶発性は常に自分たちの努力の成果を左右する相棒であることを意味する。そのような努力は、私たちの行動を起こす能力を表し、自分たちが哀れな観察者ではないことを表し、自分のすることが変化をもたらすことを表し、したがって私たちが責任を負っていることを表している。その責任感は自分たちの選択肢にも、可能性のレパートリーから選択できる能力にも、そしてその結果、頻繁に起こる諦念の必要性にもつながる。最後に、他のあらゆるものと関連しているが同時に別々のものでもあるという逆説的な状況は、孤独への対峙につながることもあれば、意図的にせよそうでないにせよ、他の誰かと結びついていることを受け入れることにもつながる。その状態が「一部分性」と呼ばれるものである。

《注意》　このような実存的な状態との対峙に取り組む際、セラピストはクライエントの「気分が良くなりたい」という願望にとらわれてはいけない。もちろん、クライエントはまさにそのためにセラピーを受けているわけだが、その時々で何が重要であるのかをやりすごしてしまうことは、害を加えるばかりで援助にはならない。したがって、セラピストは「良い気分」を与えたり、悪い気分を巧妙に罰したりすることに注意しなければならない。介入したいという思いは、私たちの多くに強くあるものである。というのも、クライエントが病的な無気力に陥ったり、あまりにも落ち込みすぎてワークを中止してしまうのではないかという避けがたい不安があるからである。それでも、心配のあまりクライエントを駆りたてようとすることは、これまで積み重ねてきたワークを台無しにしたり、深いところでクライエントを裏切ることになる。

どこかの関係者のおせっかいで生じたわけではなく、機会があれば、何らかの点でほとんどのクライエントは意図性の復活に気がつく。このような再生は、クライエントがこれまで知らなかった一種の安定した平穏さと内的な平静さに至ることによってもたらされることが多い。そのような状態になれば、クライエントが動き出すまで、セラピストが邪魔することなくしっかりと存在することが大切である。

サイコセラピストの道程

人間の中の「何かそれ以上のもの」を理解したいという私の探求は、決して単なる抽象的、学問的なものではなかった。それは、自分の死の冷酷な事実をめぐり、極度の不安を抱いた十代のときに強く裏打ちされている。のちに大学院生の頃、このような気持ちは原爆の光と世界滅亡の恐るべき可能性との中で再び新たになった。その頃、私はエピスコパル教会と神への新たな信仰に支えと慰めを見出した（何の信仰的な教示のないまま成長した後のことである）。

時とともにこのような不安に圧倒されなくなり、自分のニーズがそれほど切羽詰まったものではなくなった頃、教会の教義が決して支えにならないことを悟った。そして、私は楽しくも独善的な不可知論へと向かっていった。

（これは、私のお気に入りのバンパーステッカーを思い出させる。そのステッカーには「僕のカルマはお前のドグマをひいてしまったぜ」と書いてあるのだ）

私は、ひどくそれを必要としていたときに受けたサポートには感謝しているが、建物や階級、教会内政治や資金集めなどの多くのことに明け暮れる伝統的な教会には、もはや支えを見出せなくなっている。

「神」とは、私にとって明白な現実を示す多くの名前の一つであって、既存の教会の神とはずいぶん異なるものである。神とは「すべてのこと」「究極の意味」「存在の基盤」など、同じ莫大さを示す言葉の一つである。おそらく、誰も神の名を知る（あるいは言う）ことはできないという古代の伝統を認識するのが一番よいだろう。つまり、怖くて禁断のものであるからではなく、宇宙空間にラベルを貼りつけるように、無限性に言葉をつけることはできないからである。

明白な現実とは、超顕微鏡的な世界から銀河系の広大さまでのあらゆる局面で存在するという驚くべき事実である。同様に驚愕するのは、その莫大さを私たちが知っているということである。また、私たちがその驚異の頂点に位置していないことも明瞭である。私たちを包み込んでいるものを（囲んでいるものを）、私たちは把握（理解）できない。したがって、究極の知識に辿りつけるだとか辿りつこうだとか、あるいは宇宙のいかなるものよりも多くのことを知っていると主張することは、ばかげた大ぼらなのである。

こうした個人的な行程によって、私は自分の知識以上のものを語る方法や、自分や仕事に大きく影響するものを思索する方法、知人や関わるクライエント、そして自分自身の核となっている謎を明確にする方法にたどりついたのである。そのような方法にぴったりだと思われる言葉が、「精神（spirit）」である。

第十章で、この概念がいかに抵抗への取り組みのさらなる局面を表しているかについて説明した。人間の生における精神の有効性を確認することは、微妙だが根本的な要件である。なぜなら、最近になるまでアメリカの心理学は、ほとんど例外なく、人間を反応する対象物として扱ってきたからである。

反対に、人は基本的に行動的で、主導的で、責任のあるものという概念や、人のすることは推定される「原因」（例：親の教育、条件、トラウマ、環境的な偶然性など）によって説明しきれないものであるという概念は、私が提示してきたすべての視点の中核である。このような影響の多くが人間の気づき――意識的にも無意識的にも――に作用するということについて議論するつもりはない。かなり明白なことを否定することは馬鹿げている。しかし、これがすべての話でないことも同様に明らかである（そして、否定するのも同様に馬鹿げている）。

言い方を変えれば、私が主張していることは、行動は（公然であれ内密であれ、外的であれ内的であれ）基本的に、何らの外部の「原因」によってではなく、人間によって生じるものだということである。精神性は、私たちが心から主観的であるための力であり、生に向かって私たちを促すものである。私たちの精神性は、私たちが見当識、つまり方向性を持っていることで示される。

精神性は意図性よりも大きな概念であり、私たちの存在の重要な面を包み込んでいる。もちろん、精神性は目に見えないものである。それは、草木がなびくことで風を知るように、動きによってしかわからない。しかし、ちょうど木のうねりがそこに打ちつける疾風と同じものではないように、私たちの生の行動はその行動を動機づける精神性ではない。意図性は精神性の側面であり、私たちが追求している具体的な意図や目的を表している。

少なくとも何らかの基準においては、すべての人間とおそらくほとんどの動物が精神を持っている。私たちは精神をそれがない状態によって知り、そのような人を正確に「落ち込んでいる」人、つまり気力が抜け出た状態の人と言っている。あるいは、「活発な」とか「高い精神」を持った、という言葉を使うこともある。そのような言葉は、それ以外にどのような意味があるにせよ、私たち全員が分かち合っている何らかの意味を伝えていることは疑いようもない。

パートナーとともに深層の探求に何年も取り組んできたサイコセラピストなら、この目に見えないが重要な人間の要素を知っている。また、その要素が大学院で教えられることはないが、類稀なスーパーヴァイザーによって示されることもわかっている。

本書の方法論は、精神には到達していない。(存在のレベルを表した図2‐1が、究極の存在を図の中心に、点としてしか表せなかったことを思い出していただきたい)。しかし私が信じるに、このような方法論は、精神性を閉じ込めている障害を乗り越えようとしている私たちのクライエントの誰かにとって、可能性を開くことになるはずである。それはすばらしいことであり、私はそのことに満足している。

第VI部

アーティストとしてのセラピスト

第13章 セラピストの関わり

関わり（commitment）は、ちょうど信頼できる人間であるための本質と同じように、完璧な心理療法には必要不可欠なものである。建設的な関わり方を理解することによって、セラピストは、役割や責任、倫理といった視点を持てるようになる。またそれは、認識し内面化する必要のある深刻な義務をもたらす。

この章では、実存的なものとしての関わりについて述べる。もちろん、ここで述べる以外の見方を有する読者は自分なりの解釈をしていただいてもよいが、どのセラピストも、ここで述べる問題に直面する必要がある。まず最初の項で、権威や罪悪感、自らの実存的状況といった要素と関連させながら関わりの概念の位置づけをする。

次に、関わること（being committed）を五つの性質に分け、肯定的な面と反療法的な面とを述べながら、セラピストの関わりの治療的意義について触れる。ここで「関わり」ではなく「関わること」としたのは、セラピストの責務を示すために区別したからである。

さて、ここに五つの性質を示そう。①セラピストとして自らの取り組みに関わること、②クライエントのあり方に関わること、③クライエントの〝家族〟に関わること（かなり特別な意味をもって〝家族〟という言葉を用いる）、④セラピストもクライエントもその一部となっている社会に関わること、⑤私たちの誰もが抱えている不可思議なものに関わること。

セラピストにとって自問するのに適した関わりとはどんなものだろうか？　セラピストが関わるのは、クライエントなのか、セラピストとクライエントが生きている文化の価値観なのか、それともセラピスト自身の基準なのか？　関わりより前にあるものはどんなものでも反療法的なのか？　このような疑問は重要であるが、ほとんど取り上げられることがない。この章では、その疑問を考える枠組みを示し、それからセラピストとしての私自身の関わりについての理想を述べる。

〝関わり〟の本質

〝関わり〟といった概念に対処する際の最大の困難は、他の考え方や生きた経験からだんだんと切り離されてしまうことである。関わりのまさに本質的な点は、それが存在の価値やあり方と関連し、そして実生活に根ざしているということであるため、そうなってしまうことほどの矛盾はない。このような危険に留意しつつ、まず関わりの簡単な概念的な枠組みを提案し、面接室における日々の療法でのその作用を示すことにする。

本物であることと関わり

実存的見地から見ると、よい人生とは本物の人生、つまり人間としての基本的状態にできるかぎり調和している人生である。本物でないものは疾患、すなわち本当のあり方との関係性が歪んでいる生き方である。心理療法は、人間として与えられたものとの一致を得たり取り戻したりできるようにするための手段である。

関わりは本物であること（authenticity）にとって不可欠なものである。先の章で示した人間としての〝所与〟（表12-3）によると、その所与の一つが、私たちの行動するあるいはしない能力であったことを思い出す。それにより私たちは、する責任としない責任に直面させられる。責任をきちんと受容する場合に関わりという形が生じる。反対の、逃げ腰の対応は批判することである。

言い方を変えると、関わりとは一つの姿勢であり、情緒的な投資であり、価値実現という形で対応しようとする決意である。意図性の流れで考えると、関わりは、頻繁に準備行動に転換され、必要であれば現実化へと至る意図的な意志を必要とする。（もちろん、さざなみが広がるような効果を伴って相互作用が起こる）

クライエントのこれからの幸福をまず第一に考える、と述べることは簡単である。しかしそのような関わりが非常に困難となるのは、自分の家庭生活が崩壊しそうな時期に、危機に陥っているクライエントと面接するかどうかを判断しなければならないとき、特別な治療を求めるクライエントの気持ちに添うのか、それともそれを拒んだ際に生じる怒りと取り組むのかを決めなくてはならないとき、そして、またクライエントの度重なる欠席が、たとえ本人が〝上等な〟言い訳をしても、反療法的であり許されないものだと主張しなければならないとき、などである。

要は、本当の関わりとは、抽象的なことではないということである。つまり、自分の信じることや重視していること、その信念や価値に立脚できるかどうかということに、ほぼ毎日のように直面することである。

関わりと責任

関わりとは、実存的な不安に果敢に対応することであり、この不安は、人生の中でどのように行動したりしなかったりするのかに対する責任に直面することで生じるものである。関わりは、自らの行いの創始者として前進し、このような姿勢がもたらすものに面と向かおうとする意志である。したがってこれは、非難の恐怖に屈することとは対照的である。関わりがとりわけ重要になるのは、セラピストとしての仕事が、コントロールされ骨の折れるような、するか・しないかといったものであることを認識したときである。ここでは私たちはするか・しないかの責任をひどく重く感じることが多く、面接室で生じさせなければならない事柄に直面する勇気をまず自ら準備しなければならないという状況も珍しくはない。

この関わりと責任という言葉はあまりにも抽象的すぎるが、熱心に徹底的に行っているセラピストなら、このような言葉を十二分に理解するはずである。胃が絞めつけられ、思考の速度が速まり、このような冷静な言葉とは対照的な生き生きとした直観に頼るということがある。落ち込んでいる人が自殺を企てるとき、反抗的なクライエントが暴力的な行動で脅すとき、妻が長い結婚生活に終止符を打つことを考えているとき、夫が自らのキャリアを捨てようとするとき、誰かが精神異常に陥ろうとしているとき、そのようなときに、勇気や恐怖、関わりは、もはや言葉ではなく非常に具体的な経験となるのである。

行動を起こした結果や起こさなかった結果に対する気づきがいかに限られているか、何らかの選択に含まれているすべての事柄への認識がいかに不完全であるかということを私たちは知っている。それでも、私たちは選択しなければならない。行動しないことも一つの行動、すなわち一つの選択肢であるから、行動を差し控えることなどできない。さらに考えてみれば、行動すること・しないことが自分の望まない結果、つまり予知できていればきっと避けていた結果をもたらしたり、もたらし続けることを知っている。私たちも他者も、行われたことや行われないままになったことで傷つく可能性がある。次の言葉は厳しいものだが、正確である。すなわち、私たちは絶えずいくばくかの罪を背負っている。しかし、ここで罪という言葉を使うために、その言葉の本質をもっと明確にする必要があるだろう。

非難と罪

この二つの言葉は同義語として用いられることが多いが、そうすると私たちの思考は混乱してしまう。そこで、理論的に定義され臨床的に役立つ、非難(blame)と罪(guilt)の区別の仕方を提案しよう。罪と非難の主な違いは、罪が自分のしたことやしなかったことに対する責任を感情的に認識することであるのに対し、非難は自分のあり方に属するものとみなされる。つまり、「ジョンに早まったことをして、彼の慎重な計画を台無しにしてしまって罪を感じている」と言い、「私はわがままだと自分自身を非難している」と言ったりする。このような罪という言葉の使い方は、「実存的」または「存在論的」な罪、つまり、自分のあり方に固有の罪、自らの潜在能力を十分発揮せず、自分の価値観や意思で行動せず、また自らの存在を十分理解してくれる仲間に出会うこともないということから湧き起こってくる罪と同一ではない。

後悔するような結果をもたらしてしまった罪を受け入れることは、破滅的ではなく解放することである。私たちはそのような結果の補償の仕方や再発防止の方法を考えながら、焦点を過去から現在、そして未来へと転じるようになる。しかし、自分が起こしてしまったことに真っ向から直面するとき、罪悪感を受け入れることは非常につらいことである。以下の例を考えてみよう。

サイコセラピストのシンディは、たえず気にかけてきたクライエントがセラピーの期間中に自殺したため、私のもとに相談にやってきた。彼女は多くの苦しい稽古話を語るように、その悲劇について話した。彼女は涙を流し、クライエントの隠れた恐怖感に対していかにうかつであったかを懺悔していた。彼女は知らず知らずのうちに、審判と処罰を求めて私のもとへやってきたのだ。

ここでシンディ自身の治療過程での苦闘を詳述するつもりはないが、彼女は（当然の償いとして）自殺を考え、苦痛の重荷から脱け出ようとした際には、ぎょっとさせられる場面もあった。ここでの私たちの目的にとって重要なことは、あまりにも自己非難にとらわれていたためどんどん身動きできなくなっていることに、彼女は気づかなければならなかったということである。彼女は、罪を受け入れ、非難している状態を軽減できたとき、今関わっているクライエントのことにより集中でき、ときには（一種の罪滅ぼしとして）自殺防止センターに貢献し、最終的に自分を許し、彼女の援助を求めている人たちに対してこれまで以上に関心をもち、十分目を向けることができるようになった。

責任があまりにも重いようなときには、人は恐怖心で反応する。その反応には様々な形があるが、共通分母は非難にとらわれることである。次のフレーズは明らかに非難している状態である。「私がこんなふうになったのは両親のせいだ」。もう少し穏やかにするなら、「どうしようもないよ。状況が状況なんだから」となる。また、非常にかこつけた言い方では、「衝動的に口から出たんだよ」とか「そんなふうに言うつもりはないんだ」などである。(後者の言い方はいくぶん非難から遠ざかっているように感じるが、分析してみれば、言ったことやしたことに対する責任が、話し手の心中から突き放されていることが明らかになる)

もちろん、言われたことは二者択一的なものではない。私たちはたえず恐怖や勇気を表出したり、ときに非難したり、関わったりするのである。

セラピストの関わりの臨床的側面

では、関わりの概念の一般的な枠組みを示しながら、私がその概念とセラピストにとっての意義、そしてクライエントとのやりとりをどのように見ているか説明しよう。はじめに、言葉そのものの二通りの使い方を簡単に説明する。つまり、他動詞として使う場合と自動詞として使う場合である。

関わりをつけること(committed being)と関わること(being committed)

名詞形の「関わり」は、いったん起こされた行動、そしてその後できあがった状態であるように間違ってとらえられてしまう。実際には、より正確に言うならば、「クライエントに対峙しながら、私はたえず関わろう、そして関わり直そうとしている」となる。つまり関わることとは、繰り返し刷新される必要のある進行中の過程なのである。

さらに推測してみよう。文法的な用法から考えると、関わりは他動詞的にも自動詞的にも使われる。セラピストにとって、後者のほうが適している。私は何かや誰かに関わりをつけている（committed to）のではなく、クライエントとの取り組みに関わっている（commit myself）のである。このような使い方をすることで、関わり（commitment）は、投じる（invest）よりも決意する（resolve）に近くなる。つまり、自らの主観的な決断を示すことになる。

メンタルヘルスを専門としている私たちは、別の状況でこの「関わり」という言葉になじんでいる。その状況はかなり対照的である。つまり、クライエントが「病院に収容されている（being committed）」と言うとき、私たちはクライエントに対してなされた何か、すなわちクライエントが不本意ながら関係した出来事について述べている。クライエントにとって病院との関係は、主観的なものから客観的なものになっている。そのため私たちは、クライエントが自らの生活に関わっていないから病院に収容されているのだろうと考えることになる。

また、「関わりをつける（committed）」を自動詞的に用いると、同様に主観性がなくなり、関わっている人間から関わりの場所へ対象を移していることを示している。したがって、政治的に自由主義や保守主義に関わることは、そのラベルや公的な指導者たちが、その個人に対してというよりも関わっている人に対して決断していることを意味する場合が多い。ある見解（ユング派の分析、精神分析、実存的人間的セラピー）やある方向性（クライエント中心型、客観的関係型）に傾倒しているセラピストは、同じような転換に陥りやすい。

セラピストの関わり

ここでは、関わりの五つの療法的側面について説明する。いずれの説明も二つの要素で構成されている。一つは、権威的で療法的な関係の中で関わること、もう一つは、一見すると同じようだが実際には権威的でなく反療法的な関係での関わりである。この説明の中では一人称を用いるが、それは私の抱いている理想としてであって、声高に述べる業績としてではない。

《まず、クライエントと出会ったとき、自分自身に関わろうとすること》

クライエントと対面したとき、私は自分自身の権利と存在において一人の人間でありたい。クライエントの反応や感情に気づきやすく、密かに共鳴し、自らの感覚でもってクライエントに対峙できる心の準備ができている状態でありたい。対面して関わることは、自分の能力のかぎり、全面的に、自分自身と気持ちを賭けて存在することである。

私がいわゆる療法的分離を実践していれば、また、自分自身の関与を否定しているなら、あるいは、クライエントの私を見る目がすべて転移であるという虚構の中で行動していれば、私はクライエントとともに存在することに関わっていないことになる。

これとは対照的な、セラピストの最初の関わりが権威的でない状態は、新米セラピストであれば知らず知らずに陥ってしまうことが多いものである。クライエントと一緒にいるとき、私がよいセラピストや治療者、専門家や実存主義者として存在することに関わっているなら、私はその対面の場で自分自身のあり方に関わっていないことになる。これは私の言葉が示しているとおり、関わりの概念を他動詞的に使った例である。よいセラピストであることに関わるということは、よいセラピストならばこうする、あるいはこうすべきであるという行動の仕方を描き出すことになるが、そのようなものに焦点を向ければ、自分自身のあり方への関わりが欠如してしまう。

クライエントと一緒にいるときの権威的な関わりとは、自己開示やわがまま、あるいはその他の自発的な行動と思われるものを許すということではない。六〇年代に数多くのセラピストが、ただ「自然」で「純粋」でありさえすればクライエントはなんとなく治癒すると信じていた。そのため、他者の希望を確かに無駄にしたと同時に、実際に平穏な他者にダメージを与えるという混沌状態を招いた。そのような療法的な無秩序は、私がここで言おうとしていることとはずいぶんかけ離れている。クライエントに関わりをつけることとは、自覚し、心構えができていて、責任感があり、自分の力の使い方を識別できるということである。

場面13‐1

クライエント（C）：テリー・ブラック、セラピスト（T）：ジル・ボズウィック

【テリーは、これまで破壊的な形で行動してきた自我コントロールの乏しいクライエントである。彼は、人生のこの時点においてできるかぎりのよい関係をセラピストと築いてきた。とはいえまだその関係は弱く、彼はたびたびその関係を試す必要がある。面接の中で彼は、三つのやり方を代わる代わる使っている。その三つとは、喜んで依存すること、無反応で冷淡になること、腹立たしく要求してくることである。今日、彼は三つめの怒りと挑発という状態にある。表面的には、面接で苦しむことを先延ばしにするために、セラピストの拒否に対してか

らんでいるようにみえる】

C1：あなたはまるで全能の神のようにそこに座っているだけで、私を助けるようなことは何も言わない。ただ金が欲しいだけで、私に起こっていることには何の役にも立っていないじゃないか。そうでしょう？

T1：そうですね。

C2：「そうですね」って、どういうつもりだよ。ふざけるな！　あなたはぼろもうけしているけれど、ちゃらにしてやる。毎日、待合室へ乗り込んで、あなたがどんな八百長をしているか、みんなに言ってやるさ。

T2：私をがっかりさせようと躍起になっているのですね。

C3：ちぇっ、そんなことできないさ。誰にもできないよ。だけど、あなたに会いに来る人をがっかりさせることはできるさ。

T3：非難することに忙しくて、私をがっかりさせているかどうかわかっていないようですね。

C4：え、私があなたをがっかりさせてるって？

T4：もちろん。

C5：どんなふうに？　どんなふうにあなたをがっかりさせてるのかを教えろ。

T5：あなたが私をやりこめようとしている一方で、私はあなたの怒りや投げやりな気持ちを感じています。私はそういった気持ちに傷つくけれど、壊れたりしないわ。

C6：よし！　あなたを傷つけられたことを知って嬉しいよ。

T6：本当は、あなたは私に自分のことを知ってもらいたいのですよ。

C7：ふん。それじゃあ、待合室にいるみんなにあなたのことを話し始めたら、あなたはもっと傷つくでしょ？

Ｔ７：テリー、今から私が言うことを聞いてほしいの、よく聞いてほしいのです。あなたはここでの時間を、必要なことを何でも話すために使うことができるのですよ。そして何が現れても、私と二人で取り組むことができるのです。私にとっては楽しいことではないかもしれませんが、がんばるつもりです。だから、やらなければならないことを二人でならできますし…。

Ｃ８：はいはい、でも…。

Ｔ８：(かなり断固とした口調で遮って)。待って、テリー、まだ話は終わっていません。残りの話も聞くべきです。ここに来ている他の人たちの気持ちをかき乱すことは許しませんよ。もう一度言います。そんなことは絶対に許しません。そんなことをする素振りを見せただけでも、すぐに取り押さえます。そんなことをしたらすぐですよ、テリー。この中では時間も場所もあなたのもので、余裕もたっぷりあります。しかしこのドアを出るときには、その特権は置いていくことになるのです。私は自らの人生に取り組むためにここに来ている人たちを守るためなら、そして私自身の権利を守るために必要なことなら何でもするつもりですよ。

場面13 - 1は、セラピストが自分の立場を主張、つまり自分のあり方に責任をもっているという極端な例である。このようなクライエントには、挑発的にみえるが、重要だと思っていることに対してはっきりと明確な態度を示す必要がある。ためらいがあると、より挑発的になってしまうものである。テリーには、自分の人生の中心に位置している(関わっている)誰か、モデルとなる人が必要なのである。なおセラピストには、設定した制限をクライエントが受け入れない場合でも、努力を続ける覚悟が必要である。

稀に、しつこいクライエントは他の機会を作り出すことがあるが、その場合には最初にどう関わるかが重要となる。というのも、そのようなクライエントはセラピストの私的な生活に入り込もうとするからである（長電話や深夜の電話、招いてもいないのにセラピストの自宅に訪問してくる、など）。もちろん、ときにはいかなる場合にも相手をする必要のあるクライエントはいるが、その場合もたいていはオフィス内や電話での対応である。緊急ではないのに、限界を試す必要のあるクライエントには、うまく自我コントロールが形成できるよう励ましたり支援したりして、セラピストにも自らの限界があり、それを防衛的ではない形で主張したり執行したりすることができる。

この問題の別の面では、このような自分自身のあり方との関わりが、クライエントの正当なニーズと衝突する場合がある。たとえば、セラピストの病気や転職、家庭崩壊、休暇や休日などである。通常の件数（週二十〜三十時間）をこなしている場合、オフィスを離れることが複数のクライエントに望ましくない影響を与えないということはないはずである。このようなセラピストの最初の義務が、自らの健全さを守るために必要なことをすることであるということは、悲しいが真実である。それができないと、セラピストはクライエント全員に対して適確に対応することができなくなり、やがていらいらして仕事はうまくいかなくなる。私が通常言っていることから明らかなはずであるが、これはどんなときでもクライエントのニーズを平気で無視することを正当化するものではない。さらに、クライエントに悪い影響を与えるような選択をした場合、本当の罪を受け入れ、償いの仕方を考える必要がある。

《二つめに、クライエントがより本物であろうとすることに対する自らの反応に関わろうとすること》

ここでの焦点は最初の特性を補足するものであり、ここでは私たちの協力関係のうち、クライエント側に目を向ける。しばしばクライエントは、私に本物ではないやり方で関わろうすることがある。たとえば、賞賛や慰め、愛情や処罰を得ようとすることがある。関わりによって私はこのような努力の影に隠れている人間に向き合い、クライエントのもっと深い中心部をしっかりと把握することができる。私がこれ以上なく関わっているとき――その程度は幅広く変化するが――ある安定した地点に至り、そのときクライエントは暗黙のうちにそれを自分を見定めるために利用するのである。実際の面接では、これは抵抗を何層にもわたって分析していくという形をとるかもしれない（第十章参照）。あるいは、「あなたの言っていることの中には、あなたがいませんよ」といった、単純だが長引く対決になる場合もある。

関わりの、対照的で反療法的な側面は、私がクライエントに固有の価値や長所、能力にのめり込んだ場合に現れる。このような態度はとても望ましく人間的に見えるため、安易に陥りやすいものである。特にこれは、あまり好きになれないクライエントとの間で起こりやすく、私たちはそのようなクライエントを荒削りの隠れたダイアモンドの原石だと自分に言い聞かせがちである。こうなったとき、私たちはクライエントと接するが、クライエントそのものに対峙するのではなく彼らの価値や能力に目を向けることで、困惑や怒りを抑えこむのである。

善意のセラピストがクライエントと本物でない関わりに陥るもう一つの形は、セラピストがクライエントの親やスポンサーのようになってしまい、彼らが自分の信念や希望、価値観を打ち明けられる人になってしまうことである。このような関わりは誠実で思いやりがあるように見えるため、セラピストはそのことに気づきにくい場合が多い。このような状態が長引けば、依存状態が助長され、その結果、何もなされず、療法的な収穫も零れ落ちるようになくなってしまうだろう。

確かに、クライエントに潜んでいる能力への信頼が、価値のある資源になることもある（第十一章の「セラピストのヴィジョン」を参照）。そのようなときには慎重な監視が必要であり、自己信念の責任をクライエントに求めることと同じくらい現実的に、段階を踏んでいかなければならない。

場面13-2

クライエント：ジル・ストラトフォード、セラピスト：ジーン・ホワイト

C11：今週も同じように過ぎました。何もかも悪くなっていきます。何をしても落ち着きません。

T11：惰性的な感じなのかしら？

C12：そうです。まったくやる気がありません（ため息）。

T12：今、すごく落ち込んでいる気分なのですね。

C13：そう、そうなんです。あなたが私を信じてくれなければ、もうお手上げです。

T13：私があなたのすべての望みをかなえることを望んでいるのですね。

C14：ええ、まぁ。今、私は自分の中に前向きなものを見つけられません。だから、あなたが必要なのです。

T14：まるで、いちかばちか自分で希望をつかんでみるより、私に希望をかなえてもらうほうが簡単という感じですね。

C15：言ったじゃないですか（抵抗するような口調）。私はどん底です。今、何の希望も持てません。

T15：それはお聞きしました。でも、あなたが自分のためになるような感情を見つけようとしているとは聞いていません。このような苦しい時期にあなたと一緒にがんばろうと思いますが、何もかもしてあげることはできないのです。
C16：それは、私にはまったく望みがないということですか？
T16：私が言ったことを捻じ曲げていますよ。このような惨めな気分から抜け出すことを望みながら私と一緒にいることは、あなたには難しいのかもしれません。
C17：(不承不承) ええ、そうですね。
T17：負担の重さに気づいていないようですね。

ほんの冒頭部分であるが、重要な始まりである。

《三つめに、クライエントの〃家族〃とのそれとない取り決めに関わろうとすること》
ここでの〃家族〃とは、クライエントの人生にとって重要な役割をもつ人物のことを意味する。そこにはたいてい、本人が生まれた家族や結婚してできた家族の全員ではないが数人に加えて、数名の他者が含まれる。このような人物は、クライエントに強く影響を及ぼし、反対に、クライエントに大きく影響される可能性のある人たちである。
ここでのポイントは、クライエントを他者から独立したものではなく、常にある関係の母体の中で生きているものとして認識する必要があるということである。セラピストやクライエントが、ワークやクライエントの幸福のために実際に払われた代価を忘れ去ることは簡単である。〝家族〟と呼ばれる人に損害を与えたことは言うまでもない。

他者の存在に対する認識と尊敬は、クライエントの、彼らを世界に対立させようとする巧妙なやり口とは区別する必要がある。クライエントは自然と、出来事や人々に対する見方を披露するようになり、セラピストは理解や支持的なものとして体験されることを望みながら、批判することなくそれを受け入れる。その後、他の視点を喚起させる疑問や直面化は裏切りとして体験されるかもしれない。セラピストとして、あるいは他のセラピストのスーパーヴァイザーとしての仕事から、私はこれが善意ある新米の専門家たちにとって陥りやすい罠であるということがわかってきた。

本物でない関係とは、他者や世界との関係性において、クライエントに、関わらず、非難する態度をそれとなく教えるような状態のことである。クライエントの生活空間にいる他者の人生や必要性に無関心であれば、クライエントを本当の自尊心に到達させることはできない。

誰かと長い間ワークをしているとき、私は、自分たちの取り組みがクライエントの人生における他者に与える影響について考えることがある。このようなことは、クライエントがそのような他者との関係について語っているときに何度も起こる。時々、配偶者が変化や感情の激発をひどく恐れているような場合、私は配偶者を面接に誘い、いくつかの視点や支えを与えようと、クライエントに提案する機会を窺ってきた。それは合同面接であり（かなり異常な状況でないかぎり配偶者とだけ会うことはない）、そこで私はクライエントに、配偶者に情報を与えるという大きな責任を課してみるのだ。

このセラピストの関わりの第三局面がきちんと解釈されないという状況は、――自覚していない場合が多いが――セラピストがクライエントの人生の特定の関係に関わる場合に起こる。クライエントのほうは、やたらと利己的なやり方ではなく現実的な評価で、自由に自分の人間関係を調べることができなければならない。絶ち切る必要のある人間関係もあるが、その場合は、セラピストの関わりはクライエントに、それが他者の気持ちを適切に認識した上でなされるものであることを考慮するよう求めるものとなる。

「分析すれば、別れることになる」という古い考え方に同意するつもりはない。確かに、実際的な対立が赤裸々になった途端、続かなくなる結婚生活というものはある。しかし私がいくぶん満足していることであるが、私の長期のクライエントは、関係を絶ち切るよりも親密なものに好転させていることが多い。

本当に関わることのこの第三局面には、デリケートな問題がある。成人の子どもが同性愛の生活パターンを続けてきたことを両親に「告白」すべきだろうか？　既婚者は不倫したことを自白すべきだろうか？　子どもに両親の不仲を洗いざらい伝えるべきだろうか？　私はそのような問題に対する一般的な答えを持ち合わせてはいない。ただ、関係者は自らの判断に責任を持ち、どのような決断であろうとも、その決断によって深刻な傷を与えたり受けたりする可能性に対しての責任を受け入れる必要がある。

反対に、あるクライエントが子どもや無力な老人に対して性的ないたずらや身体的な虐待を与えていることが判明した場合、私には自分のスタンスに対するためらいはない。法的な強制力が迫っているときは別として（つまり、法的な事柄が絡んでくる前の話である）、私は強硬手段に訴えて、そのような行為を禁じたり、確実に終わらせたり、行為がなくなったことを確かめられない場合には法的手段に訴えたりする。

このような話題は倫理的な関わりのジレンマをもたらす。私はそのような例についてはすべて報告することを命じる法律の意図を全面的に支持する一方で、それが短絡的で、解決しようとしている問題を一層悪化させているようにも感じる。過去に虐待やいたずらに関わっていたが、今はその再発を防止するための援助を求めている人について報告するよう義務づけることは、実際に援助を求めている人のためにはならない。そうなれば、そのような人は専門的な援助を受ける代わりに、以前とまったく同じやり方で「意思の力」を使おうとし、結局そのやり方が無駄であることがわかるのである。このような状況にある人が私の援助を求め、その人に衝動を克服しようとする意志があることを確信したとき、私は法的な義務を無視する危険を冒して関わることにしている。もちろん私はその責任を負うつもりだが、私たちの努力がうまくいかないとわかった時点で、その筋の適切な期間に報告するつもりである。

《四つめに、クライエントと自らが存在する基盤としての社会との関係に関わろうとすること》

この関わりの第四局面を理解しやすくするために、肯定的な面と否定的な面とを検証しよう。エーリッヒ・フロムは、人間の定着しようとする欲求について書いている。それは、私も療法の中で何度となく目にしてきたことであり、他のセラピストもそうであろうと思う。人としてのアイデンティティは、社会にその源があり、私たちの人生はたえず社会の流れの中で生じていて、それは私たちが呼吸する空気という媒介物と同じくらい本質的なものである。社会との関係に関わるということは、特別な社会的慣行やしきたり、制度、政治形態、あるいはある特定の文化に関わるという意味ではない。社会的慣行やしきたり、政治形態や文化はある特定の社会形態において採用された調度品のようなものであるが、クライエントも私も社会的生き物であるという基本的な事実が、その調度品の形態に左右されることはない。

このような関わりが意味することは、私たちの住む「病んだ社会」という観点から苦悩や欲求不満、失望を説明したいという自らの衝動や、いつでもそうしようとする多くの知的なクライエントの傾向を受け入れるわけにはいかないということである。確かに、私たちの文化にも、私の知っているどの文化にも、病的なものがたくさんある。しかし、それでは、仕事の条件をつけるだけにすぎない。つまり、それによって免責されることはないのである。この知識人たちに特有の社会的無関心は、社会の病にとっての必要悪どころか、実存的対峙からの神経症的逃避でもある。クライエントは――そして私も――社会の中の間違いに対する個人的な責任を感じ取る重要な立場にある。私たちはその事実と向き合い、受け入れる必要があり、その事実を否定し、その過程における自らの存在を否定してはならないのである。

この点は誤解されやすいため、二、三の一般則が役に立つかもしれない。つまり、現代のあちこちに見られる悲しい信条は、「巻き込まれたくない」というものであり、私が前提としていることと対立する。私たちは誰もが、完全に自らの人生に巻き込まれている。クライエントと私が一緒にうまくワークができた場合、私たちの関与や関わりに対する新たな認識が生じる。私との療法を完了したクライエントが皆、社会の変化要因となってくれることを私は望んでいる。また、社会から拒絶され、社会から外れてしまうことがないよう望むだけでなく、社会に受け入れられ、変化をもたらす存在であってほしいと望んでいる。

《五つめに、人類や、私たちが生きている謎に関係しながら、クライエントとの関係に関わろうとすること》

私は神（God）あるいは全能者（The All）の頭文字を大文字にして記すことを承知した上で、人類

(Humankind) の頭文字を大文字にして書いた。また、おそらく「私たちが生きている謎」と使うのも最も正確であろうと思う。しかし、このような言葉にこだわるつもりはない。それらは、どこだかわからないが、示そうとすることが重要と思われる場所を示すための、一つの方法のように思われる。断っておくが、もちろんこれは、私が必至にその意味を説こうとしてきた大きな責務を私たちから取り除こうとする、既成の宗教の神や神秘主義的な教理との関わりを意味するものではない。おそらく私にできるのは、自分が確信していることを述べることだけだろう。つまり、本物の人間は自分の限界を認識し、認識しつつ、少なくとも認識を超えるものとの一種の関係性を求めることによって、ある程度自分の限界を超えるものだということである。

実践的な面において、このことが私にとって意味することは、可能性や未知なるもの、やがて自分たちに影響するかもしれない、私たちの理解を超えた何かそれ以上のものに対する私自身そしてクライエントの感覚を、私は重視し、守るということである。時にこれは、クライエントの体験についてオープンに議論ができるということでもある。クライエントは、その体験を超感覚的知覚や神秘的な洞察を得たものとして感じたり、私たちにはほとんどあるいは全く知りえない人間的な経験のレベルに触れたものとして感じたりするのである。またこれは、私には証明することも異議を唱えることもできない可能性の領域に、私自身が率直に、オープンになることを意味する。このような作業の段階に合わせるために、私は、この領域に関する私自身の見方についてて尋ねるクライエントには正直であろうとしている。その際、自分自身の関心やアンビバレンス、時には推論を説明している。この領域において、私には一つの確信がある。つまり、私たちがまだ見つけていない人間的な物語がもっとあるはずだということである。

療法的協調性の意味合い

ある深さの長期間のセラピーには、必然的に、両者にとって温かい親交のときもあれば、ひどいストレスが生じるときもある。このように一緒にいると、本当の結びつきの効果が生じるが、これはもっと客観的な形で指導したり実践している人には必ずしも認識できないものである。にもかかわらず、セラピストとクライエントは、愛の関係としか呼びようのないものを持つことがしばしばあり、それを単に転移や逆転移の産物であると言うことはできない。クライエントとセラピストは二人の人間であり、困難で危険を伴うが得るものもあるワークにおいての相棒同士である。それ以外のものを期待することはありえない。

この点について率直にお話させていただこう。なにも、今はやりの興味本位の、セラピストとクライエントとの性的な筋書きを述べようというのではない。そのような話は溢れかえっており、舐めるように詳細に取り上げられているので、私のコメントなど必要ない。

これまで本物でない関わりについて説明するにあたり、私は療法的関係性が壊れやすくなる、ほのかな誘惑について指摘してきた。そのような誘惑は、クライエントの自分自身や人間関係や人生に対する視点を支持し、鼓舞し、時には是認したいというセラピストの衝動と共通している。ある程度まではそのような対応はとっつきやすく有効であるが、あまりに頻繁であると、クライエントが同じような問題に責任をもって対峙することがうまくいかなくなってしまう。セラピストがクライエントの唯一の相談相手であるということはよくあることであり、したがって要求の多い親や、口うるさい教師という役割を演じることに躊躇するのも理解できないことではない。こうして、もっぱらクライエントの保護者や擁護者になるということが簡単に起こるのである。良かれと思ってそうしたとしても、結果的には反療法的で、クライエントの力を弱めることになる。
セラピストには、困難で厄介な対峙を作り出さなければならないときや、クライエントの視点や意志を全面的に是認することを拒否しなければいけないとき、あるいはカタルシス的だが不適切な行動に反対しなければならないときなど、様々なときがある。場面13‐3はそのような出来事を取り上げた例である。

場面13‐3

クライエント：テリー・ブラック、セラピスト：ジル・ボスウィック

C21：まる一週間、私が子どもの頃、あの老いぼれがどのように私を扱ったのか考えて、むしゃくしゃしていた。あいつは私を殴ることにスリルを感じていたんだ。あの男がうまくやってのけたことが悔しいんだ。実際…、まぁともかく私はそのことを考え続けているのさ。

T21：今、何か言おうとしてやめましたね。どうして？

C22：いや、別に（落ち着かない様子）。そんなことに時間を無駄にする必要がないように思えたからね。

T22：そこから離れることに不安なのですね。

C23：勘弁してくれよ、ジル。あなたはいつも揚げ足をとるんだから。

T23：そうね、では他に何か新しいことは？　テリー、何か私の知らないことでそわそわしているわね。

C24：わかったよ。もし知りたければ話すけれど、そのことについては何も言わないでくれ。こっちは決心したんだから。わかった？

T24：いいえ、何を話されるのかわからないんじゃ、約束なんてできないわ。
C25：なんだよ！　私の味方かと思っていたのに。
T25：あなたが話そうと決心したことが何であれ、あなたはそれを言うってだけで大騒ぎしているのよ。
C26：それじゃ話すよ。この週末に、あのくそったれをぶちのめしてやるんだ。どれだけ喜ぶか見ようじゃないか。
T26：そんなことを私に知らせたくなかったわけ？
C27：いや、あなたがまったく感傷的になるかと思ったんだ。なんてったって、相手は今や年寄りだからね。
T27：おいくつなの？
C28：知らないし、気にもしていないよ。かれこれ四十年近く経つからなぁ。たっぷり慰めてやろうと思っているよ。
T28：じゃぁ、いくつかしら、テリー？
C29：六十六とか六十七とか、そんなもんだろうな。
T29：彼にそんなことできると思っているの？
C30：どういうことだよ？　冗談だろ？　もちろんできるさ。
T30：もちろん、あなたはできるわ。
C31：どういう意味だよ？
T31：あなたはその父親の息子なのよ？　わかったわ、自分の身も守れなくなった人間をいじめるわけね。
C32：そうさ、あいつがどんなに喜ぶか見ようじゃないか。
T32：あなたはどんなふうに喜んだの？

C33：私は嫌だったさ。あいつにも嫌だと思わせたいね。
T33：それから？
C34：「それから」って何？
T34：闘えない老人を殴った後、どうするの？
C35：とんでもなく嬉しく感じるだろうね。
T35：そうなの？ 少しそのことを考えてみましょう。想像してみて。あなたが彼の家を後にするの。ひどく殴られて倒れている彼を残していくの。どんな感じかしら？
C36：あなたがしようとしていることがわかったよ。まったく、弱い人に同情する人ってのはあなたような人のことなんだね、ジル。あぁ、私はそれでも嬉しく感じるさ。
T36：テリー、あなたがそう言うだろうってことはわかっているわ。あなたは正しいかもしれない。でも、本当のところは違うと思うの。ともかく、とことん話し合ってみるまで実行しないでほしいの。そうしてくれないかしら？
C37：あなたは私の味方だと思っていたんだけれど…。
T37：信じようと信じまいと、私はあなたの味方よ。このことについては三回話し合いましょう。たとえ私が、父親を殴ることが馬鹿げたことで、満足どころか深い悲しみをもたらすものだと思っていたとしても、たぶんあなたは私が味方だと思えるようになるわ。
C38：そんなに長く待てるかわからないよ。今すぐにでも、やつの鼻っ柱を殴りつけたい気分だからね。
T38：三回よ、テリー。

C39：くそっ！　わかったよ。三回だな。

この三回の話し合いの間に、ジルは、テリーが父親に対する感情や自分の無気力感に向き合うために長く待ってみるなかで、自分の責任を自覚できるように援助することになる。彼女はまさに、自分のしたいようにするための手段として、暴力的な行動に過剰依存している彼に働きかけてきた。そしてここに至り、彼女はその過剰依存と現在の暴力への衝動を結びつけたいと思っている。

ここで残された問題は次のとおりである。三回の話し合いでテリーの意図が変わらなければどうなるのか？法律的には、ジルはテリーの計画を警察やテリーの父親に報告しなければならない。この場合、テリーが現在もしくは将来、再び援助を求める可能性をなくすことになりかねない。ジルが実際にテリーのことを報告するかどうかは、私たちがここで考慮すべき非常に多くの点に左右されるのである。

関わりと社会規範

関わりという全体的な事柄に言えることは、時に理想が社会規範と矛盾することがあるということである。私たちの文化の中で是認されている基準もされていない基準も、人間のニーズや現実にはあまりうまく同調しない。調和する計画を立てる手段はいつでもあると期待するのは、単純すぎる。このような乖離が生じた場合、セラピストは、クライエントの人生再生に必要なことを言うべきか、社会から期待されていることを言うべきかといった難しい選択に迫られる。

セラピストには、社会的慣行やしきたりに反してクライエントのニーズを支持することを選んだとき、譴責を受ける恐れがある。そのような判断につながった主観的な考察に対して、明確に筋の通った言葉で説明することは、まったく不可能ではなくとも、かなり難しい場合が多い。さらに、クライエント自身も後になってから他者に教えられ、自らを解放させた寛大さが間違いだったと気づく場合がある。

このような問題には数多くの例がある。ある私のクライエントは、長い間うっ積していた怒りを解放させるために、私のオフィスにあるそこそこ値のはる椅子を粉々にした。そのことを私たち二人はよく思っていたが、他の者は「行動化」を助長したものとして批判的であった。性的感情に関わる別の事柄については、私の事例本の中では最も力を入れたと言っていいほどの扱いである。しかし、深層心理のセラピストはそのような危険が生じる場合があることをわかっているはずである。

一つの価値としての関わりが求めることは、私たちの社会が教える通常の概念を無視するのではなく、それに添って、セラピストが自分やクライエントの長期のニーズへの気づきを維持しながら、自らの優先事項や価値観を考え直すことである。

まとめ

関わりは、実存的真正と定義される特質の一つである。そのように言えば、関わりが世界におけるあり方の一つであることが明白になる。つまり存在の進行中のプロセスなのである。関わりをつけるということは、責任から逃れ非難されることを気にすることとは対照的なのである。

私は一人のセラピストとして、また一人の人間として、自分の意図を述べてきた。それらは達成には程遠いが、私はその追求に向けてたえず関わり続けている。

サイコセラピストの道程

関わりというテーマに本当に取り組むとき、見たところかなり論理的で抽象的になるが、私たちの世界が生と死という現実レベルで直面する最も厄介な問題に突き当たる。それを簡単に描写しよう。

客観性は二十世紀の黒死病である。こうは言っても、それはその脅威を控えめに表現したにすぎない。黒死病が死をもたらしたのは、ヨーロッパの人口の三分の一のみである。私たちは、私たちのすべて、全生命、地球全体を死滅させようとしているのである。

客観性とは、私たち人類がこれまで苦しんできた最も大きな脅威の異名である。私たちが客観性からの大いなる回復をはからないならば、種としての寿命という点で、恐竜と競り合えそうもない。

もちろん戦争は、おそらくれっきとした究極の愚行であるが、それだけではない。戦争は人間をモノとして扱った結果なのである。客観的な視点が優性になったとき、政治や縄張り争い、経済的な利点が生命や幸福よりも重視される。

この世界に生きるすべての人間の生活体験を物質的に改善するために、また、全世界の社会的な病いに対処しようとして先例をはるかに超える計画を可能にするために、私たちの世界の豊富な資源が戦争に注ぎ込まれている。私たちの誰もがいったん立ち止まって、信じられない事実を考える必要がある。

私たちは、自分たちの生活に主観性を加える必要があり、人々の内的経験を推し量る必要があり、多くの真実というものが明確で、明白で、完璧に表現しうるものではないということを認識する必要がある。このような真実が私たちの生存には不可欠なのであるが、私たちは主観的であるという理由でそれを拒否しているのである。

私たちは、人生を導く主観的倫理と共にどのように生きればよいのかというアイデアを、たとえあったとしてもごくわずかしか持っていない。私たちは何らかのスタートを切ることはできるが、考えられるものの多くは理論上可能なだけである。それはまるでその多くが反アメリカ的で、反クリスチャン的で、役立たずで反道徳的、あるいは神のみぞ知るものとみなされるようなものである。

自然の法則――つまりそれ自体は「自然」でも「法的」でもないが――の究極性を有する法則を可決しようとすることは、無駄で破壊的な客観主義的作業である。私たちは自分たちのいかなる行動も、いかなる選択も、いかなる法律も、いかなる生活も、最終的には人間の判断に基づくということを認識せずに、人間の判断を信頼しなくなってきた。

私たちは社会的慣行を本質的な真理と間違えている。習慣を必要なことと間違えている。自分に必要なのは、手引きと許容範囲であるとして、自分たちを規定しようとしている。人間的であろうとする法律や規則によって規制されている執行猶予というものは、法律の形態が人間の判断よりも優勢であるため、反省もしていない殺人者を私たちの世界に解放しているのである。

民主主義、平等主義、資本主義、共産主義、ファシズム、人種主義、ナショナリズムなどは、客観主義の問題を解決できていないため、最終的には失敗に終わる運命にある。それは実のところ、解決できない問題なのかもしれない。そうだとすれば、人間性が問題なのである。私たちの両生類的な性質が問題を作り出しているのだ。つまり、私たちは主観性の中に生きているが、客観性の中で自らの生き方を作り上げる必要がある。私たちは個別に生きているが、関係性の中で生き残る必要がある。このような逆説が人間のジレンマの原因なのである。

人間の客観化は狂気であり、それは私たちが泳ぐ海や生きようとする世界を汚染するものである。私たちは太古の時代から催眠にでもかけられたように、そうあるべきものとして客観化を信じ込んできた。私は、私たちが言わないようにしてきたことを言いたいと思う。私はあまねく存在する催眠後の暗示の外側に立ち、「目を覚ませ！」と叫びたい。

ポール・ティリックは次のように書いている。「人は客観化に抵抗するものである。その抵抗が挫かれれば、人間は破壊されたも同然である」と。私たちは破壊された希望の破壊された世界の中にいる。私たちは私たちの種や地球の未来をきれいさっぱり破壊してしまうだろう。

第14章 セラピストの芸術家的手腕

この章では、膨大な要素をまとめて、芸術家としてのセラピストという概念を組み立てていく。まず、大方の芸術形態に共通する七つの特徴に対して、心理療法の実践を検証しよう。驚くことではないが、私たちの領域はその七つのすべてに適していることが判明している。次に、セラピストである人物に焦点を当て、深層心理療法を職業としようとする人たちにとって望ましい性質と訓練について考えよう。

そうすることによって、深層心理療法の実践に一生関わることによるストレスと見返りを考察できる。ここでは、私たちの活動領域と人生が最終的に到達する謎について、個人的なエッセイで締めくくろうと思う。

私たちは客観化可能なもの、すなわち外面的および表面的なことから、クライエントの主観性、すなわち言葉で表しがたい領域へと至る道を探してきた。私たちの基本的な仮説は、極めて完成したサイコセラピストは、技術者というより芸術家であり、彼らが感受性とスキルの多種多様性を培うことで、クライエントはさらに充実した人生の潜在的可能性へと放たれるということである。

このようなサイコセラピストの巨匠の特徴は、すぐに若い同僚へ伝わることはない。そのような伝承を促すために、本書では、捉えどころがなく言い表せない資質を指し示すいくつかの側面を紹介してきた。

「指し示す」ことが何を意味するのかを明確にするのは難しい。熟練したセラピストというものは確かに、本書で示した特性によって描き出される重要事項の多くを駆使している。同様に、彼らは確かに他の事項も使っている。そしてさらに、彼らはそのような特性をここで示されたとおりの順序と系列で使おうとは思ってもいない。それは、巨大なカンバスに作品を描いている偉大な画家が、「青と黄色を混ぜると緑になる」とか消尽点の透視画法といった細かいことを考えないのと同じである。また、名手ピアニストがコンサート中に和音の進行にほとんど時間をかけないのと同じである。つまり、巨匠であるセラピストはそのような事柄を「第二の天性」のように身につけているのである。

このような学習が完全に組み込まれると、彼らはその切れ味と際立った評判を失ってしまう。イツァーク・パールマンはバイオリンを弾いているのではなく、音楽を奏でている。もちろん、いくつかの面を見直す必要がある場合、評判や正式な尺度が役に立つ。ピアニストなら、ある難しいくだりでの指の動きを再度試すところまで戻ったり、画家なら、新しい手法を試し、光と色の特質に関する知識を駆使しようとする。

重要なことは、本書で示された特性は、このような名セラピストが用いるような形態で用いられるわけではないということである。私は、成長途上のセラピストがさらなる認識を持てるように、潜在的な能力のさらなる育成を促せるように、項目に分けて説明してきたのである。

ここで示した使命を念頭において、成長途上のセラピストが自らに課されている仕事を認識できるよう、ここでアートの本質について考えてみることにする。

アートの特性とは

絵画、音楽、映像、演劇など、すべてではないがほとんどのアートの形態は、一定の属性を共有している。わかりやすい属性としては以下のものがある。

- 基本的な道具としての自己
- 開放的であること
- 訓練された感受性
- 高度に発達したスキル
- 何らかの生産性
- 自己判断の基準
- 作品を通じての自己確認

《道具としての自己》　おそらく芸術形態の最も際立った特徴は、芸術家自身が芸術的な衝動を表現するための基本的な道具であると自他ともに認めている点であろう。これこそが、たとえ芸術家が流派や技巧で漠然と分類されていても、それぞれが特徴的であることを期待される所以である。私たちには、シャガールがピカソとは違うことが一目でわかるし、多くの人がスターンとパールマン、ショスタコーヴィッチとストラヴィンスキーを区別できる。それぞれの芸術家が自分の才能を磨くための訓練法や指導法、その他の方法を探し求めている一方で、芸術家としての手腕が、その表現手段の中にではなくその人物の中にあることは明らかである。

《開放的であること》　心理療法のアートというものは増加していくものである。芸術家であるセラピストは以下のことをたえず繰り返し行っている。

- 一つのレベルでセラピーという現象を体験する
- そのレベルに慣れ、居心地が良くなる
- セラピーという現象の中で、以前は感じていなかった相違点や類似点を認識するようになる
- 意識的にその新しい認識を、セラピーという現象を体験している中に取り入れ、新しいレベルへ至る
- 新しいレベルに慣れ、居心地が良くなり、集中的に注意しなくてもよいほどにその新しい認識を前意識に取り込んでいく
- セラピーという現象の中で、以前は感じていなかった新しい相違点や類似点を認識するようになる
- 以下、同じようなことが繰り返される。

終着点もなければ、最終的で完璧な熟達というものもない。フロイトもユングも、亡くなるまで自らの観察力を変化させ、拡大し続けた。そして彼らの弟子がそのプロセスを続けている。その伝承において司祭階級にのぼりつめたい者だけが変化を拒んでいる。これ以上変化を必要としないところまで到達したなどと宣言するセラピストには警戒せよ。そのようなセラピストは芸術家としての手腕を失い、技術者になっていて、おそらくクライエントにとっては危険な人物である。

つまり重要なことは、セラピーにおけるアートの習得は終着点のあるものではなく、むしろ継続的に発展させるプロセスであり、今いる地点を越え、至ろうとしている地点を探求しようと絶えず挑戦することを受け入れること——歓迎さえすること——なのである。

「探求」の過程についての余談

ここで説明した心理療法的な洞察と芸術家としての手腕の発展のプロセスは、実はもっと基本的な人間のプロセスなのである。同じような結果は、精いっぱい活き活きと生きている人たちの特徴でもある。また、いかなる人間の行為について書く場合も、それはかなり大きな作業になる。本書を書いている間、私が何度も発見することは、前もって考えていた概念を再び考えるとき、それらが透明になるということである。したがって私は、執筆しながら、新しい要素や効用、その他の展開が意識にのぼるのを感じている。これこそが執筆過程をわくわくするような冒険にするのである。しかし、後ろを振り向かずに勢いだけで書くことはできないため、神経にこたえる作業でもある。勢いで書こうとすれば、恐ろしい選択を迫られることになるだろう。つまり、成長を止めるか、作業をまったく完成させないか、である。

《訓練された感受性》　究極の芸術的道具は芸術家自身であると認識すれば、その道具の核が芸術家の感受性であることがわかる。どんなものであれ、その道具のかなり微妙な差異やニュアンスを感じ取れるような能力がなければ、他のものは何の役にも立たない。「完璧な音程」を持つ、つまり補助具もなくどんな音程でも聞き分ける能力のある音楽家は、芸術家にはならないかもしれないが、その道を選ぶなら、非常に有利になるだろう。他の例としては、画家が見極めることができるわずかな色の違い、洗練された俳優が伝えることのできる微妙な感情、すぐれた作家が言葉を駆使して作り上げる暗示的な人物描写などである。

サイコセラピストは、感情のかすかな手がかりを拾い上げる能力、クライエントの意志がたとえ変化し続けるとしてもそれを直観する能力、クライエントがすぐに聞き入れたり用いる準備ができている事柄や、拒絶すると考えられる事柄を感じ取る能力を磨く必要がある。つまり第十一章で述べた、洗練された共鳴道具になる必要があるのだ。

《何らかの生産性》　多くの「押し黙った不面目なミルトン」があちこちの教会墓地に眠っているというグレイの発言があるが、その沈黙に打ち克って芸術家と呼ばれる栄誉に浴したのはミルトンただ一人である。第十二章で、衝動を現実化する決定的なステップを踏むことで、どれくらい精神性を駆使する上で大きな違いが出るのかを考えた。何らかの形でアートを実現させ、その道に身を投じ、「これが自分の仕事だ」と言うことは、何らかの才のある人間が踏み出すことを恐れる最初のステップである。確かに、別な方法でセラピストの巨匠になれる人もいるが、そのような人は人間の主観性という未知の深淵に関わることを恐れ、技術と限られた目標という場所でぬくぬくととどまっているのである。それでは、半端な芸術性としか言えない。

《自己判断の基準》　つまるところ、芸術家だけが自分の作品を判断できる。というのも、本人だけが心の中に秘めたものと、それがどれほど実現されているかを知っているからである。かつて私の友人が、壁一面を自分の絵で埋め尽くした部屋に佇みながら言った。「いつかきっと絵を描いてみせる」と。もちろん彼女の意味したことは、心の奥深くでは自分が作り出そうと努力してきたものがわかっていて、生涯のうち少なくとも一度はそれを完成させたいということである。これが芸術家としての手腕の本質である。自分で課した基準があまりに厳しければ、芸術的な衝動は行き詰まる。また、基準があまりに生ぬるければ、衝動は凡庸の中に埋もれてしまう。

芸術家であるセラピストは、クライエントと自分という、主に二人の観客のために作品を作り上げる（しかし、たいていいつもその作品を理解していると思っていて、躊躇せず批判する他者が数多くいる。たとえば、配偶者、子ども、両親、友人、同僚などである）。この小さなまとまりが意味することは、不適格で無責任なセラピストであれば発見される見込みも少ないまま。大した仕事はしないということであり、技能を有する洗練された芸術家の中には、無名なままの人もいるということである。書物を書く私たちの中には、誰もが認める芸術家セラピストというより、芸術家作家というほうが適している人もいるだろう。

《作品を通じての自己確認》芸術家は、作品が自分の一部であり、自分が作品の一部であるため、作品によって自己認識をしている。自分が誰であるのかということと、自分が何をするのかということを結びつけることは、自分自身と自分の人生に専念することである。それは、作品を豊かにするひたむきさである。またそれは、一種の「執着」であり、人生の他の道に進むとか、個人的な発展のために別のステップが必要なときに仕事を諦めるなどといったことを難しくさせるものでもある。ある領域の権威として全国的に評判の高い友人が、引退する前日に私にこう語った。この領域で何かを生み出し続けられなくなったら、自分は死んだも同然になるのではないかと。

深層を扱うサイコセラピストの選択と訓練

私たちは、クライエントの人生を大きく変えようとするサイコセラピストの準備教育について、徹底的に再考する必要がある。この仕事は、クライエントの主観性に入るかどうかに大きく左右されるものであり、したがってセラピストの主観性を広く求めるものである。ここで重要なことは、転移と逆転移を含む協調あるいは関係性に注目することである。

教育、訓練、あるいは？

重要な事柄を説明するために使われる言葉は、しばしば意図した以上のことを明らかにする。ここでは私の見解を強調するために、セラピストの教育について話す際に私たちが使っている従来の言葉を不正に利用しようと思う。

どの専門職にも、新人を訓練するための委員会、カリキュラム、プログラムがある。「訓練（training）」と聞くと、動物に、ある具体的な動作、たとえばでんぐり返しや死んだふりなどをさせることを思い出す。あるいは、運動選手に何かをできるようにさせるということも、基本的に同じである。また、熟練した職人の場合も同じだが、非常に複雑ではある。脳手術だとか戸棚作りだとか、ビーフ・ウェリントン料理だとか…。

もう少し威厳があり学問的なのが「教育（education）」である。教育と聞くと、掛け算の九九や、元素の周期律、ＤＳＭ（精神障害の診断と統計の手引き）、十八世紀に有名なヨーロッパの戦闘などを連想する。

読者は私が「準備教育をする（prepare）」という別の言葉を使っていることにお気づきだろう。もちろん、これにも一定の連想がある。確認、結婚、戦闘、死といったものの準備を想起していただきたい。私の考えでは、これらの連想はなかなかのものである。というのも、これらは主観的な心構えに関係するからである。人生変容のセラピーを行うための準備教育をするなら、その人生変容の心理療法がクライエントの内的人生を取り扱うものであることを繰り返し念頭に置く必要がある。では、それはいったいどういうことなのだろうか？

クライエントの内的人生について

真っ先に、私たちは以下のことを認識しなければならない。最終的に、クライエントは自律的な存在だということである。このことは、道徳的な、理想的な、民主的な理由からではなく、人間はそれぞれ個別で特異的であるという現実的な認識から生じている。（本人も含めて）誰かから完全に理解される人間などいない。人間は外部から満たされるだけの受動的な容器ではなく、人間そのものが事柄の経過を変える現象（観念、感情、知覚、関係など）の源なのである。

人間は客体ではなく主体であると断言することで、このことを総括できる。したがって、「人を知ること」と「人について知ること」との間には決定的な違いがある。クライエントについて知るだけのサイコセラピストは、行動修正や似たような客観的な方法にとどまるほうがよいであろう。本気でクライエントを知ろうとすれば、容赦なくその人物の主観性に引きずり込まれることになる。

主観的に方向づけられた準備教育の目的

主観的に方向づけられた心理療法を行うための準備教育を受ける人には何が必要だろうか？　以下に列挙したものがすべてではない。しかし、今日の訓練プログラムで軽視されがちな要素をあげている。準備教育を受けさせる人物を選ぶ際、私は以下の点があるかどうかを確認するだろう。

- 個々人とのこのような取り決めを引き受ける上での深い謙虚さと責任感
- （制限を設けたり、きちんと対峙させることができるような）訓練された思いやり
- サポートの知識が提供できるものを、それに過度に依存せずにバランスよく認識していること
- 人間の直観力を認識し、評価し、選択的に活用できる能力が育ちつつあること
- 人間の状況や個々人の可能性と限界、より広範囲のコミュニティの必要性に対する幅広い観点
- このような点すべてにおいて成長し続けようと心から献身していること

このような目標を達成させる方法

このような準備教育のための必須条件を考えると、自称セラピストたちの主観的成長を導き、サポートするための全く別のプログラムが必要なことが明らかとなる。現在、私たちは主観性の準備についてはほとんど何も知らず、ほとんどの人がその重要性に口先で同意しているだけで、試してみようとはしていない。

個人療法の必要性はかなり適切に認知されている。ところが、その適切さに首をかしげる人もいるのである。他の何よりも選択科目にすることを求めることに対する反論は、このような必要性における難しさの一つであ

る。この問題に対して十分納得のゆく答えはないが、セラピストであるための主観性を育成できる可能性のある状況を列挙することで満足したいと思う。

- 多くの集中的な個人的心理療法の経験。男女両方のセラピストによる療法であることが望ましく、集団療法も含まれる。
- メンタルヘルスの領域以外のより広い世界で働いた人生経験が少なくとも三年ある。
- 社会機関、主な精神病理の領域と頻繁に接触できる精神病院、一般病院、公立学校などでの経験がある。
- 人間心理学、医学的視点、社会的影響、職業倫理や責務の基礎を選択的にバランスよく学習している。
- フィクション、ノンフィクションを問わず幅広く——幅広い人間経験や人生の実存的な問題や哲学について扱っている書物を——読んでいる。少なくとも臨床経験が三年になるまでは、心理療法の文献を読むことを制限する。
- 自らの経験を振り返り、空想から積極的な計画立案や実行まで、様々な方法でその経験を把握するよう刺激してくれる複数の師やモデルとの関係が続いている。
- 感受性やスキルの育成だけでなく、個人的な改革を入念に培うインターンやレジデント制度。

もちろん、このような経験は観念的には従来の学習の機会を提供しているかもしれないが、それは明らかに二次的な目的である。

生涯の職業としての心理療法

私たちの多くは、あまりにも長く、そしてあまりにも深く自らの内面的な努力や混乱に関心を寄せてきたため、この領域を職業として選んでいる。そのような形で参入したことは恥ずかしいことではない。むしろ、誇りである。私たちは苦悩に関わることを選んだのであるから。その状況を人々について全般的にわかる範囲の中にあるものとして理解し、知識は後からついてきた。私たちには、私たちが変わることができるという、強い希望と実行する意志があったのだ。そして、自分自身の葛藤から学んだことを他者のケアに応用しようとしたのである。これは実際、誇りにできることである。

もちろん、私たちは常に鍵のかかった箱を心の隅に隠してきた。その中には、解消されていない、かなりの神経症が残っていることや、クライエントについての禁じられた思い（主に対立感情や性的感情）を抱いていること、注意の欠如が避けられないこと、また、単にクライエント、すなわち人生の多くの部分で私たちを信頼している人々が求めるような存在ではないことに対する罪悪感がある。

この領域は確かに大変な労力を要し、人を消耗させ、へとへとにするものである。私たちのアルコール依存症にかかる率、自殺率、離婚率、子どもが情緒不安になる率は平均よりずっと高い。このような悲しい統計結果は様々な影響から生じたもので、少なからず次のようなことが関係していると思われる。つまり、自分たちの努力が自分やクライエントが望むものに到達しないことがいかに多いか、仕事に打ち込むことで配偶者や子どもが求めていることに応えられないことがいかに頻繁か、家族や友人への関心が薄れてしまうほど日々目の当たりにしているドラマがいかに強烈か、たとえ意識していても、自分の至らなさや完璧にいかない仕事が自分自身に跳ね返ってくることがいかに何度も起こるか、といったことである。

セラピストであるということは、放浪の民であり、神のような存在であり、不十分であり、悪魔であり、脅威のもとにあり、激しく愛され憎まれ、自問自答している存在ということである。私たちの仕事のフラストレーションとは、いつも不確かであること、いつも援助しようとしている人からの抵抗にあうこと、成功が必ずしも完璧ではないこと、失敗がしばしば心にはっきりと浮かぶこと、最善の努力が、その対象となった本人にさえ目に見えないものであることが多いこと、ほとんどの時間を誰かと一緒に過ごしているのに仕事中はどうしようもなく孤独であること、などである。

しかし、以上は話の半分にすぎない。私たちは長年のキャリアによる人間的・職業的成長を、たえず私たちに課せられる新しい機会や新しい展望として感じたり見たりすることができる。実際に複数の人の人生に何らかの変化や、波のような影響を生じ見知らぬ他者にも届くような数々の変化をもたらしたのだと気づくことが時折ある。また、自分たちがセラピーを行った相手から本当に理解され信頼されていると感じるときもある。そして何にもまして私たちには、他の誰よりも謎の井戸を深く探るという特権があるのだ。

サイコセラピストの道程

神は死んだと言われている。おそらくそうであろう。しかし、死んだ神は檻の中の神、すなわち動物園の神だと思う。私たちは自分たちの「神の法則」の定義や解釈、創案によって動物園の神を閉じ込めようとした。

その私たちがとらえて飼いならしてきた一風変わった知的な神は、とらわれたままで育つことはなく、死んでしまったのだ。

しかし、野生の神、すなわち私たちの意志や知性によって捕らえることのできない神、飼いならされることのない野生の神は相変わらず活き活きとして自由である。彼は風に乗って移動する。彼女は砂漠の静けさの中で歌う。それは日だまりの中で私たちに恵を与える。

野生の神は進歩の神以上のものである。野生の神も革命に息づいている。動物園の神は驚かすことで私たちを導くことはできなかった。私たちは都合の良いときにまるで子どものようにその神に会いに行けばよかった。動物園の神は私たちの快適な暮らしぶりを覆すことはできず、死ぬまで、何か重要なことを与えるよう求めているとは見えなかった。

野生の神はまったく捕らえられないため、私たちの人生に入り込んだ途端、何もかも覆してしまうだろう。彼女は私たちの安寧をむさぼり、激しく、全面的に、驚くほど私たちに変化を求めながら、私たちの持っているものすべてを要求するだろう。

私は深層心理療法をその野生の神の探求として考えている。そのような作業は、精神や魂を育む〝心理〟療法という名に最も値する。ここでの意図は、私たちのあり方の実存的状態に対峙し、それを取り入れることである。その中ではもちろん、存在の究極的な不可知性、際限ない謎の只中で私たちの限界に容赦なく立ち向かってくるものがある。

ティリックは、野生の神を「神の上の神」と呼んだ。野生の神は謎の神である。謎という言葉は、心理学の文献や心理療法の会話の中ではめったにみられるものではない。私たちは謎を拒んでいる。つまり私たちは、謎が子どもや作家、神秘主義者の心の中だけにあるものだと主張している。そして、自分たちが謎であっても目を瞑り、自らを欺いているのである。

野生の神は私たちが予期できない方法で、予想できない形で現れる。野生の神は、豊かな創造的なものを発揮するための解放を心待ちにしている、怯えた引っ込み思案のクライエントの仮面をかぶって現れるかもしれない。あるいは、野生の神は、私たちを困惑させ、挫折させ、確固として信頼できると思ってきた自らの仕事の仕方を考え直すよう強いるクライエントなのかもしれない。野生の神は、長い間拒んできた内的葛藤に対峙するよう強いるため、私たちの落ち着きのなさや短気なところに働きかけてくるかもしれない。野生の神は、私たちの足下の大地を揺るがし、たどっている道を覆い隠し、私たちが築き上げ、「現実」と読んでいる檻の中に私たちがいることを気づかせる。

オルテガは次のように言った。

人生は、初めはカオスであるから、自分を見失うのである。本人はそのことを疑うが、この恐ろしい現実に直面していることに気づくのが怖いのである。そして、何もかもがきれいなファンタジーのカーテンでそれを覆い隠そうとする。自分の「考え」が真実ではないことなど心配していない。彼は自らの考えを、自分の実存を守る塹壕として、また、現実を追い払う案山子として利用している。

謎は知識を包み込み、知識を内包している。謎は無限であり、知識は有限である。知識が膨らむと、さらに謎が膨らむ。謎は私たちに発見されることをいつも待ち構えている秘められたものであり、いつも私たちが知っていること以上のものである。

私たちサイコセラピストは、クライエントの共謀者、つまり謎を否定する共謀者に陥りやすい。内在する——外在することは稀であるが——このとんでもない協定には、どの人生問題にも答えがあり、それぞれの夢や象徴には発見可能な意味があり、合理的なコントロールこそが健康的な心理生活の目標であり理想であるという幻想がある。

サイコセラピストは、もちろん物知りでなくてはならないが、その知識に謙虚でなければならない。では、そのことを直視してみよう。私たちには十分知識があるわけではない。十分知ることなどできない。学習するやいなや、すぐさまもっと学ぶべきことがあることを知る。クライエントが必要としていることや、クライエントがすべきこと、クライエントに必要な選択を知っているように振る舞うことは、謎を否定し、クライエントを裏切ることである。どんな入念な療法でも、心の中の謎や誰もが抱える謎を受け入れ、それに対峙するようクライエントを援助する必要がある。

三百時間にわたってクライエントの人生を深く集中的に探ってきても、その人の存在の新たな側面や違った態度、予期せぬ反応に驚かされることがある。たとえば、そのクライエントを集団療法に招いたときなどである。どのクライエントも、重要な点においては常に謎である。私は自分を含めたどの人のことも十分にわかっているとは思い込まないようにしている。

しかし、真の教育的準備は常に知識の限界を明らかにする。私が忌み嫌うセラピストは、限界を認めない人である。そのような人は、専門家としての仮面をかぶった極めて危険な魔術師である。

謎を認めないサイコセラピストの有害な影響は、重要なことはすべて最終的に知ることができ、コントロールできるという世界観がクライエントに暗黙に、あるいは明確に伝えられることである。そのため、かなり期待して結果的に失望するのだが、クライエントはその失望の原因を自分自身の失敗とみなしがちである。やがて、自らのまじめな気質から自己批判やうつ状態、精神錯乱に至るかもしれない。

謎の遍在を認識し重んじているセラピストは、運命論や、かすみのようで尊い神秘主義の形態へ逃げ込む必要はない。また、可能性に対してオープンであることは、馴染みのものを考え直し、新しいものを試し、未知の知覚を探るための力強い励ましとなる。悲観的な者だけが真っ白なカンバスを無意味なものとみなす。謎を大事にする人なら、それを新たな企ての機会として認めるだろう。

精神と魂を真に育む心理療法を行うなら、野生の神、謎の神、神の背後にいる神を探す必要がある。野生の神を探し出そうとするなら、世界に飛び込む、つまり危険と機会の中に飛び込む必要があり、地図もコンパスも、十分な食べ物も援護もなく進んでいかなくてはならない。そして野生の神を探しながら、彼に捕らえられる場合もある。謎が私たちを内包しているからであり、私たちが謎を包含しているのではないからである。

訳者あとがき

今でもそうだが、小生は「アート」という言葉に心を惹かれる。学問の科学的専門性を越えるのは、アート以外にはないような気がするからである。本書の原著である「The Art of the Psychotherapist」の著者ジェームズ・F・T・ブーゲンタール博士は、まさに小生の望みを叶えてくれた人である。

実存分析で有名なロロ・メイも、「ブーゲンタールはセラピストとして生まれただけではなく、心理療法の内面性を限りなく追求した人である」と評している。

本書では「主観性（主観の世界）」という概念が主題となっている。主観の世界は具体的であり、その人独自の物の見方や感じ方を構成している。クライエントの主観の世界にはセラピストを魅惑し、意欲を駆り立てる「不安」の温床も存在する。その世界にセラピストはどのくらい入っていけるのか、そしてどのようにして光を当てるのか、そこにセラピストの芸術的手腕があると言っていい。

この本には、ブーゲンタール博士が臨床上学んだ多くの示唆に富むアイデアやスキルが集められている。

彼は大学で心理学を学び、大学院で修士号を取得した。それは一九四一年の夏、真珠湾攻撃の直前であった。彼の最初の仕事は全米農場安全局でテネシーヒルに住む人々の調査をすることであった。そこではファーガソン組立板、スタンフォードビネーをはじめ様々な心理テストを実施したが、それらはすべて被験者たちの表面的で客観的な答えを求めるものであった。彼らは研究対象でしかなかったのだ。そして誰一人として彼らの視点から世界を見ようとはしなかった。その結果、その心理テストや調査から得られた答えは、系統的で表面的な言動によって人間を捉える視点だけであった。

実際に彼らと向き合ったり、彼らについて学んだり、彼らのことを真に知ることはできなかったのである。ブーゲンタールの主観性への道程はまさにここから始まっていると言うべきである。彼は、アメリカの三十以上の大学で教壇に立ち、レクチャーやワークショップを指導してきた。またアメリカやカナダの多くのクリニックや病院でもそれらを教えてきた人であり、カリフォルニア州の心理学会の元会長でもある。

ブーゲンタールは、セラピストがクライエントの主観の世界にいかにして抵抗なく入れるかについては、コミュニケーションの持ち方や心理的防衛についても配慮が必要であることを詳述している。彼は人間の存在を「影響の受けやすさ」と「表現の豊かさ」の二つの側面から捉えようとしている。影響の受けやすさは、親密な関係であればあるほど、また無意識の衝動があればあるほど強化されると述べている。また表現の豊かさはその人のあるがまま、つまり、抵抗のない主観の世界をそのまま表現することによって理解されると述べている。これが個性の理解である。そしてこのことはセラピーの場であれば言うまでもないことである。

この二つが満たされる時、人は充溢感を覚え、変容していく。芸術的手腕のセラピストがもしクライエントの援助ができるとするなら、この二つのことに関心を持つことである。そのためにはクライエントの生き方に触れる必要がある。

筆舌に尽くし難い心を受け止められた時、人は変容するものである。しかしそこには様々な抵抗や沈黙、それに脅しや対立もある。セラピスト自らが不安を覚え、落ち込み、うつ病になることもあれば、クライエントに性的感情を抱く体験もする。しかしそこには生きたセラピーの世界、つまり芸の世界が存在するのである。

昨今の医学界の目まぐるしい進歩は、精神科医療にも大きな影響を与えている。クライエントの心を脳内生理学や分子生物学的に捉えようとしている。また、客観性やエビデンスに基づいた治療も指向されている。クライエントにまつわる出来事や症状、パーソナリティ、家族の特徴などがデータとしてパソコンに打ち込まれ、診断や療法の答えがアウトプットされる。医師はパソコンを駆使することだけに懸命で、目の前のクライエントに向き合うことがない。果たしてそのやりとりの中に本音、つまり主観の世界がどれだけ伝わり得るものだろうか。対人関係に傷つき、不信感を抱え、診察にやってくるクライエントは、そこでさらに傷つき、不安や不信を増大させてはいないだろうか。小生はそのようなメタコミュニケーションのやりとりをひどく憂慮している。

医療においては確かに、クライエントは客観視され、診断され、部分化された時にホッと安堵する場合がある。しかし物扱いされ、一方的に決めつけられ、レッテルを貼られることによって不安や恐れを抱き、怒りや抑うつ感に悩まされるのも確かである。

人間関係の希薄さが叫ばれて久しい。今、日本は、うつ状態をはじめストレス性の病気に罹患する人が多い。自殺者も毎年三万人以上になっている。人間関係の煩わしさや不信感、ソーシャルスキルの欠如等により、人々が「助けて！」と言えなくなっている。支え合いを失った集団や社会があちらこちらで混在している。

ブーゲンタールのこの本を訳しながら、小生は「今日的なアート」とはまさに人と人が向き合い理解を深め合うことではないか、という「気づき」を喚起させられた。

セラピーの逐語録から察するに、彼はロジェリアンの流れを汲みつつも、ヨーロッパ風の実存分析の匂いも強い。またフロイドの「抵抗を分析しない、精神分析などない」といった考え方を引用しているのは精神分析の影響もあるのだろう。しかしそれらの療法がひとつの芸になっている。当時、アメリカでは、機能主義、道具主義、プラグマティズム、操作主義などが、科学者をはじめセラピストの間にも広く行きわたっていた。その集大成が今日の認知行動療法というセラピーを生んだのである。

確かに科学、つまり客観性やエビデンスに基づく判断や行動は大事である。しかしその一方で、芸の世界、つまり主観性やナラティブ（語り）の世界を認めて生きることもこの生業の冥利に尽きる。

ブーゲンタールは言っている。「セラピストは技術者ではなく芸術家である。そして彼らが自らの感受性と必要なスキルを培うことによって、クライエントはさらに充実した人生の潜在的な可能性へと放たれるであろう」と。

そんなことから、小生はこの本を薬物療法では治らないクライエントと向き合っているセラピストに必読していただきたいと思っている。もちろん薬をメジャーに用いている精神科医にもこっそりとお奨めしたい。

ところでこの本を訳すには、何年もの時間が経過した。経過したというのは、翻訳のことが決まってから、膨大な英文の量に恐ろしさを覚え、手をつけずにいたからである。しかしその難局を支えてくれた「サポーター」たちがいる。翻訳や編集の仕事をしている藤居尚子さん、留学帰りの脇山大吉さん、そしてアメリカで学び日本で活躍している臨床心理士の奥村貴子さんである。藤居さんと脇山さんは下訳をしてくれた。特に藤居さんにはすべての章について骨を折ってもらった。奥村さんには表現上の問題に関して力を借りた。この方々は小生が投げ出したくなる気持ちを、持ち前の芸（ここでは力と技）でカバーしてくれた。心から感謝を申し上げたい。ただし訳文の稚拙、誤訳などはすべて武藤清栄一人の責任である。

そして最後に、この本の翻訳を許可してくださった著者ブーゲンタール博士に感謝を申し上げたい。また何年も待ち続けてくださった星和書店の石澤雄司社長、それに最後の仕上げで労力を注いでくれた畑中直子さんには何度もお礼を申し上げたい。この方々がいなかったらこの翻訳本は存在しなかったであろう。そしてようやく小生も英語の活字神経症から解放されそうである。

二〇〇七年五月五日　こどもの日

武藤清栄

訳者略歴

武藤清栄（むとう せいえい）

1976年　国立公衆衛生院（現国立保健医療科学院）衛生教育学科卒業
Diploma in Public Health．専攻は，健康教育，メンタルヘルス
1978年　「心とからだの相談センター」主任カウンセラー
（思春期，夫婦問題，性の相談に携わる）
1982年　サンシャイン医学教育研究所カウンセラーとして，
医学生の相談にあたる
1986年　秋元病院精神科で心理療法を担当し，現在に至る

東京メンタルヘルス・アカデミー所長，臨床心理士

関東心理相談員会会長，日本精神保健社会学会副会長，日本産業カウンセリング学会理事，日本ストレス学会，日本産業ストレス学会評議委員，厚生労働省・中央労働災害防止協会「メンタルヘルス対策支援委員会」委員

著書：『サラリーマンのカルテ』（日経新聞記事連載），『心のヘルスケア』（日本文化科学社），『心の深層を知る自分探し』（ごま書房），『教師へのメンタルサポートQ&A』（日本文化科学社），『カウンセリングに行こう』（サンマーク出版），『人の話を聞ける人，聞けない人』（KKベストセラーズ），『師長主任のこんな時どうする』（医学書院），『雑談力』（明日香出版），『号泣力』（明日香出版），『本音力』（ロゼッタストーン），『現代のエスプリ「ひきこもり」』（至文堂），『職場のメンタルヘルス』（日本能率協会マネジメントセンター）ほか

サイコセラピストの芸術的手腕

2007年10月2日　初版第1刷発行

著　者　ジェームズ・F・T・ブーゲンタール
訳　者　武藤清栄
発行者　石澤雄司
発行所　株式会社星和書店
〒168-0074　東京都杉並区上高井戸1-2-5
電話　03 (3329) 0031（営業部）／(3329) 0033（編集部）
FAX　03 (5374) 7186
URL　http://www.seiwa-pb.co.jp

Printed in Japan　ISBN978-4-7911-0643-1